학교상담 핸드북

Dorothy J. Blum · Tamara E. Davis 공저 | 강진령 역

THE SCHOOL COUNSELOR'S
BOOK OF LISTS (2ND ED.)

학지사

역자 서문

'The School Counselor's Book of Lists!' 역자가 처음 이 책을 접한 것은 1997년에 출간된 이 책의 초판이었다. 우연한 만남처럼 역자에게 다가온 이 책에 대한 첫 느낌은 반가움이었다. 마치 '난파선에서 건져 올린 보물Treasures from the Wrecked Ship'처럼, 이 책에는 학교상담자들에게 필요한 내용이 가득 담겨 있었다. 더욱이, 역자의 얼굴에 미소를 띠게 한 것은 이 책의 저자들이 둘 다 초등학교와 중등학교에서 오랫동안 학생들과 동고동락(同苦同樂)했던 학교상담자였다는 사실이었다.

'도로시 블럼Dorothy J. Blum'과 '타마라 데이비스Tamara E. Davis'는 오늘날 학교 현장에서 학교상담자들에게 꼭 필요하다고 생각되는 쟁점들에 대해, 자신들의 지식과 경험에서 배어 나온 구체적인 가이드라인들을 매뉴얼처럼 엮은 장본인들이다. 저자들은 ASCA 국가표준을 토대로 학생들이 세 가지 발달 영역을 극대화하는 데 필요한 세부적인 기술과 전략들을 제시함으로써, 학교상담자들이 궁금해할 수 있는 사안들에 대해 명쾌하게 답변해 주고 있다.

특히 이 책에는 K-12, 즉 유치원kindergarten에서부터 고등학교 3학년(12학년)에 이르기까지 학교행정가, 교사, 그리고 학부모들이 학교상담자와 함께 학생들의 성공적인 학교생활을 도울 수 있도록 하는 가이드라인, 제안, 자료, 그리고 참고문헌 등 최신 정보들이 수록되어 있다. 저자들은 학교상담자가 학교의 변화요원change agent이라고 강조하면서, 학생들이 공부를 잘할 수 있도록 돕는 방법을 비롯하여 유능한 학교상담자들에게 필요한 다양한 기술과 전략을 제시하고 있다.

끝으로, 이 책의 번역 제의를 흔쾌히 받아 주신 학지사 김진환 사장님께 감사드린다. 또한 간결하고 명쾌한 소통으로 멋진 역서가 나올 수 있도록 꼼꼼히 챙겨 주고 배려해 준 편집부의 박나리 선생님께 깊은 감사의 인사를 드린다. 이 책이 독자 개개인에게 우연처럼 주어진 선물이 되어, 전문가로서 성장·발달하는 데 필수 자양분이 되기를 소망하면서 이 글을 맺는다.

2017년 8월
역자

🔧 서문

　이 실질적이고 종합적인 참고자료는 그동안 수시로 폭넓은 정보를 인출해야 하는 바쁜 학교상담자들의 시간 절약을 위한 도구가 되어 왔다. 이 책에는 목차에서 쉽게 찾을 수 있는 폭넓은 주제에 관한 정확한 최신 정보들이 수록되어 있다.

　초판이 출간된 이래, 이 책은 학교상담자, 상담자 교육자, 그리고 실습 중인 학교상담자들의 종합적이면서 간결하고 읽기 쉬운 정보를 위한 간편한 참고서로서 활용되어 왔다. 학교행정가, 교사, 학부모, 그리고 기타 교직원들 역시 이 책이 매우 유용하고, 학교에서 수행되는 일상적인 활동과 관련되어 있음을 인정해 왔다. 이 책에 수록된 지침, 제안, 자료, 참고문헌은 학교행정가, 교사, 학부모들이 학교상담자와 함께 학생들의 성공적인 학교생활을 도울 수 있도록 하기 위해 마련되었다.

　이 책의 초판은 1997년에 출간되었다. 누구나 예상할 수 있는 것처럼, 그 후로 학교상담 분야와 학생들의 요구는 크게 변했다. 이 책의 제2판에서 추가 또는 개정된 내용은 다음과 같다.

* ASCA 국가모델에 관한 부분에 모델의 각 요소와 주제를 나타내는 목록이 첨부되었다.
* 각 편에 독자들의 접근성이 용이하도록 인터넷 출처를 비롯해서 참고문헌과 자원을 확대 · 수록하였다.
* 현재 학교상담과 관련된 새로운 주제들이 포함되었다(예, 자해하는 학생 상담, 군복무 중인 부모가 있는 학생 상담).
* 손쉬운 참조 · 사용을 위해 공통 주제에 대한 자료 또는 여러 주제를 하나로 통합하였다.

- 학교상담 프로그램과 서비스가 학생 성공에 미치는 효과를 보여 주는 데이터 수집과 결과를 학교상담자의 중요한 역할로서 강조하고 있다.
- 정보가 계속해서 바뀌고 급속히 시대 상황에 맞지 않게 된다는 점에서 주석이 딸린 자료 편이 삭제되었다.

이러한 주제들 중 일부는 재배열, 변화 또는 통합되었지만, 자료의 많은 부분은 초판과 동일하게 남아 있다. 이 책의 개정 작업은 자료를 최신 것으로 업데이트하는 동시에, 오늘날의 학교상담자와 더욱 관련이 있는 내용으로 편성하려는 노력의 일환으로 이루어졌다.

제1편은 미국학교상담자협회^{American School Counselor Association}(ASCA) 학교상담 프로그램 국가모델에 초점을 맞추고 있다. 이 편에서는 학교상담에 있어서의 연구와 모델에 대해 살펴보는 한편, 이 책의 초판이 출간된 이래 학교상담자의 변화된 역할을 강조하고 있다.

제2편은 학교상담자의 준비, 역할, 책임에 초점을 맞추고 있다. 이 편에는 ASCA의 학교상담자 역할 선언문과 오늘날 학교에서 학교상담자가 담당하고 있는 다른 중요한 역할에 대한 내용이 수록되어 있다. 이 편에서는 학교상담자의 자기돌봄 전략, 학교상담자로서의 전문가 정체성 발달의 중요성, 그리고 개인과 전문가로서의 학교상담자 역할을 다루고 있다.

제3편에서는 계속해서 학교상담자에 관한 정보를 제공하되, 학교상담자가 실행과 프로그램을 통해 담당하고 있는 업무를 강조하고 있다. 이 편에서는 학교상담자가 실행하고 있는 많은 일, 학교상담자가 리더 또는 참여자로 활동하고 있는 프로그램에 대해 포괄적으로 다루고 있다. 또한 초판이 출간된 이래 발생된 많은 학교의 위기에 대한 대응의 일환으로, 위기와 중대사건 대응 팀에 관한 확대된 부분이 포함되어 있다.

제4편은 ASCA 국가표준에 따른 학생발달의 3가지 영역(학업, 진로, 개인/사회성)에 대한 탐색으로 시작된다. 이 편에서는 학생들의 학업적 성공에 필요한 기술 발달 조력에 있어서 학교상담자의 역할을 집중 조명하고 있다. 게다가, 중등학교 과정 이후의 계획에 대해 특별히 강조하고 있고, 학업상담에 관한 최신 자료 제공을 통해 학교상담자들에게 중요한 도움을 주고 있다.

인터넷 자원과 온라인 탐색을 위한 기술의 발달로, 진로상담은 학생과 학교상담자의 손끝으로 이용 가능한 정보 세계와 함께 상당한 진전을 이루었다. 이젠 과거 어느 때보다도 더 많은 진로발달과 진로결정에 관한 자원이 넘쳐 나고 있다. 제5편에서는 진로기술 개발, 진로탐색 참여, 그리고 중등학교 이후의 대안 탐색에 있어서 학생발달을 저해할 수 있는 쟁점들을 다룸으로써, 효과적인 진로상담 제공 방안을 모색하고 있다.

제6편은 유치원에서 고등학교에 이르기까지의 개인/사회성 상담에 관한 2개 편 중 첫 번째 편이다. 이 편에는 평생에 걸쳐 학생들의 성공 경험을 도울 수 있는 생활기술 발달과 학생 발달의 특수 영역에 관한 정보가 수록되어 있다. 이 판에서 우리는 문화적으로 대응적인 학교상담, 그리고 학생들이 성장하고 지역사회의 구성원이 되어 감에 따라 요구되는 회복탄력성 기술 발달에 필요한 관련 목록들을 추가하였다.

제7편 역시 개인/사회성 상담에 관해 다루고 있다. 이 편에서는 학생들이 경험하는 무수히 많은 쟁점에 대한 예방과 학교상담자의 효과적인 개입 전략에 대해 집중 조명하고 있다. 학생들에 관한 쟁점의 많은 범주는 이미 초판에 소개되었던 것들이다. 그렇지만 이 판에는 비극적인 사건과 국가 재난에 관한 확대된 논의와 사이버 폭력 등 완전히 새로운 범주들이 포함되어 있다. 이 책의 다른 편에 비해, 제7편에는 초판이 출간된 이래 발생해 온 사회 변화가 반영되어 있다. 또한 각 주제에 대한 추가적인 참고문헌과 정보 자원이 수록되어 있다.

본문에서 인용된 자원은 각 목록의 끝에 있는 참고문헌에 제시되어 있다. 또한 한 주제에 대해 보다 면밀한 탐색을 희망하는 독자들을 위해 읽을거리를 별도로 추가하였다. 추가된 자원은 완전하지는 않지만, 아주 좋은 출발점이 될 것이다. 이 책을 통틀어 독자들은 다른 목록(보통 소괄호 내에)에 대한 전후 참조를 통해 특정 주제에 관한 후속 정보를 참조할 수 있을 것이다. 우리는 이 책이 포괄적이고 효과적인 학교상담 프로그램 실행에 도움이 되는 유용한 자원으로 활용되기를 소망한다. 효과적인 프로그램과 서비스는 학생들이 학습자로서뿐 아니라 이 세상의 생산적인 시민으로서의 성공을 극대화하는 데 도움이 되는 좋은 도구이기 때문이다.

감사의 글

제2판에 대한 연구와 피드백을 제공해 주신 분들(페어팩스 카운티 학교의 초등학교 상담자인 제이미 스탠튼^{Jaime Stanton}, 존스 홉킨스 대학교의 상담·인간서비스학과의 조교수인 아니타 영^{Anita Young} 박사)의 노고와 헌신에 대해 감사드린다. 데이비스 박사님 역시 매리마운트 대학교 학교상담 프로그램의 대학원생들이 연구와 문헌고찰을 해 준 것에 대해 인정해 주실 것이다. 또한 필요한 경우에 가외의 시간을 내 주셨고, 언제나 지속적인 격려를 아끼지 않으신 우리의 편집자, 조시-베이스^{Jossey-Bass} 출판사의 마지 매카니니^{Margie McAneny}의 인내와 헌신에 감사를 드린다.

나는 이 책을 소속 학교의 학생, 학부모, 그리고 구성원들의 문제 예방, 감소, 해결을 위해 도움을 제공하고 있는 학교상담자들에게 바친다. 학교상담자들은 학생들의 학업목표, 희망, 그리고 꿈의 실현을 격려·조력하는 데 헌신하고 있기 때문이다.

도로시 블럼

나는 이 책을 도로시 블럼 박사님께 바친다. 블럼 박사님은 1990년대에 이 책에 대한 아이디어가 학교상담자들을 위한 세미나 서적으로 나올 수 있게 한 장본인이다. 이 프로젝트를 함께하자고 요청하고, 서명을 하게 해 준 도로시에게 고마움을 표한다. 이 책이 행복한 학교를 만드는 데 도움이 될 수 있기 바란다.

타마라 데이비스

◉ 차례

제1편 **학교상담 프로그램: ASCA 국가모델** _ 21

제2편 ┃ 학교상담자: 준비, 역할, 책임 _ 61

제4편   **학교에서의 학업상담 _ 203**

제6편 학교에서의 개인/사회성 상담:
학생발달과 생활기술 _ 323

제7편　학교에서의 개인/사회성 상담: 예방과 효과적인 개입 _ 397

제 1 편

학교상담 프로그램: ASCA 국가모델

기초

미국학교상담자협회(ASCA) 국가모델의 기초 요소에는 3가지 구성요소[① 신념과 철학, ② 사명 선언문, ③ ASCA 국가표준(학업, 진로, 개인/사회성 발달)]가 담겨 있다.

이 편에서 ASCA(2005)에 대한 제반 참고자료들은 미국학교상담자협회의 『ASCA 국가모델: 학교상담 프로그램의 틀The ASCA National Model: A Framework for School Counseling Program(제2판)』을 참조한 것들이다.

그림 1-1. 미국학교상담자협회 국가모델

1.1. 학교상담 프로그램의 신념과 철학

(American School Counselor Association, 2005, p. 29)

- 질문: 나(또는 우리 학교상담자들)는 학생들, 그리고 학습에 관해 어떤 생각을 하고 있는가?
- 학교상담자(들)에 의해 언급된 신념 진술을 열거해 보자.

  신념 선언문:
  ○ 모든 아동은 배움의 기회를 누려야 한다.
  ○ 모든 학생은 성공 기회를 누릴 자격이 있다.
  ○ 학교는 모든 학생의 요구를 충족시켜 줘야 한다.
  ○ 학생 개개인은 안전하고 안심할 수 있는 학습 환경에 대한 권리가 있다.

- 학교상담 프로그램에 관한 공유된 신념과 철학 선언문의 기초가 되는 공통 주제를 확인한다. 철학 선언문^{philosophy statement}에는 다음과 같은 기능이 있다.
  ○ 성취되어야 할 전체 학생들의 능력에 관한 합의된 신념체제를 나타낸다.
  ○ 모든 학생을 대상으로 한다.
  ○ 학생의 발달적 요구와 일차 예방에 초점을 맞춘다.
  ○ 학교상담자의 역할을 학생 개개인에 대한 옹호자로 간주한다.
  ○ 프로그램 활동 전달에 포함되어야 할 사람들이 명시된다.
  ○ 프로그램 결정에 있어서 데이터의 기능 방식과 프로그램 평가 방식이 명시된다.
  ○ 학교상담자가 전체 학생들에게 적용할 프로그램의 운영·시작 방식이 담겨 있다.
  ○ 윤리적·문화적 고려사항을 감안한다.

- 사명 선언문 개발을 위한 기초가 될 철학 선언문을 작성한다. (**1.2** 개요 참조)
- 철학 선언문을 홍보 및 공지함으로써, 다른 사람들에게 학교상담 프로그램의 촉매가 되는 신념과 철학에 관해 교육한다.

● 참고문헌

American School Counselor Association [ASCA]. (2005). *The ASCA national model: A framework for school counseling programs* (2nd ed.). Alexandria, VA: Author.

1.2. 학교상담 프로그램 사명 선언문의 구성요소

(American School Counselor Association, 2005, p. 30)

학교상담 프로그램 사명 선언문의 목적
- 신념, 기본가정, 철학에 대한 프로그램의 초점을 반영한다.
- 혁신적 · 효과적 실행을 위한 구조를 구축한다.
- 한 가지 비전을 창조한다.

학교상담 프로그램 사명 선언문의 내용
- 우선적으로 학생들에게 초점을 맞춘다.
- 모든 학생에 대해 형평성, 접근성, 성공을 증진시킨다.
- 교육지원청의 임무뿐 아니라 학교의 사명 선언문을 보완한다.
- 학생들의 학업, 진로, 개인/사회성 발달을 고려한다.
- 학생들에게 바람직한 장기적인 결과를 보여 준다.

● 참고문헌

American School Counselor Association [ASCA]. (2005). *The ASCA national model: A framework for school counseling programs* (2nd ed.). Alexandria, VA: Author.

1.3. ASCA 학교상담 프로그램 국가표준

(Campbell & Dahir, 1997)

학교상담 프로그램 국가표준의 목적
- K-12 학교상담 프로그램의 결과로서, 전체 학생들이 습득해야 하는 지식과 기술을 명시한다.
- 학교상담 프로그램을 포괄적으로 설계하고, 전체 학생들에게 체계적인 전달을 보장한다.
- 학교상담을 교육 체제의 학업적 임무의 통합적 요인으로 정립한다.
- 전체 학생들이 자격을 갖춘 학교상담자에 의해 제공되는 학교상담 서비스에 동등하게 접근할 수 있도록 한다.

학교상담 프로그램 국가표준의 구성요소

Ⅰ. 학업발달
  기준 A. 학생들은 학교에서 평생에 걸쳐 효과적인 학습을 촉진하는 태도, 지식, 기술을 습득할 것이다.
  기준 B. 학생들은 학교에서 성공 성취를 위한 전략을 활용하게 될 것이다.
  기준 C. 학생들은 학업, 직업세계, 그리고 가정과 지역사회 생활과의 관계를 이해하게 될 것이다.

Ⅱ. 진로발달
  기준 A. 학생들은 자기지식과 비교하여 직업세계 탐색을 위한 기술을 습득하고, 적절한 진로결정을 하게 될 것이다.
  기준 B. 학생들은 장차 진로 성공과 만족을 위한 전략을 활용하게 될 것이다.
  기준 C. 학생들은 개인적 특성, 교육과 훈련, 그리고 직업세계의 관계를 이해하게 될 것이다.

Ⅲ. 개인/사회성 발달
  기준 A. 학생들은 자기와 타인의 이해와 존중에 도움을 줄 수 있는 태도, 지식, 대인관계 기술을 습득하게 될 것이다.

기준 B. 학생들은 목표 성취를 위한 의사결정, 목표설정, 그리고 필요한 조치를 취하게 될 것이다.

기준 C. 학생들은 안전과 생존 기술을 이해하게 될 것이다.

● **참고문헌**

Campbell, C., & Dahir, C. (1997). *Sharing the vision: The national standards for school programs*. Alexandria, VA: American School Counselor Association.

전달 체제

전달 체제^{delivery system}란 학교상담자를 통해 종합적 학교상담 프로그램이 전달되는 다양한 방법들을 말한다.

1.4. 종합적 학교상담 프로그램

학교상담 프로그램은 모든 학생의 성공을 돕는다.

학교상담 프로그램의 특징
- 학교의 교육 및 교수학습 목적과 임무와 일치한다.
- 사전 조직과 계획이 요구된다.
- 의도적이다.
- 전체 교육 프로그램과 통합된다.
- 데이터 지향적^{data-driven}이다.
- 학교 전체의 참여, 협동, 협력에 의해 뒷받침된다.
- 순차적 · 발달적이다.
- 예방적이다.
- 순향적^{proactive}이다.
- 반응적이다.
- 다음과 같이 현재와 미래 지향적이다.
  - 학생들을 성인기를 위해 준비시킨다.
  - 중등학교 이후의 교육과 진로 계획 수립을 촉진한다.
  - 학생들의 발달과정상의 중요한 전환을 돕는다.
  - 학교, 직장, 지역사회의 책임과 기회를 탐색한다.
  - 전체 학생들의 안전을 도모한다.
  - 자기조절행동(예, 보호요인, 목표설정)을 증진시킨다.

- 다음과 같이 종합적이다.
  - ○ 학생들의 요구를 평가한다.
  - ○ 학부모, 학생, 교사, 지역사회 구성원들에게 정보를 제공한다.
  - ○ 주요 이해당사자들과 협의·협력한다.
  - ○ 다양한 방법으로 상담서비스를 제공한다.
  - ○ 학생과 가족들에게 적절한 자원을 제공한다.
  - ○ 학생, 학부모, 교직원들과 관련된 행사를 모니터하고, 효과적으로 후속 조치한다.
  - ○ 상담 전달 체제의 효율성을 평가한다.

- 다음과 같은 기술발달에 초점을 맞춘다.
  - ○ 학업 성공
  - ○ 책임
  - ○ 갈등해결
  - ○ 안전
  - ○ 의사결정·문제해결
  - ○ 물질남용 예방
  - ○ 또래압력에의 저항
  - ○ 회복탄력성
  - ○ 존중
  - ○ 의사소통

학교상담 프로그램 전달 체제의 구성요소

- 학교상담과 생활교육 교육과정 (**1.5** 참조)
- 개별학생계획 (**1.6** 참조)
- 반응적 서비스 (**1.7** 참조)
- 체제 지원 (**1.8** 참조)

1.5. 학교상담과 생활교육 교육과정

(American School Counselor Association, 2005, pp. 40-41)

학교 생활교육 교육과정^{school guidance curriculum}이란 생활교육 수업 또는 활동의 체계적인 전달을 촉진시키는 교수학습 프로그램을 말한다.

학교 생활교육 교육과정의 특징

- 범위가 종합적이다.
- 예방적 · 순향적이다.
- 학교상담자(들)에 의해 기획, 설계, 실행, 평가된다.
- 학교상담자(들)에 의해 조정 · 전달된다.
- 학생 개개인에게 제공된다.
- 학교상담 프로그램의 철학, 임무, 그리고 학생 역량과 일치한다.
- 학업성취, 진로발달, 개인/사회성 성장 영역에 있어서 지식, 태도, 기술 발달을 증진시킨다.
- ASCA의 국가표준과 일치하고, 함께 운영된다. (**1.3** 참조)
- 다양한 책무성 방법 사용을 통해 평가된다. (**1.16**~**1.19** 참조)

학교상담과 생활교육 교육과정의 구성요소

- 교실 생활교육: 교실에서 가르치는 학교상담 회기 (**3.13**~**3.16** 참조)
- 학제 간 교육과정 개발: 학과목과의 통합
- 집단 활동: 계획된 교실 밖 소집단 활동 (**3.6**~**3.12** 참조)
- 학교 공동체의 요구를 다루는 학부모 · 보호자 워크숍 (**3.18** 참조)

1.6. 개별학생계획

(American School Counselor Association, 2005, pp. 41-42)

개별학생계획^{individual student planning}이란 개별 학생들로 하여금 개인적 목표 수립 및 미래의 학교계획 발달을 돕기 위한 학교상담 활동을 말한다.

개별학생계획의 특징

■ 학생들의 개인적 목표와 미래 계획 수립을 돕는다.

■ 학생들의 계획, 멘토링, 교육적 진척 관리를 돕는다.

■ 학생들이 학교에서 학교로, 학교에서 대학으로, 그리고/또는 학교에서 직장으로 옮겨 가는 것을 돕는다.

■ 개인상담, 소집단상담, 그리고/또는 조언을 통해 전달된다.

■ 적절한 경우, 계획에 있어서 학부모, 보호자, 교직원이 포함된다.

■ 학생의 성공 보장을 위해 학생 개개인을 위한 전략을 개발하여 문서화한다.

개별학생계획의 전략

■ 개인 또는 소집단 평정: 학생들의 능력, 흥미, 기술, 성취 정도를 분석·평가한다.

■ 개인 또는 소집단 조언: 개인적인 교육적·직업적 목표를 확인하고, 이러한 목표의 성공적 성취를 위한 계획을 수립하도록 조언한다.

■ 고등학교 이후의 계획: 학생들의 대학진학 또는 취업을 위한 계획 수립을 돕는다.

● 참고문헌

American School Counselor Association [ASCA]. (2005). *The ASCA national model: A framework for school counseling programs* (2nd ed.). Alexandria, VA: Author.

1.7. 반응적 서비스
(American School Counselor Association, 2005, pp. 42-43)

학교에서의 반응적 서비스^{responsive service}는 학생들의 즉각적인 요구와 관심사에 부합
되는 활동들로 이루어져 있다.

반응적 서비스의 특징
- 전체 학생들에게 이용 가능하다.
- 보통 학생에 의해 시작되지만, 학부모나 교사가 의뢰하기도 한다.
- 필요한 경우, 학부모 및/또는 교사가 함께 참여한다.
- 학생 성공을 목표로 협동 · 협력한다.
- 조기 개입에서 위기 대응에 이르기까지의 상담 서비스가 제공된다.
- 학생의 요구에 부합되도록 개발된다.
- 사전에 계획되고 목표 지향적이다.

반응적 서비스 전달을 위한 전략
- 자문
  - 학부모 · 보호자 (**3.17~3.19** 참조)
  - 교사 (**3.20~3.25** 참조)
  - 교직원
  - 지역사회 기관

- 개인 · 소집단 상담
  - 폭넓은 주제를 다룬다.
  - 발달적으로 적절한 주제를 다룬다.
  - 학생들의 경험과 관련된 주제를 다룬다.

- 위기상담
  - 예방
  - 개입

○ 후속조치

■ 의뢰
  ○ 쟁점의 범위를 평가한다.
  ○ 가능하다면, 지역사회 단체 또는 서비스에 연결한다.
  ○ 쟁점이 학교상담자의 전문성 또는 훈련의 범위를 벗어나는 경우, 지역사회 · 정신건강 자원에 의뢰한다.

■ 또래 촉진
  ○ 학생 또래중재 또는 갈등해결 프로그램 (**3.31** 참조)
  ○ 멘토링 프로그램 (**3.34** 참조)

● 참고문헌

American School Counselor Association [ASCA]. (2005). *The ASCA national model: A framework for school counseling programs* (2nd ed.). Alexandria, VA: Author.

1.8. 체제 지원

(American School Counselor Association, 2005, pp. 43-44)

체제 지원^{system support}에는 학교상담 프로그램이 관리·모니터 되는 방식이 포함된다.

체제 지원의 예
- 전문가 발달
  - 자체 직무연수
  - 전문가 협회 회원가입
  - 대학원 교육
  - 전문가 학술대회 참석

- 자문, 협력, 팀 구성
  - 학부모 자문활동 참여 또는 촉진
  - 교사 자문활동 참여
  - 지역사회 연락 담당자로서의 지역사회 봉사
  - 학교 위원회 또는 팀을 위한 활동
  - 지역사회 지원 활동 주도와 유지
  - 자문위원회 설치와 봉사
  - 교육지원청 위원회 활동

- 프로그램 관리와 운영
  - 학교상담 프로그램의 실행과 유지에 필요한 과업
  - 안전하고 안심할 수 있는 학습 환경 제공을 위한 교직원들의 책임(이 편의 후반부에 있는 '공정배분 책임' 목록 참조)

- 관리 활동
  - 예산
  - 시설
  - 정책과 절차(교육지원청, 학교, 프로그램 수준별)

○ 연구와 자원 발달(예, 육아 도서실, 지역사회 자원)

■ 데이터 분석
  ○ 학생의 성취 데이터를 분석한다.
  ○ 학교상담 프로그램 관련 데이터를 수집·분석한다.
  ○ 데이터를 활용하여 학교상담 프로그램과 서비스에 관한 결정을 내린다.
  ○ 불공정성, 접근성, 성취 격차를 다룬다.

■ 공정배분 책임(Gysbers & Henderson, 2006): 학교상담 프로그램과는 관련이 없을 수 있지만, 학생들의 안전과 발달에 필요한 의무와 책임은 다음과 같다.
  ○ 통학버스 의무
  ○ 학생식당 의무
  ○ 쉬는 시간 동안 복도 멘토링
  ○ 현장학습 인솔
  ○ 학교와 교육지원청 위원회 활동
  ○ 학교 동아리 지원

● 참고문헌

American School Counselor Association [ASCA]. (2005). *The ASCA national model: A framework for school counseling programs* (2nd ed.). Alexandria, VA: Author.

Gysbers, N. C., & Henderson, P. (2006). *Developing and managing your school guidance program* (4th ed.). Alexandria, VA: American Counseling Association.

관리 체제

관리 체제^{management system}는 학교상담 프로그램 관리에 필요한 조직과정과 도구에 대한 기술이다.

1.9. 관리 체제의 구성요소
(American School Counselor Association, 2005)

- 관리 규약
- 자문위원회
- 데이터 사용
- 실행계획
- 시간 사용
- 일정표

● 참고문헌

American School Counselor Association [ASCA]. (2005). *The ASCA national model: A framework for school counseling programs* (2nd ed.). Alexandria, VA: Author.

1.10. 관리 규약

(American School Counselor Association, 2005, pp. 46-47;
Virginia School Counselor Association, 2008, pp. 49-54)

관리 규약의 특징

- 학교상담 프로그램의 효과적인 실행을 공고히 한다.
- 전체 상담 직원과 학교행정가를 수반한다.
- 학교상담 프로그램의 조직과 실행에 대한 책임이 상세히 명시되어 있다.
- 데이터에 기초한다.
- 매년 개발하고, 주기적으로 검토한다.
- 학교상담 프로그램을 지원한다.

관리 규약의 구성요소

- 번호로 분류된 정보
- 학교 데이터 및/또는 학교상담 프로그램 데이터
- 프로그램 목표
- 상담자(들) 책임
- 상담자(들) 시간 배분
- 전문가 발달 기회와 기대
- 수퍼바이저, 동료, 이해대상자들과의 협력
- 자원과 예산
- 상담자(들)와 담당 학교행정가의 서명

● 참고문헌

American School Counselor Association [ASCA]. (2005). *The ASCA national model: A framework for school counseling programs* (2nd ed.). Alexandria, VA: Author.

Virginia School Counselor Association [VSCA]. (2008). *The Virginia professional school counseling program manual.* Available at www.vsca.org.

1.11. 학교상담 자문위원회

(American School Counselor Association, 2005, pp. 47-48;
Virginia School Counselor Association, 2008, pp. 55-56)

학교상담 자문위원회^{school counseling advisory council}는 학교상담 프로그램이 학교 내에서 전체 학생들의 요구에 부응할 수 있도록 학생, 학부모, 교사, 학교행정가 등의 조언을 제공한다. 자문위원회는 정기적으로 개최하여 학교상담 프로그램의 계획, 실행, 평가를 돕는다.

학교상담 자문위원회의 목적
- 학교상담 프로그램의 개발, 실행, 평가를 돕는다.
- 전체 학교 공동체(학생, 학부모, 교직원, 지역사회 구성원)를 반영한다.
- 지역사회의 다양성을 반영한다.
- 전반적인 프로그램의 효과 분석을 통해 프로그램의 결정을 돕는다.
- 학교상담 프로그램의 우선순위 결정을 돕는다.
- 제공 중인 프로그램과 서비스에 대한 피드백을 제공한다.
- 다른 사람들에게 학교상담 프로그램의 목표, 절차, 세부목표, 평가에 관해 알린다.
- 학교상담 프로그램과 서비스의 가치와 범위를 구체적으로 명시한다.
- 프로그램 발달과 연간 목표에 관한 조언을 제공한다.
- 데이터 조사를 통해 프로그램의 목표 성취를 향한 진척 상황을 검토한다.
- 재원에의 접근에 있어서 옹호와 조력을 통한 프로그램을 지원한다.
- 학교상담 프로그램과 학교와 지역사회 이해당사자들 사이의 양방향 의사소통의 연결고리를 제공한다.

자문위원회 구성
- 학교의 이해당사자들 대변을 목표로 한다.
- 8~12명의 위원을 모집한다.
- 훌륭한 후보자들을 선발한다.
- 공문으로 위원들을 초청한다.
- 적어도 연간 2회 회의를 계획한다.

자문위원회 구성원 선발

■ 관련된 문화적 · 사회경제적 · 사회적 집단들로부터의 다양한 대표성을 띤 사람들을 포함시킨다.

■ 구성원으로는 학생, 교사(특수교육 담당 교직원), 학부모/보호자, 학교행정가, 학교 자원관school resource officer, 학교심리학자, 학교사회복지사, 학교 이사, 지역사회 대표 (예, 단체, 기업, 지역사회 리더)를 포함시킨다.

■ 구성원들은 시간을 내서 연간 최소 2회 회의를 참석해야 한다.

■ 구성원들은 강력한 학교상담 프로그램의 옹호자로 봉사해야 한다.

■ 구성원들은 1~3년간 봉사할 의사가 있어야 한다.

학교상담 자문위원회의 안건

■ 시작: 도입 및 안건 검토

■ 목적과 목표 설정

■ 학교상담 프로그램의 목표와 구성요소 제시 또는 검토

■ 학교상담 프로그램 데이터 조사

■ 학교 전체 행사 또는 프로그램(예, 멘토링 프로그램, 방과후 프로그램, 학부모들의 밤)

■ 인적 구성과 자원 요구 검토

■ 자문위원회의 옹호 역할 논의

■ 질문과 관심사

■ 종결: 다음 회의의 목표와 과제 선정

● 참고문헌

American School Counselor Association [ASCA]. (2005). *The ASCA national model: A framework for school counseling programs* (2nd ed.). Alexandria, VA: Author.

Virginia School Counselor Association [VSCA]. (2008). *The Virginia professional school counseling program manual.* Available at www.vsca.org.

1.12. 학생의 진척 상황 모니터링을 위한 데이터 사용

(American School Counselor Association, 2005, pp. 49-53)

데이터가 도움이 되는 이유는 무엇인가

(Kaffenberger & Young, 2009)

- 책무성 입증 및 목표 달성의 정도를 측정할 수 있기 때문
- 변화의 긴급성을 알릴 수 있기 때문
- 학생발달과 진척 상황을 모니터할 수 있기 때문
- 실질적 의사결정을 제공하기 때문
- 기존 정책에의 도전 및 현재 상황 유지를 위한 기초자료가 되기 때문
- 접근성과 형평성의 쟁점을 확인할 수 있기 때문
- 서비스, 프로그램, 그리고 개입 전략에 초점을 맞출 수 있기 때문

학생의 진척 상황 모니터링에 사용되는 데이터 유형

- 학생 성취 데이터(즉, 표준화된 검사점수, 평점, 졸업률, 학업이수율, 학업중단률, 성취 점수)
- 성취관련 데이터(즉, 과정등록 패턴, 훈육 의뢰, 정학과 출석률, 알코올과 기타 약물위반, 학부모와 보호자 관여, 숙제완성 완성률)
- 기준과 역량관련 데이터(ASCA 표준, 주 표준, 및/또는 교육지원청 표준에 따른 학생의 수행정도를 나타내는 데이터)
- 분해된 데이터(성별, 민족, 또는 사회경제적 지위 같은 변인에 따라 분석된 데이터)
- 프로그램 평가 데이터

> ◇ **과정데이터**process data는 활동 내역, 즉 학교상담자가 누구를 대상으로 활동을 했는지에 대한 증거를 제공한다(예, 학교상담자는 괴롭힘 예방에 관한 교실 생활교육 수업 4시간을 실시하였음).
>
> ◇ **지각데이터**perception data는 다른 사람들이 관찰 또는 지각, 습득한 지식, 보유하고 있는 태도와 신념, 그리고 성취한 역량을 측정한 것이다(예, 5학년 학생들의 85%가 학교 복도와 화장실에서 안전하지 않은 느낌이 든다고 보고함).
>
> ◇ **결과데이터**result data는 활동 또는 프로그램의 영향을 보여 준다(예, 괴롭힘 예방을 위한 교실 생활교육 수업 이후, 괴롭힘 문제로 의뢰된 학생 수가 39% 감소되었음).

- 시간에 따른 데이터(American School Counselor Association, 2005, p. 51)
- **즉시데이터**^{immediate data}는 '상담자 활동 또는 개입의 결과로서 지식, 기술, 또는 태도 변화의 즉각적인 영향'을 측정한 것이다.
  - ○ **중간데이터**^{intermediate data}는 단기간 동안 상담자의 개입이 지식과 기술에 미친 영향을 측정한 것이다.
  - ○ **장기데이터**^{long-range data}는 상담자의 개입이 학생들에게 종단적으로 미친 영향을 측정한 것이다.

- 데이터 자원(Kaffenberger & Young, 2009)
  - ○ 학생 평가(평가 전/후)
  - ○ 과정등록률
  - ○ 졸업률
  - ○ 대학진학률
  - ○ 인구통계학적 데이터(예, 민족, 성별)
  - ○ 표준화된 검사점수
  - ○ 학생 성적
  - ○ 출석률
  - ○ 훈육 의뢰
  - ○ 교사 평가와 학생들에 대한 평가

● 참고문헌

American School Counselor Association [ASCA]. (2005). *The ASCA national model: A framework for school counseling programs* (2nd ed.). Alexandria, VA: Author.

Kaffenberger, C. J., & Young, A. (2009). *Making data work* (2nd ed.). Alexandria, VA: American School Counselor Association.

1.13. 실행계획

(American School Counselor Association, 2005, pp. 53-54)

학교 생활교육 교육과정 실행계획 구성요소

- 고려되어야 할 영역(① 학업, ② 진로, 또는 ③ 개인/사회성)과 국가, 주, 또는 교육지원청 기준
- 학생 역량 또는 세부목표
- 학교상담 프로그램 또는 활동 일람표
- 프로그램 또는 활동 실행에 필요한 자료 또는 자원
- 실행 책임자(들)
- 추진일정
- 평가 및/또는 기대 결과의 평균
- 격차 감소 또는 불평등 해소 시도의 증거

● 참고문헌

American School Counselor Association [ASCA]. (2005). *The ASCA national model: A framework for school counseling programs* (2nd ed.). Alexandria, VA: Author.

1.14. 시간 사용

학교상담자의 시간배분에 대한 권장사항

(Gysbers & Henderson, 2006)

■ 전체 시간의 80%는 학생, 교직원, 가족에 대한 직접적 서비스에 사용하는 반면, 나머지 20%는 프로그램 관리에 사용한다.

생활교육 교육과정

- 초등학교: 35~45%
- 중학교: 25~35%
- 고등학교: 15~25%

개별학생계획

- 초등학교: 5~10%
- 중학교: 15~25%
- 고등학교: 25~35%

반응적 서비스

- 초등학교: 30~40%
- 중학교: 30~40%
- 고등학교: 25~35%

체제 지원

- 초등학교: 10~15%
- 중학교: 10~15%
- 고등학교: 15~20%

학교상담자들에게 적절한 활동

(출처: Campbell & Dahir, American School Counselor Association, 2005, p. 56에서 재인용)

■ 개별학생 학업계획

■ 적성검사와 성취검사 해석

■ 무단결석, 결석, 또는 훈육상의 문제가 있는 학생 상담

- 복장과 행동에 관한 교칙 준수를 위한 학생상담
- 교사와 협력하여 교실 생활교육 수업 실시
- 학업성취와 관련된 데이터 분석
- 생활기록부 해석과 연방교육권리 및 사생활법^{Federal Education Rights and Privacy Act}(FERPA)
  [*역자 주. 학생들의 교육관련 기록에 대한 개인의 권리를 보호하기 위한 미연방법으로, 학생이 18세 또는 대학
  입학 때까지 한시적으로 부모에게 자녀의 교육기록에 대한 권리를 부여하고 있음] 준수 조력
- 교사들과 협력
- 행정직원들과 협력하여 학생들의 쟁점 확인과 해결
- 학생들에게 소집단 · 대집단 상담 제공
- 특수 요구가 있는 학생 지원
- 학생 요구 파악과 조치를 위한 데이터 분석 및 정리

학교상담자들에 대한 부적절한 활동
- 모든 신입생의 등록 및 시간표 작성
- 시험 관리 또는 실시
- 학생들의 지각 또는 결석 사유서 서명
- 훈육 활동 수행
- 복장불량 학생들을 가정에 돌려보내기
- 교사 유보 시, 수업 또는 대리 수업
- 성적 계산
- 학생 성적 관리
- 방과 후 학습 또는 자율학습 시간 감독
- 사무 기록 관리
- 교장실 업무 지원
- 학생들에게 심리치료 제공
- 특수 요구가 있는 학생에 관한 아동연구팀 또는 기타 팀의 장
- 데이터 입력

● **참고문헌**

American School Counselor Association [ASCA]. (2005). *The ASCA national model: A framework for school counseling programs* (2nd ed.). Alexandria, VA: Author.

Gysbers, N. C., & Henderson, P. (2006). *Developing and managing your school guidance program* (4th ed.). Alexandria, VA: American Counseling Association.

1.15. 일정표

(American School Counselor Association, 2005, pp. 57-58
Virginia School Counselor Association, 2008, pp. 57-62)

마스터 일정표^{master calendar} 사용은 연중·월중 학교상담 프로그램 활동 계획에 도움이
될 것이다. 계획된 활동은 학교상담 프로그램의 중요성, 그리고 학사일정과 학교상담
프로그램 일정 사이의 연결성 입증에 도움이 된다.

일정표의 목적
- 학년, 날짜, 실행해야 할 활동을 구분한다.
- 학생, 교직원, 학부모/보호자, 지역사회 구성원들에게 학교상담 프로그램의 활동
  에 대해 알린다.
- 월별 및 연중 학교상담자의 시간 배분의 증거를 제공한다. (**1.14** 참조)
- 상담자(들)에게 학교상담 프로그램 데이터 분석 및 실행계획 수립을 위한 시간을
  제공한다.
- 학교상담 프로그램의 우선순위를 정한다.
- 홍보, 리더십, 학교상담자의 전문적 기술을 보여 준다.

연중 학교상담 프로그램 일정표
- 눈에 띄는 장소에 공지한다.
- 학사일정과 조정한다.
- 학교상담 프로그램 이벤트에 초점을 맞춘다.
- 일정과 프로그램 활동에 관한 소통을 증진시킨다.
- 사전 계획이 권장된다.
- 학생 지원 기능의 강조 및 가치를 두는 구성패턴을 정한다.
- 공간, 시설, 자료 사용을 예약한다.

월중 일정표
- 월별 구체적인 활동과 행사를 부각시킨다.
- 교직원들에게 회람을 돌린다.
- 활동과 행사의 구조와 계획을 제공한다.

주중 일정표

■ 포스터를 붙인다.

■ 위기 또는 예기치 않은 사건에 대한 대응이 가능하도록 유연하게 작성한다.

■ 데이터 분석을 위한 시간을 포함시킨다.

■ 협력과 홍보를 위한 시간을 포함시킨다.

● 참고문헌

American School Counselor Association [ASCA]. (2005). *The ASCA national model: A framework for school counseling programs* (2nd ed.). Alexandria, VA: Author.

Virginia School Counselor Association [VSCA]. (2008). The Virginia professional school counseling program manual. Available at www.vsca.org.

책무성

책무성accountability은 학교상담 프로그램의 중요한 요소로, 다음 질문에 대한 답변을 모색한다. 즉, 학생들은 학교상담 프로그램의 결과로 어떻게 달라지는가? 학교상담 프로그램을 지원하고 이 프로그램을 학생 성취와 연결시키기 위해서는 데이터 수집과 분석이 요구된다.

1.16. 책무성의 구성요소

- 결과보고서
- 학교상담자 수행 기준
- 프로그램 감사

1.17. 결과보고서

(American School Counselor Association, 2005, pp. 59-60)

결과보고서의 목적
- 학교상담 프로그램과 서비스의 형평성과 접근성 구축
- 프로그램과 서비스 실행과 완결의 증거
- 프로그램 효과의 문서화
- 개선 계획을 위한 도구 확보
- 학교 체제에서의 체제 변화 홍보
- 학교상담 프로그램과 학생 성공의 연관성 입증
- 상담자 지위의 필요성 입증(또는 지위 추가)
- 상담활동에 사용된 시간 입증

학교상담 프로그램 결과보고서의 구성요소
- 서비스 수혜 표적 집단 또는 인구
- 활용된 교육과정 또는 자료
- 서비스 방법(예, 교실 생활교육, 소집단, 개인, 또는 학부모 워크숍)
- 시작 날짜와 종결 날짜
- 데이터 유형(과정, 지각, 및/또는 결과)
- 데이터의 결과
- 학교상담 프로그램 및/또는 학교에 대한 시사점

결과보고서 작성을 위한 모델
- DATA(설계^{Design}, 문의^{Ask}, 트랙^{Track}, 공지^{Announce})(Kaffenberger & Young, 2009)
- 학교상담자 · 학교행정가를 위한 DATA BOOT CAMP(CD)(Sabella, 2007)
- 이지애널라이즈^{EZAnalyze}
- GRIP(목표^{Goals}, 결과^{Results}, 영향^{Impact}, 프로그램 시사점$^{Program\ Implications}$)(Brott, 2008)
- MEASURE(임무^{Mission}, 요소^{Elements}, 분석^{Analyze}, 이해당사자^{Stakeholders}—연합^{Unite}, 재분석^{Reanalyze}, 교육^{Educate})(Stone & Dahir, 2004)
- SOARING(기준^{Standards}, 세부목표^{Objectives}, 평가^{Assessments}, 결과^{Results}, 영향^{Impact}, 네트워크

Network, 가이드Guide)(Gilchrist-Banks, 2008)

■ SPARC(지원 교직원 책무성 성적표Support Personnel Accountability Report Card)(n.d.)

■ CSCOR(학교상담 성과연구센터Center for School Counseling Outcome Research)(n.d.)

핵심 이해당사자들에 대한 결과보고

■ 데이터 결과보고서를 담당 장학관(사)과 학교행정가에게 공식적으로 제출한다.

■ 담당 장학관(사) 및/또는 학교행정가와 책무성 관련 회의 일정을 수립한다.

■ 다음과 같은 사람들에게 결과를 공유하기 위한 그래픽과 함께 요약 보고서를 준비·발표한다.

　○ 교사

　○ 학부모

　○ 학교 이사진

　○ 뉴스레터 독자들

　○ 동료들(모임, 회의, 또는 워크숍 발표)

■ 결과를 토대로 학교상담 프로그램에 있어서의 변화 또는 개선을 위한 실행계획을 문서로 작성한다.

■ 학교 이사회에 연간 결과보고서를 제출한다.

● 참고문헌

American School Counselor Association [ASCA]. (2005). *The ASCA national model: A framework for school counseling programs* (2nd ed.). Alexandria, VA: Author.

Brott, P. E. (2008). *Get a GRIP.* In Virginia School Counselor Association (Ed.), *The Virginia Professional School Counseling Manual* (pp. 86-93). Yorktown, VA: Virginia School Counselor Association.

Center for School Counseling Outcome Research [CSCOR]. (n.d.) Available at www.umass. edu/schoolcounseling.

EZAnalyze. Available at www.ezanalyze.com.

Gilchrist-Banks, S. (2008). SOARING. In Virginia School Counselor Association's *The Virginia Professional School Counseling Manual* (pp. 79-85). Yorktown, VA: Virginia School Counselor Association.

Kaffenberger, C. J., & Young, A. (2009). *Making data work* (2nd ed.). Alexandria, VA: American School Counselor Association.

Sabella, R. (2007). *Data boot camp for school counselors and administrators* [CD]. Available at www.schoolcounselor.com/store/data-bootcamp.htm.

Stone, C., & Dahir, C. (2004). *School counselor accountability: A MEASURE of student success.* Upper Saddle River, NJ: Pearson Education.

Support Personnel Accountability Report Card [SPARC]. (n.d.). *Welcome to SPARC.* Downey, CA: Los Angeles County Office of Education. Available at www.sparconline. net/index.html.

1.18. 학교상담자 수행 기준

(American School Counselor Association, 2005, pp. 62-65)

기준 1. 학교상담자는 학교상담 프로그램을 계획, 조직, 전달한다.

기준 2. 학교상담자는 학생들을 위해 효과적인 교수학습 기술의 사용과 면밀한 구조화 집단 회기 계획을 통해 학교 생활교육 교육과정을 실행한다.

기준 3. 학교상담자는 교육 · 진로 계획 개발을 통해 학생들과 학부모/보호자들을 개인 및 집단 형태로 안내함으로써 개별계획요소를 실행한다.

기준 4. 학교상담자는 개인 · 소집단 상담, 자문, 의뢰 기술을 효과적으로 사용하여 반응적 서비스를 제공한다.

기준 5. 학교상담자는 효과적인 학교상담 프로그램 관리와 다른 교육 프로그램 지원을 통해 학교체제를 지원한다.

기준 6. 학교상담자는 학교행정가와 상담부 관리 체제 및 프로그램 실행계획에 대해 논의한다.

기준 7. 학교상담자는 학교상담 프로그램 자문위원회 설치와 회의 소집에 대한 책임이 있다.

기준 8. 학교상담자는 프로그램의 방향과 강조점을 정하기 위해 데이터를 수집 · 분석한다.

기준 9. 학교상담자는 학생들이 학교에서 진전을 보임에 따라 주기적으로 학생들을 모니터한다.

기준 10. 학교상담자는 시간과 일정을 활용하여 효율적인 프로그램을 실행한다.

기준 11. 학교상담자는 프로그램의 결과 평가를 담당한다.

기준 12. 학교상담자는 연중 프로그램 감사를 실시한다.

기준 13. 학교상담자는 학생의 옹호자, 리더, 협력자, 그리고 학교체제의 변화요원이다.

● 참고문헌

American School Counselor Association [ASCA]. (2005). *The ASCA national model: A framework for school counseling programs* (2nd ed.). Alexandria, VA: Author.

1.19. 학교상담 프로그램 감사

(American School Counselor Association, 2005, pp. 65-66)

■ 프로그램의 주요 강점을 파악한다.

■ 재고 또는 개선될 필요가 있는 영역을 파악한다.

■ 필요한 영역을 다루기 위한 실행계획을 수립한다.

■ 잘되고 있는 것과 그렇지 않은 것을 파악하는 데 도움이 된다.

■ 프로그램의 우선순위 파악에 도움이 된다.

● 참고문헌

American School Counselor Association [ASCA]. (2005). *The ASCA national model: A framework for school counseling programs* (2nd ed.). Alexandria, VA: Author.

ASCA 국가모델 주제

ASCA 국가모델의 주제는 옹호^{advocacy}[*역자 주. 학교상담에서 개입 또는 권한부여를 통해 학생들을 직간접적으로 보호하고 권리를 지켜 주는 행위], 리더십, 협력, 체제 변화다. 이러한 주제들은 학교 상담 프로그램 모델의 계획과 실행을 통해 통합되어야 한다. 즉, 이러한 주제들은 이 모형의 제반 요소들을 연결하는 실이다.

1.20. 옹호

옹호 역량

(Brown & Trusty, 2005, pp. 267-269)

특성

■ 학생 조력에 있어서 기꺼이 위험을 감수한다.

■ 학부모와 공동으로 학생들을 옹호하고 성장을 촉진한다.

■ 모든 사람에 대한 불공정성과 장벽 제거를 지원한다.

■ 돌봄에 대한 전문적 · 개인적 윤리를 실천한다.

지식

■ 자원에 대한 지식

■ 파라미터/모수와 경계에 관한 지식

■ 분쟁 해결 메커니즘에 관한 지식

■ 다양한 옹호 방법에 관한 지식

■ 체제 변화에 관한 지식

기술

- 의사소통 기술
- 협력 기술
- 문제평가 기술
- 문제해결 기술
- 조직 기술
- 자기돌봄 기술

학생 옹호

(Lewis, Arnold, House, & Toporek, 2002)

- 학생들을 대신하여 관련 서비스를 협상한다.
- 학생들이 성공에의 장벽 극복을 위한 자원에 접근할 수 있도록 돕는다.
- 개인과 취약한 집단의 안녕에 대한 장벽을 확인한다.
- 장벽에 직면할 수 있는 계획을 수립한다.
- 계획을 실행한다.

학교상담 프로그램 옹호

- 학교상담 프로그램과 서비스의 이용 가능성을 높인다.
- 상담을 둘러싼 오점 제거를 위해 노력한다.
- 학교상담 프로그램의 긍정적인 영향을 나타내는 데이터를 홍보·공유한다.
- 학교의 관심사(예, 교육과정, 훈육)를 다루는 위원회와 팀에 참여한다.
- 학교상담 프로그램의 임무와 세부목표를 학교생활의 모든 측면에 통합시킨다.
- 학교상담 프로그램에 있어서 긍지를 보여 준다.

● 참고문헌

Brown, D., & Trusty, J. (2005). *Designing and leading comprehensive school counseling programs: Promoting student competence and meeting student needs.* Belmont, CA: Thomson/Brooks Cole.

Lewis, J., Arnold, M., House, R., & Toporek, R. (2002). *Advocacy competencies.* Available at www.counseling.org/Resources.

◆ 읽을거리

Field, J. E., & Baker, S. (2004). Defining and examining school counselor advocacy. *Professional School Counseling, 8*(1), 56−63.

Galassi, J. P., & Akos, P. (2004). Developmental advocacy: Twenty-first century school counseling. *Journal of Counseling and Development, 82*(2), 146−157.

Ratts, M. J., DeKruyf, L., & Chen-Hayes, S. F. (2007). The ACA advocacy competencies: A social justice advocacy framework for professional school counselors. *Professional School Counseling, 11*, 90−97.

1.21. 리더십

리더십 전략

(Phillips, 2000, Davis, 2005에서 재인용)

■ 다음과 같은 리더십의 필수적인 기술을 고려한다.
   ○ 비전 소유
   ○ 이해당사자들과의 소통
   ○ 전체 학생들을 위한 옹호
   ○ 문제해결
   ○ 팀 구축과 협력(통일성)
   ○ 신뢰와 헌신
   ○ 쟁점 해결
   ○ 계획과 주도성
   ○ 공감대 구축

■ 학교에서 교육 리더로서의 학교상담자의 역할을 포용한다.
■ 전체 학생들을 위한 장벽 제거를 위한 학교행정가와 교직원들과의 파트너십을 구축한다.
■ 전체 학생들이 높은 기준을 성취할 수 있도록 돕는다.
■ 데이터를 활용하여 장벽 감소, 접근성 신장, 그리고 성취 격차를 줄인다.

● 참고문헌

Davis, T. E. (Ed.). (2005). *Exploring school counseling: Professional practices and perspectives* (pp. 224–228). Boston: Houghton Mifflin.

◆ 읽을거리

DeVoss, A. J., & Andrews, M. F. (2006). *School counselors as educational leaders*. Boston: Houghton Mifflin.

1.22. 협력

학교와 지역사회 이해당사자들과의 협력

- 이해당사자들이 학교에서 자신들의 시간과 재능을 나눌 수 있도록 격려한다.
- 긍정적이고 환영하는 학교분위기를 조성한다.
- 학교와 가족들 간의 협력^{collaboration}과 긍정적 소통 증진을 옹호한다.
- 학생들과 가족들에게 도움이 될 수 있는 지역사회 단체 및 자원들과 친근한 관계를 형성 · 유지한다.
- 학생발달과 성취에 관한 중요한 결정에 참여한다.
- 학생과 가족들이 필요로 하는 서비스 수혜를 돕기 위한 연락담당자 역할을 수행한다.

1.23. 체제 변화

체제 옹호

(Lewis, Arnold, House, & Toporek, 2002)

■ 학생발달에 영향을 주는 환경적 요인을 확인한다.

■ 변화의 필요성을 나타내는 데이터를 제공 · 해석한다.

■ 다른 이해당사자들과 협력하여 변화를 위한 비전을 발달시킨다.

■ 힘의 자원을 분석하고, 체제 내에서 영향력을 행사한다.

■ 변화 실행을 위한 단계별 계획을 수립한다.

체제 변화에 기여하는 상담자의 조치

(Dahir & Stone, 2009)

■ 데이터를 활용하여 장벽을 확인하고 불공정한 상황을 해결한다.

■ 학습에의 장벽 제거를 위한 전략에 초점을 맞춘다.

■ 전체 학생들에 대한 기대수준을 높인다.

■ 협력적 실행연구를 수행한다.

■ 변화 옹호를 위한 동기로서 결과를 활용한다.

● 참고문헌

Dahir, C. A., & Stone, C. B. (2009). School counselor accountability: The path to social justice and systemic change. *Journal of Counseling & Development, 87*, 12-20.

Lewis, J., Arnold, M., House, R., & Toporek, R. (2002). *Advocacy compentencies*. Available at www.counseling.org/Resources.

제 **2** 편

학교상담자:
준비, 역할, 책임

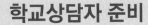

학교상담자 준비

학교상담자 준비와 훈련에는 학생발달과 관련된 주제에 관한 포괄적인 지식 습득이 포함된다. 준비에는 유능한 학교상담자를 배출할 기술 발달과 현장 경험이 포함된다.

2.1. 학교상담자의 준비 · 인증 · 자격 · 면허

학교상담자 준비 프로그램에서 전형적으로 필수요건인 교과과정

대부분의 공립학교 체제에서는 다음 영역에서의 교과과정이 포함된 학교상담자 교육 또는 상담 전공 석사 이상의 학위가 필수로 요구된다.

- 인간 성장과 발달
- 이론
- 개인상담
- 집단상담
- 사회적 · 문화적 기초
- 검사와 평정
- 연구와 프로그램 평가
- 전문가 성향
- 진로발달
- 수퍼비전 하의 실습
- 수퍼비전 하의 인턴십

학교상담자 준비 프로그램

(American School Counselor Association, 2008)

최적의 준비는 ASCA 국가모델, ASCA 학교상담자 역량, 그리고 ASCA 윤리기준과 보조를 같이하는 석 · 박사 프로그램을 통해서다.

■ 포함되어야 할 지식, 기술, 태도
  ○ 교육 체제의 조직구조와 관리방식뿐 아니라 현재의 교육적 실행에 대한 문화적·정치적·사회적 영향의 이해
  ○ PK−12[*역자 주. 'Pre-kindergarten to 12', 즉 유치원 이전부터 고등학교 3학년까지를 의미함] 학교에서의 법적·윤리적·전문적 쟁점
  ○ 발달이론, 상담이론, 진로상담이론, 사회적 정의 이론, 다문화주의의 이해
  ○ 정신건강 서비스의 연속체 이해(전체 학생들의 성공 증진을 위한 학업·진로·개인/사회성 발달을 다루기 위한 예방과 개입 전략 포함)
  ○ 전체 학생들을 위한 자원에의 동등한 접근성 보장과 학업성취, 진로발달, 개인/사회성 성장을 촉진하는 개인상담, 집단상담, 교실 생활교육 프로그램의 활성화
  ○ 전체 학생들의 교육 평등과 성공을 증진시키는 학습 환경 조성을 위한 이해당사자들과의 협력과 자문(예, 학부모/보호자, 교사, 학교행정가, 지역사회 이해당사자들)
  ○ 학생들의 학습에의 장애물 확인, 학습 향상을 위한 전략 개발, 그리고 PK−12 경험을 통해 학생들의 성취도 향상을 위한 이해당사자들과의 협력
  ○ 성취 또는 기회 격차를 줄이기 위한 홍보 활용 및 데이터 기반 학교상담 실천
  ○ 학생들의 동등한 성공 지원을 위해 학생들에게 힘을 실어 줄 수 있는 프로그램을 주도적으로 이끌고 이해당사자들과 관계를 구축하는 학교상담자 리더십

■ 현장경험(예, 실습, 인턴십) 역시 학교상담자의 준비도를 높여 주므로, 준비 프로그램에 통합되어야 한다.
■ 학교상담자 교육자들은 학교상담자들이 학교에서 효과적인 업무를 수행할 수 있도록 적절한 자격증, 배경, 경험, 그리고 헌신적인 태도를 갖추어야 한다.

상담자 교육 프로그램의 인증
■ 상담·관련 교육 프로그램 인증심의회Council for the Accreditation of Counseling and Related Educational Program(CACREP, 2009)는 상담자 교육 프로그램을 위한 인증기구로, 다음과 같은 특징이 있다.
  ○ 엄격하게 규제되는 기준
  ○ 자발적 참여(CACREP 프로그램 과정 수료는 때로 졸업 후 또는 박사과정 재학이 필수로 요구되기도 함)

- 국가교사교육인증 심의회^{National Council for Accreditation of Teacher Education}(NCATE)는 교육 프로그램에 대한 또 다른 인증기구다.
- 주 교육부는 학교상담자 자격인정을 위한 규정을 갖추고 있다.

학교상담자로서의 면허

- 각 주마다 필수요건이 다름(American School Counselor Association, 2009)
  ○ 주 교육위원회에서 결정된 필수요건
  ○ 주 교육부에 의해 관리되는 규정

- 일부 주 사이의 호환성(이 경우, 면허증은 호환이 가능함)
- 면허에 대한 필수요건에 대해 명확히 알아보려면, 활동하고자 하는 주의 교육부에 문의한다.

상담자 자격증

- 국가공인상담자^{National Certified Counselor}(NCC)
  ○ 국가공인 상담자위원회에서 발행하는 전문가 자격증(NBCC; www.nbcc.org)
  ○ 국가공인 전문상담자^{Licensed Professional Counselor}(LPC) 또는 기타 상담전문가로서의 면허 취득에 관심이 있는 학교상담자들에게는 필수요건임
  ○ 자발적임

- 국가공인학교상담자^{National Certified School Counselor}(NCSC; www.nbcc.org/certifications/ncsc)
  ○ 전문적 학교상담자들의 전문 영역
  ○ 우선 NCC 자격증이 필수로 요구됨
  ○ 자발적임

- 국가전문교직기준심의회^{National Board for Professional Teaching Standards}(NBPTS; www.nbpts.org)

● 참고문헌

American School Counselor Association [ASCA]. (2008). *Position statement: The*

professional school counselor and school counseling preparation program. Available at http://asca2. timberlakepublishing.com//files/PS_Preparation.pdf.

American School Counselor Association [ASCA]. (2009). *State certification requirements*. Available at www.schoolcounselor.org/content.asp?contentid=242.

Council for the Accreditation of Counseling and Related Educational Program [CACREP]. (2009). *2009 Standards*. Available at www.cacrep.org/doc/2009%20Standards.pdf.

학교상담자의 역할

학교상담자의 역할은 학생발달과 학생 성취를 효과적으로 지원하는 프로그램과 서비스를 계획·실행하는 것이다.

2.2. 전통적 및 변형된 학교상담자의 역할

전통적 역할

- 상담(개인·소집단)
- 교실 생활교육
- 자문
- 조정

변형된 역할
(Education Trust, n.d.)

- **리더십**: 학교상담 프로그램을 학교의 학업적 임무와 연결함 (**1.21** 참조)
- **옹호**: 학생들의 성공에의 체제적인 장벽을 제거함 (**1.20** 참조)
- **협동·협력**: 전체 학생들에 대한 높은 기준의 성취를 지원하기 위한 모든 이해당사자들과 함께 활동함 (**1.22** 참조)
- **상담**: 상담기술 사용과 효과적인 프로그램을 통해 학생들의 성공을 가로막는 장벽 극복을 조력함
- **평가·데이터 사용**: 데이터를 활용하여 학생들의 성공을 공고히 하기 위해 학생들의 요구 평가, 목표설정, 결과를 측정함 (**1.12** 참조)

● 참고문헌

Education Trust. (n.d.). *Transforming school counseling: The new vision for school counseling*. Available at www.edtrust.org/dc/tsc/vision.

2.3. 미국학교상담자협회 역할 선언문
(American School Counselor Association, 2004)

일반 정보
- 학교상담에서 자격증^{certificate} 또는 면허증^{license} 취득을 위한 훈련 이수
- 초등학교, 중학교, 고등학교, 교육지원청에 고용됨
- 수퍼비전, 상담자 교육, 중등학교 이후의 장면
- 전체 학생들의 학업 · 진로 · 개인/사회성 발달 요구를 다룸
- 종합적 학교상담 프로그램의 실행
- 학생 성장의 발달단계 돌보기(요구, 과업, 흥미 등)
- 학생 성취의 극대화
- 기회의 형평성 · 접근성 증진
- 안전한 학습 환경 지원
- 리드, 옹호, 협력
- 예방 및 개입 프로그램 제공
- 상담자 대 학생의 비율이 1:250으로 조정되도록 힘씀
- 학교상담 또는 이에 상응하는 전공의 석사 또는 박사학위 소지
- 주 공인 자격증 또는 면허증 기준 및 주 법률 준수
- 윤리적 전문가 기준 준수
- ASCA 모델에 기초한 학교상담 프로그램의 개발 장려

기초
학교상담자는 다음과 같은 활동을 한다.

- 학생에 관한 개인적 신념과 철학을 확인한다. (**1.1** 참조)
- 학교의 임무를 지원하는 사명 선언문을 창안한다. (**1.2** 참조)
- 다른 사람들과 협력하여 학생들의 학업 · 진로 · 개인/사회성 발달을 촉진한다. (**1.3** 참조)

전달 체제

학교상담자는 다음과 같은 업무를 담당한다.

- 학생, 학부모, 교직원, 지역사회에 서비스를 제공한다.
- 학교 생활교육 교육과정을 통해 학생 역량을 성취하고, 전체 학생들에게 발달수준에 적절한 지식과 기술을 제공한다.
- 다른 K-12 전문가들과 협력하여 학교 생활교육 교육과정을 실행한다.
- 지속적인 체제 활동 조정을 통해 학생들의 목표 성취와 장래 계획 수립을 돕는다.
- 다음과 같은 예방 및 개입 활동을 통해 학생들의 즉각적인 요구와 미래의 요구를 충족시켜 준다.
  ○ 개인 또는 집단상담
  ○ 학부모, 교사, 기타 교육자 자문
  ○ 다른 학교 지원 서비스 또는 지역사회 자원에의 의뢰
  ○ 또래조력 같은 프로그램
  ○ 정보제공

- 학생들과 비밀을 유지해 주는 신뢰관계 구축 (**2.8** 참조)
- 전체 학교상담 프로그램을 향상시키는 활동 관리
- 지역, 주, 국가 수준의 학교상담을 촉진하는 개인적 · 전문적 발달을 위한 활동 참여

관리

학교상담자는 다음과 같은 업무를 담당한다.

- 학교의 요구를 반영하는 과정과 도구를 통합한다.
- 학교행정가와 규약을 제정한다. (**1.10** 참조)
- 자문위원회 설치 및 회의를 계획한다. (**1.11** 참조)
- 데이터를 활용하여 프로그램 계획과 체제 변화를 꾀한다. (**1.12** 참조)
- 실행계획을 수립 · 실행한다. (**1.13** 참조)
- 학교상담자 시간의 80%를 학생, 학부모, 교직원 대상의 직접적 서비스에 배정한다.
- 일정표 제작과 공지를 통해 다른 사람들에게 알려 줌으로써 학교상담 프로그램에의 참여를 독려한다.

책무성

학교상담자는 다음과 같은 업무를 담당한다.

- 학교상담 프로그램의 효과를 입증한다.
- 학교상담 프로그램과 개입의 즉시적 · 중간 · 장기적 데이터 결과를 보고한다. (**1.17** 참조)
- 데이터를 활용하여 학교상담 프로그램이 학교 개선과 학업성취에 미친 영향을 제시한다.
- 프로그램 감사를 통해 향후 학교상담 프로그램의 실행 여부를 결정한다. (**1.19** 참조)
- 학교상담자 수행평가를 통해 전문적 실행 기준 준수 여부와 학교상담 프로그램의 효과적인 실행 여부를 확인한다. (**1.18** 참조)

● **참고문헌**

American School Counselor Association [ASCA]. (2004). *The role of the professional school counselor.* Available at www.schoolcounselor.org/content.asp?pl=325&sl=133&contentid=240.

2.4. 학교상담전문가 vs. 생활교육 상담자

학교상담자는 학생들의 학업, 진로, 개인/사회성 발달 요구를 다룰 수 있도록 특수한 훈련을 거쳐, 학교 장면에 특화된 면허를 소지한 전문가다. 생활교육^{guidance}은 학교상담자의 역할이지, 전문가의 정체성은 아니다.

학교상담자의 기능
- 생활교육
- 상담
- 협력
- 자문
- 조정
- 협동
- 정보제공
- 학교와 지역사회 자원의 연결
- 학교위원회에 대한 봉사
- 체제 변화를 위한 데이터 수집
- 위기 또는 중요한 요구에의 대응

유능한 학교상담자

유능한 학교상담자는 전문적 특징을 보유하고 있고, 학생의 성공 증진을 위해 효과적인 실행을 입증한다. 이러한 역량은 효과적인 서비스를 전달하는 결과에 기초한 학교상담 프로그램을 통해 입증된다.

2.5. 학교상담자 역량

(American School Counselor Association, 2008)

일반

학교상담자는 다음과 같은 업무를 담당한다.

- 교육 체제의 구조와 관리방식에 관한 지식뿐 아니라 현행 교육적 실행에 대한 문화적 · 정치적 · 사회적 영향에 대해 분명히 명시 · 입증한다.
- ASCA 국가모델과 일치하는 종합적 학교상담 프로그램을 계획, 조직, 실행, 평가한다.
- 학생 성공을 위한 체제 변화요원으로서 지지, 리드, 협력, 실행한다.

기초

학교상담자는 다음과 같은 업무를 담당한다.

- 학교, 교육지원청, 주 수준에서 현재의 학교 개선과 학생 성공의 주도성과 일치하는 학교상담 프로그램의 신념과 철학을 개발한다.
- 학교, 교육지원청, 주 임무와 일치하는 학교상담 사명 선언문을 개발한다.
- 학생 역량, 주 기준, 또는 교육지원청 기준을 활용하여 종합적 학교상담 프로그램의 실행을 추진한다.
- 학교상담 전문직의 윤리기준과 원칙을 적용하고, 학교상담자 역할의 법적 측면을 충실히 준수한다.

전달 체제

학교상담자는 다음과 같은 업무를 담당한다.

- 학교 생활교육 교육과정을 실행한다.
- 개별학생계획을 촉진한다.
- 반응적 서비스를 제공한다.
- 일정표를 수립하여 학교상담 프로그램의 효과적인 실행을 공고히 한다.
- 종합적 학교상담 프로그램을 위한 체제 지원 활동을 실행한다.

관리

학교상담자는 다음과 같은 업무를 담당한다.

- 학교행정가와 협의하여 종합적 학교상담 프로그램의 관리 체제를 정의한다.
- 종합적 학교상담 프로그램을 위한 자문위원회를 설치하고 회의를 소집한다.
- 관련 데이터를 수집, 분석, 해석하여 학생들의 행동과 성취를 모니터 및 도모한다.
- 시간의 조직과 관리를 통해 효과적인 프로그램을 실행한다.
- 학교와 학교상담 프로그램의 목표와 일치하는 데이터 기반 실행계획을 실행한다.

책무성

전문적 학교상담자는 다음과 같은 업무를 담당한다.

- 결과보고서로부터의 데이터를 활용하여 프로그램의 효과를 평가하고, 프로그램의 요구를 결정한다.
- 적절한 학교상담자 수행을 이해·옹호한다.
- 프로그램 감사를 실시한다.

● 참고문헌

American School Counselor Association [ASCA]. (2008). *School counseling standards: School counselor competencies*. Alexandria, VA: Author.

2.6. 일반적인 다문화 역량

일반적인 문화적 역량

(Arredondo et al., 1996)

- 상담자 자신의 문화적 가치관과 편견에 대해 인식하고 있다.
- 내담자의 세계관에 대해 인식하고 있다.
- 문화적으로 적절한 개입 전략을 적용할 수 있다.

문화적으로 효과적인 학교상담 기술

(Virginia School Counseling Association, 2008, pp. 104-105)

- 다양한 시기에 이용 가능 또는 접근이 가능하다.
- 필요한 경우, 적절한 인력(예, 통역자)과 자료를 제공한다.
- 환영 · 포용적인 학교분위기를 조성한다.
- 상담 또는 자문 기법을 문화적으로 적절하도록 조정한다.
- 문화적으로 포용적인 진로 프로그램을 창안한다.
- 교직원들을 문화적으로 민감하도록 자체연수를 실시한다.
- 상담 또는 자문 시, 문화적 차이에 관한 주제를 다룬다.
- 포용적인 언어와 문화적 인식을 증진시킨다.
- 다문화 자문위원회를 설치한다.
- 문화적 정보제공자(소속 학교에서 대표성을 띠는 문화에 익숙한 사람들)와 협의한다.
- 학생 성공에의 장벽 제거와 정의롭고 동등한 학교 체제 증진을 위해 노력한다.

● 참고문헌

Arredondo, P., Toporek, M. S., Brown, S., Jones, J., Locke, D. C., Sanchez, J., & Stadler, H. (1996). *Operationalization of the multicultural compentency*. Alexandria, VA: Association of multicultural counseling and development. Available at www.amcdaca.org/amcd/competency.pdf.

Virginia School Counselor Association [VSCA]. (2008). *The professional school counseling program manual*. Yorktown, VA: Author. Available at www.vsca.org.

◆ 읽을거리

Holcomb-McCoy, C. (2004). Assessing the multicultural competence of school counselors: A checklist. *Professional School Counseling, 7,* 178–186.

윤리적 · 법적 상담자

학교상담자는 학생, 학부모, 동료, 자기 자신, 전문직의 안전, 요구, 비밀유지, 그리고 이익을 보호해야 할 윤리적 책임이 있다.

2.7. 학교상담 프로그램을 위한 윤리기준

(American School Counselor Association, 2004)

스스로에게 부과하는 규정뿐 아니라 도덕적 의무에 대한 개인적 · 전문적 기준을 준수함으로써, 학교상담자는 다음 사항을 성취한다.

- 내적 불일치를 예방한다.
- 의사결정의 기초를 제공한다.
- 피소 시, 보호 장치를 마련한다.

법적 · 윤리적 학교상담을 위한 일반 지침
- 상담과 학생 조력에 적용되는 모든 연방, 주, 지역 지침에 관한 최신 정보를 지속적으로 업데이트한다.
- 모든 주와 교육지원청의 지침을 준수한 명확하게 정의된 프로그램을 개발 · 실행한다.
- 학교행정가 또는 감독관과 법적 문제에 관해 협의 · 문의한다.
- 학부모/보호자에게 학교상담 프로그램에 관해 서면으로 알린다.
- 프로그램의 지역 목표 · 세부목표와 국가, 주, 지역의 학교상담 기준 · 연구와 연계시킨다.

윤리 지침

(American School Counselor Association, 2009 참조)

- 언제나 학생들에게 최선의 이익이 되도록 행동한다.
- 선의를 갖되, 악의 없이 행동한다.
- 자신의 개인적 가치관, 태도, 신념에 대한 인식을 높이되, 이러한 것들이 특정 학생과 학부모에 대한 조력 능력을 저해하는 경우에는 이 사실에 대해 다른 동료들과 상의한다.
- 학교에서 학생들의 다양한 문화적 배경 이해를 위해 적극적으로 노력한다.
- 개인의 훈련과 역량의 범위 이내의 절차와 기법을 사용한다.
- 자신이 실행하는 특정 행동의 이유를 충분히 설명할 수 있도록 준비한다.
- 상담 전략과 개입에 대한 이론적 근거를 마련한다.
- 상담 시작 시, 학생들에게 상담에서의 비밀유지 한계에 대해 알린다. (사전동의)
- 학생들에게 지속적으로 개인 · 집단 상담을 제공하는 경우에는 학부모의 서면동의를 받거나 요청한다.
- 특히 논란이 될 수 있는 영역에서는 가족의 개입을 권장한다.
- 학교장면에서 문서화된 업무분장표에 따라 적절한 역할을 설정한다.
- ASCA 윤리기준을 곁에 두고, 주기적으로 검토하고 이에 준하여 행동한다.
- 다른 동료들과 협의하고, 전문가 지원 네트워크와의 접촉이 용이할 수 있도록 만든다.
- 법과 판례(특히 미성년자 상담 관련)를 지속적으로 업데이트한다.
- 필요한 경우, 지식과 경험이 풍부한 변호사에게 자문을 구하되, 미심쩍은 경우에는 실행에 앞서 법적 조언을 구한다.
- 같은 학교 학생 또는 교직원을 학교상담자가 금전적 혜택을 얻을 수 있거나 면허를 소지한 전문적 상담자로서 면허를 위한 수퍼비전을 받고 있는 개인상담소에 의뢰하지 않는다.
- 학교상담실에서 사적인 업무수행 또는 사적인 일처리를 위해 학교시설(예, 전화, 컴퓨터)을 사용하거나 학교에서 수집된 자료와 정보를 사적인 용도로 사용해서는 안 된다.

● 참고문헌

American School Counselor Association [ASCA]. (2004). *Ethical principles for school counselors.* Available at www.schoolcounselor.org/files/ethical%20principles.pdf.

American School Counselor Association [ASCA]. (2009). *School counseling principles: Ethics and law* (2nd ed.). Alexandria, VA: Author.

2.8. 비밀유지

(American School Counselor Association, 2008)

"학교상담자는 비밀유지confidentiality에 대한 자신의 일차적 의무가 학생들에 대한 것임을 인식하지만, 이러한 의무를 자녀의 삶에 있어서 안내 음성 역할을 하고 있는 학부모/보호자의 법적 · 고유의 권리를 이해하고 적절한 균형을 유지한다."(American School Counselor Association, 2008, p. 1)

학교상담에서의 비밀유지
- 학생의 개인적 정보 존중과 접근 제한에 대한 전문적 책임
- 18세 미만 학생의 학부모/보호자는 자녀에 대해 다음과 같은 법적 권리가 있다.
  ○ 학생의 계획된 개인 또는 집단 상담 프로그램 참여 허용
  ○ 상담회기의 목표 인지

비밀유지의 예외상황
- 학생이 자신 또는 타인에게 명백하게 위험이 임박한 사실을 드러내는 경우
- 학생과 학부모/보호자가 정보 방출을 요청하는 경우(미성년자의 경우, 학부모/보호자의 서면동의서가 필수로 요구됨)
- 법원에서 학생상담에 관한 정보 방출을 명령하는 경우(또한 증언거부권이 마련되어 있지 않은 경우)
- 상담자가 체계적인 임상 수퍼비전을 받고 있고, 학생과 학부모/보호자가 상담정보가 수퍼비전 동안 사용될 것이라는 사실을 알고 있는 경우

비밀유지에 있어서 학교상담자를 위한 제안
- 학부모, 보호자, 교직원들에게 학교상담자의 비밀유지에 관한 역할에 관해 알린다.
- 학생들에게 최선의 이익이 되도록 하는 것이 공동목표라는 사실을 학부모 · 보호자들에게 분명히 밝힌다.
- 비밀유지에 관한 연방, 주, 지역 학교의 방침을 숙지한다.
- 학생들에게 비밀유지의 한계와 관계기관 또는 학부모/보호자에게 보고할 의무가 학교상담자에게 있음을 알린다.

■ 아직 없다면, 학부모/보호자의 사전 허락이 요구되는 상담 프로그램과 서비스가 명시된 비밀유지에 관한 지역학교의 방침을 설정하고 서면으로 작성한다.

■ 비밀유지에 관해 서면으로 작성된 지역학교의 방침을 지역 학교이사회에 제출하고, 채택을 위해 노력한다.

■ 학부모, 보호자, 교직원들에게 비밀 유출과 유지에 관한 지역학교 방침에 대해 소통한다.

■ 정보 방출에 앞서, 법적 양육권 또는 자연적 부모임을 입증하는 서류를 받는다.

■ 법적 문제 또는 비밀유지에 관해 질문이 있는 경우, 수퍼바이저에게 문의한다.

■ 미심쩍은 상황을 처리하는 방법에 대해서는 지역, 주, 또는 전국 규모의 협회(예, ASCA)에 자문을 구한다.

■ 주어진 정보와 윤리기준의 적용을 기초로 최선의 전문적 판단력을 활용한다.

■ 만일 법정에 증인으로 소환되어 증언하게 된다면, 학교상담자는 정보는 비밀이 보장되어야 하고 학생의 동의 없이는 공개되어서는 안 된다는 자신의 신념을 피력해야 한다.

● 참고문헌

American School Counselor Association [ASCA]. (2008). *Position statement: The professional school counselor and confidentiality.* Available at http://asca2. timberlakepublishing.com//files/PS_Confidentiality.pdf.

2.9. 윤리적 의사결정

윤리적 의사결정에 있어서의 도덕적 원리

(Kitchener, 1984, American School Counselor Association, 2009에서 재인용)

- 자율성autonomy: 주도적으로 선택할 수 있는 학생의 능력을 믿는다.
- 선의beneficence: 다른 사람들에게 이롭게 되는 일을 증진시킨다.
- 비유해성nonmaleficence: 해가 되는 행동을 피한다.
- 정의justice/공정성fairness: 모든 사람을 동등하게 대우한다.
- 신의loyalty/충실성fidelity: 연결 유지 및 연락이 가능하도록 한다.

학교 윤리적 문제 해결방안Solutions to Ethical Problems in Schools(STEPS)

(American School Counselor Association, 2009)

- 문제를 정서적 · 지적으로 정의한다.
- ASCA와 ACA 윤리기준과 법을 적용한다.
- 학생들의 생활연령과 발달수준을 고려한다.
- 상황, 학부모의 권리, 미성년자의 권리를 고려한다.
- 도덕적 원칙을 적용한다. (바로 앞에 제시된 해결방안에 있어서)
- 잠재적 행동방침과 결과를 결정한다.
- 선정된 행동을 평가한다.
- 동료의 자문을 구한다.
- 행동방침을 실행한다.

● 참고문헌

American School Counselor Association [ASCA]. (2009). *School counseling principles: Ethics and law* (2nd ed.). Alexandria, VA: Author.

◆ 읽을거리

American School Counselor Association [ASCA]. (n.d.). *Ethical tips for school counselors.* Available at www.schoolcounselor.org/content.asp?pl=325&sl=136&contentid=166.

Remley, T. P., Hermann, M. A., & Huey, W. C. (2003). *Legal and ethical issues in school counseling* (2nd ed.). Alexandria, VA: American School Counselor Association.

2.10. 법적 기준과 실행

법적 기준

- 법에 의해 제정된 상담에 관한 연방, 주, 시의 기준과 관련이 있다.
- 법정에서 윤리기준보다 우위에 있다.
- 지역사회에서 수용되는 전문적 실행과 관련이 있다.
- 최소한의 필수요건이 충족되어야 한다.

교육과 상담 관련 연방법률

- 1974 가족교육 · 사생활 권리법안^{Family Education and Rights to Privacy Act of 1974}(버클리 수정법안^{Buckley Amendment}이라고도 불림)

    ○ 연방자금 지원을 받고 있는 학교는 18세 미만의 학생 부모에게, 그리고 학생이 18세가 되면 학생에게 모든 학교기록에 대한 접근할 수 있도록 해야 한다는 필수요건이 있다.

    ○ 학생의 학교기록은 (학생이 18세 미만인 경우) 부모 또는 (학생이 18세 이상이면) 학생의 서면동의가 없이는 방출해서는 안 된다는 필수요건이 있다.

    ○ 만일 학교상담자가 법정, 미성년자의 부모, 또는 학생 자신(18세 이상인 경우)에 의해 증인으로 소환된다면, 임상 또는 사례일지가 검토될 수 있다.

- 해치 수정법안^{Hatch Amendment}(학생보호권리^{Protection of Pupil Rights})

    ○ 모든 교육관련 자료(학교상담처럼 적용 가능한 프로그램 자료 포함)는 학생의 부모와 보호자에 의해 확인될 수 있어야 한다.

    ○ 정치적 성향, 정신적 또는 심리적 문제, 성적 행동과 태도 등의 정보가 유출되는 설문, 분석, 또는 평가에 학생들이 반드시 참여할 필요는 없다.

    ○ 수정법안에 따른 권리에 대해 학생 · 학부모에게 반드시 통보되어야 한다.

교육과 상담 관련 법률

다음 사안에 관한 법률을 숙지한다.

- 아동학대 신고 의무
- 양육권이 없는 부모에 대한 보고

- 면책특권privileged communication(주에서 인정하는 경우)
- 표준화된 검사 결과의 보고와 관련된 사생활

교육지원청 정책

다음 사안에 관한 교육지원청 정책을 숙지하고, 실행방안을 이해한다.

- 형평성과 다양성에 관한 상담
- 비표준화된 검사 사용
- 학교상담 프로그램에 있어서 형식적 연구 실시
- 학교상담 자료 선택
- 학교상담 기법 선택과 사용
- 특정 쟁점에 대한 학부모 통보(예, 성적 활동 또는 임신)

법정 출두를 위한 준비와 제안

- 소환장을 받는 즉시 학교행정가에게 알린다.
- 법정 출두에 앞서, 학교 또는 개인 변호사에게 법적 조언을 구한다.
- 해당 학생에게 소환장 발부 사실과 법정 출두 가능성에 대해 알린다.
- 공유해도 좋은 정보에 대해 학생에게 문의한다.
- 법정 진술을 위해 소환되는 경우, 비밀유지 원칙이 일부 파기될 수 있음을 학생에게 상기시켜 준다.
- 증인석에 서는 경우, 답하기 전에 전체 질문에 경청한다.
- 면책특권을 요구한다. (면책특권이 허용되는 경우)
- 판사에게 학생과의 관계를 위태롭게 할 수 있고, 비밀보장 원칙이 파기될 수 있음에도 불구하고 답변을 해야 하는지에 대해 묻는다.
- 질문에만 답변하되, 요청하지 않은 정보는 노출하지 않는다.
- 필요한 경우, 추가 설명 또는 다시 질문해 주기를 요청한다.
- 판사가 말을 끊거나 변호사가 이의를 제기하는 경우, 즉시 말을 멈춘다.
- 사실에 입각하되, 의견은 제시하지 않는다. ("이 학생의 말에 의하면" 또는 "이 아동이 ~를 나타냈습니다.")
- 명확하고 간결하게 답변하되, 확실히 기억나는 것만 진술한다.
- 필요한 경우, 답변 또는 해석을 교정한다.
- 절대 논쟁하지 않고, 초조 또는 분노를 보이지 않는다.

◆ 읽을거리

Family Educational Right to Privacy Act. Available at http://epic.org/privacy/education/ ferpa.html.

Hatch Amendment (also called the Goal 2000, Educate American Act). Available at www2. ed.gov/legislation/goal2000/TheAct/index.html.

학교상담자의 이론적 지향성

학교상담자는 다양한 상담이론을 익히고, 학생상담 시 적절한 기법을 능숙하게 적용한다.

2.11. 상담이론

상담이론은 사건과 행동에 대해 설명·기술하고자 하는 시도다. 학교상담자의 이론적 지향성은 다음 사안에 대한 지침을 제공한다.

- 상담관계 정의
- 학생의 주요 호소문제 개념화
- 상담목표 및 바람직한 결과 결정
- 상담 반응과 개입방법 결정

이론적 지향성 선택
학교상담자는 학생의 요구를 다루는 데 도움이 될 상담이론(들)의 원리에 따라야 한다. 이론은 다음 사항을 갖추어야 한다.
- 제시된 상황 또는 쟁점에 적용 가능하다.
- 학교상담자의 상담 방식과 잘 부합된다.
- 학교장면에 적절한 기법이 포함되어 있다.
- 학교 일정과 등교일의 성격에 잘 부합된다.
- 다양한 요구가 있는 다양한 학생상담을 위해 선택, 조정, 통합이 가능하다.

이론에 기초한 개입
상담자는 학생이 선호하는 학습방식을 확인하고, 학생 변화에 도움이 되거나 특정 목표를 성취할 이론을 사용할 수 있다.

- 학생들의 감정 확인, 표현, 변화 또는 수용을 돕기 위해 정동 변화를 유발하는 개입방법이 사용된다.
- 학생들의 사고, 지각, 신념에 있어서의 변화 또는 오류를 돕기 위해 인지변화를 유발하는 개입방법을 사용한다.
- 학생들의 적응적·지지적 행동 발달을 돕기 위해 행동변화를 유발하는 개입방법을 사용한다.
- 체제 변화를 유발하는 개입방법의 적용을 통해 전체적인 학교 분위기 또는 환경의 변화를 유발한다.

◆ 읽을거리

Day, S. X. (2008). *Theory and design in counseling and psychotherapy* (2nd ed.). Boston, MA: Houghto Mifflin/Lahaska.

Prout, H. T., & Brown, D. T. (2007). *Counseling and psychotherapy with children and adolescents: Theory and practice for school and clinical settings.* Hoboken, NJ: Wiley.

Vernon, A., & Kottman, T. (2009). *Counseling theories: Practical supports with children and adolescents in the school setting.* Denver, CO: Love.

2.12. 학생상담의 일반 전략

- 유용하고 상호 존중하는 관계를 형성한다.
- 안전과 신뢰를 위한 환경 조성 및 어조를 설정한다.
- 비밀유지와 그 한계를 검토한다.
- 적극적으로 경청하고, 쟁점을 탐색한다. (**6.20** 참조)
- 목표를 설정하고, 목표 달성에 있어서 학생의 자신감을 북돋아 준다. (**4.4** 참조)
- 학생이 상담에서 학습한 지식, 기술, 태도, 행동을 일상생활에 독립적으로 전이시키는 것을 돕는다.

2.13. 아들러치료

상담방법

- 조력 및 상호존중 관계를 형성한다.
- 학생의 요구에 적절한 기법을 선택·조정한다.
- 열등감 또는 좌절감을 분석한다.
- 사회적 적응상태를 점검한다.
- 학생의 행동 또는 문제행동의 목적을 확인한다.
- 학생의 잘못된 행동 목표의 인식을 돕는다.
- 학생이 보다 건설적인 목표를 설정하도록 돕는다.
- 학생의 적절한 행동 습득과 활용을 돕는다.
- 무책임한 행동에 대한 논리적인 결과 이해를 돕는다.

상담기법

- 격려encouragement: 능력, 노력, 개선, 기여에 초점을 맞춘다.
- 자연적 결과natural consequences: 학생들이 행동의 자연스러운 결과를 경험할 수 있도록 돕는 기법
- 역설적 의도paradoxical intention: 극단적으로 느끼기 또는 행동하기
- 마치 ～처럼 행동하기acting as if: 학생에게 마치 상황이 이미 발생한 것처럼 행동해 보게 하는 기법
- '수프에 침 뱉기Spitting in One's Soup': 학생 행동의 실제 동기를 지적하는 기법
- 버튼 누르기 기법Push-button technique: 사고와 심상을 통한 감정 통제로, 버튼을 누름으로써 즐거운 상황을 떠올리게 하고, 이로 인해 파생되는 감정을 경험해 보게 하는 기법

◆ 읽을거리

LaFountain, R. M., & Garner, N. E. (1998). *A school with solutions: Implementing a solution-focused/Adlerian-based comprehensive school counseling program.* Alexandria, VA: American School Counselor Association.

2.14. 실존치료

- 학생과 의미 있는 관계를 형성하고, 온전히 함께하며, 경청과 이해에 집중한다.
- 학생이 개방적이고 신뢰성 있는 방식으로 작업할 준비가 되어 있는지 확인한다.
- 자발성, 진정성, 정직성에 초점을 맞춘다.
- 독특한 개인에 초점을 맞추고, 실존의 보편적 쟁점(의미성, 책임, 의식, 자유, 잠재력)을 탐색해 나간다.
- 격려를 통해 학생이 자신의 삶에 책임지게 하고, 자신의 삶 또는 환경에 의미성을 연결할 수 있도록 돕는다.
- 쟁점이 성공에의 장애물보다는 학습 경험이라는 점을 강조한다.
- 다양성을 존중하고, 민족적·사회적 배경의 중요성을 고려한다.
- 보통 다른 이론적 접근의 기법들과 결합된 기법보다는 철학으로 활용한다.

2.15. 인본주의 상담

상담방법

- 공감과 무조건적이고 긍정적인 존중 분위기를 조성한다.
- 학생을 무조건적이고 공감으로 수용한다.
- 학생의 쟁점 또는 관심사 탐색을 돕는다.
- 학생의 상황 대처방식 학습을 돕는다.

상담기법

- 능동적 · 수동적으로 경청한다.
- 학생의 사고와 감정을 상담자의 말로 되돌려 준다.
- 학생의 진술을 명료화한다. 또는 명료하게 말하도록 요청한다.
- 학생의 말을 자주 요약해 준다.
- 개방질문 사용과 최소한의 격려를 통해 학생의 자기개방을 촉진한다.

2.16. 게슈탈트치료

상담방법

(Prendergast, 2008)

- 학생과 환경의 관계, 현실에 대한 학생의 지각에 초점을 맞춘다.
- 핵심개념으로는 접촉, 인식, 균형, 미해결 과제 언급, 여기 · 지금에의 초점 설정, 그리고 자신에 대한 책임이 있다.
- 게슈탈트 이론의 개념과 교육에의 총체적 접근을 통합한다.
- 학생에게 자신에 대해 책임지게 하고 쟁점을 다루기 위한 전략을 개발하게 함으로써 권한부여empowerment를 강조한다.
- 학생의 현재 상황과 관련해서 자신에 대한 인식과 이해력 증진을 통해 성장을 촉진시킨다.

상담기법

- 학생이 자신의 개인적 책임과 현재에 대한 인식에 초점을 맞추도록 돕는다.
- 학생 자신이 무엇을, 어떻게 하고 있는지에 대한 인식 증진을 위한 실험을 고안한다.
- 학생의 비음성 언어에 주의를 집중시킨다.
- 안내자 또는 촉진자 역할을 담당하면서 실험을 제안한다.
- 개인적 소유권을 나타내지 않는 행동과 언어에 대한 반응과 관찰 내용을 함께 나눈다. (예, '그것'과 '당신'의 일반화된 사용, 한정적 진술, 외면적으로 비난하는 경향성)
- 행동, 사고, 행위의 불일치에 대해 직면한다.
- 새롭고 보다 적절한 행동을 실험해 보도록 학생을 격려한다.

● 참고문헌

Prendergast, A. (2008). *The use of Gestalt Therapy in guidance in school*. Available at www.ncge.ie/handbook docs/Section1/Gestalt Therapy Guide Sch.doc.

◆ 읽을거리

International Society for Gestalt Theory and Its Applications. Available at www.
gestalttheory.net.

2.17. 행동치료

상담방법

- 조력관계를 구축한다.
- 문제를 명확하게 정의하고, 선행사건, 관찰 가능한 행동, 결과를 확인한다.
- 행동목표 또는 바람직한 결과를 결정한다.
- 문제해결 방법을 가르친다.
- 자기주도 · 자기통제 방법을 가르친다.
- 상담과 후속조치 기간을 통해 데이터를 수집 · 기록한다.
- 과정을 평가한다.
- 학생의 발달수준과 개인적 선호에 강화를 연결시킨다.

상담기법

- 명확한 목표, 목표 성취를 위한 구체적인 전략, 그리고 목표가 성취되는 경우의 즉각적인 강화에 대한 계약을 한다.
- 나이든 학생들(12세 이상)과는 자기관리 프로그램을 제공한다.
- 행동실연과 연습 기회를 제공한다. (역할연습)
- 긍정적 행동변화에 대한 강화와 부정적 행동변화에 대한 결과를 제공한다.
- 상담에서 습득한 것을 연습하도록 숙제를 내 준다.

2.18. 인지행동치료

상담방법

- 조력관계를 형성한다.
- 사고와 혼잣말 검토를 통해 인지 재구조화를 돕는다.
- 혼잣말에 변화를 주고 부정적 사고의 재구조화를 돕는다.
- 문제해결과 자기관리 기술 습득을 돕는다.
- 변화를 강화 · 격려한다.

상담기법

- 재구조화와 긍정적 혼잣말 기술을 가르친다.
- 불안유발 상황 극복을 위한 이완 전략을 가르친다.
- 학생들의 자기통제, 자기주장, 자기평가, 사회적 기술 연습을 돕는다.
- 역할연습과 다양한 시나리오에 대한 논의를 통해 새로 습득한 기술 실연을 돕는다.

2.19. 합리정서행동치료

상담방법

- 학생의 사고, 감정, 행동 사이의 관계에 초점을 맞춘다.
- 궁극적으로 감정과 행동에 영향을 미치는 사고에 대한 통찰을 돕는다.
- 학생이 스스로에게 말하고 있는 비합리적 신념을 찾아낸다.
- 확인된 비합리적 신념에 대해 논박·도전한다.
- 학생의 비합리적 신념이 어떻게 바람직하지 않은 결과를 초래하는지 보여 준다.

상담기법

- 학생에게 특정한 비합리적 신념을 논박하는 법을 가르쳐주고, A-B-C-D-E-F 모델을 사용하여 합리적 신념으로 대체할 수 있게 한다.

  A=**선행사건** / 즐겁지 않은 일이 발생함

  B=**신념** / 사건에 대한 평가방식 또는 사건에 따른 비합리적 신념: "이 일은 내가 지금까지 겪은 일 중에 가장 최악이야."

  C=**결과** / 이 신념으로 인해 초래되는 결과 또는 감정: "이런 최악의 사건 때문에 난 너무 슬퍼서 꼼짝할 수가 없어."

  D=**논박** / 비합리적 신념 또는 혼잣말에 대한 논박: "이 일이 내가 믿고 있는 것처럼 그렇게 최악일까?"

  E=**효과** / 보다 도움이 되는 혼잣말의 효과: "비록 좋은 일은 아니지만, 난 해결할 수 있어."

  F=**감정** / 현재 결과적으로 나타나는 감정: "난 내가 이것을 해결할 수 있다는 사실이 자랑스러워."

- 학생이 비합리적 신념을 합리적 신념으로 대체하도록 설득한다.
- 학생에게 새로운 혼잣말을 연습 또는 시도해 보게 하는 숙제를 내 준다.

2.20. 현실치료(선택이론)

상담방법

■ 학생의 전행동[total behavior](행동하기, 사고하기, 느끼기, 생리적 반응)에 초점을 맞춘다.

■ 현재에 초점을 맞춘다.

■ 비판, 비난, 또는 불만을 피한다.

■ 무비판적이고 비강압적 태도를 유지하면서 학생이 새로운 행동을 발견할 수 있도록 돕는다.

■ 문제의 원천에 초점을 맞추고, 학생의 재연결을 돕는 동안 인내심 있게 지지적인 태도를 유지한다.

상담기법(WDEP 모델)

(Wubbolding, 2000)

■ 학생이 현재의 쟁점 또는 문제를 기술하도록 돕는다.

■ 학생에게 다음의 WDEP 모델 질문을 던진다.

  ○ 바람[Want]: 어떤 일이 일어나기를 원하나요?

  ○ 행동[Doing]: 원하는 것을 얻기 위해 현재 무엇을 하고 있나요? (학생이 현재의 행동이 도움이 되지 않음을 직시하도록 돕기 위함)

  ○ 평가[Evaluate]: 현재 행동이 얻고 싶어 하는 것을 얻는 데 도움이 되고 있나요?

  ○ 계획[Plan]: 어떤 일들이 원하는 것을 얻는 데 도움이 될 수 있을까요?

■ 학생에게 바람직한 결과를 성취하는데 도움이 되는 대안을 평가해 보도록 한다.

■ 학생과 함께 계획의 결과를 점검한다(Wubbolding, 2000).

● 참고문헌

Wubbolding, R. (2000). *Reality therapy for the 21st century*. Philadelphia, PA: Brunner-Routledge.

◆ 읽을거리

Glasser, W. (1998). *Choice throey: A new psychology to personal freedom.* New York: HarperCollins.

William Glasser Institute. *Reality therapy.* Available at www.wglasser.com.

2.21. 해결중심 단기상담

상담방법

(Birdsall & Miller, 2002)

■ 문제에 대한 학생의 설명을 경청한다.

■ 문제보다는 해결에 초점을 맞춘다.

■ 학생이 무언가 다른 것을 해 보도록 돕는다.

■ 변화에 대한 기대치와 함께 목표를 긍정적인 용어로 구성한다.

상담기법

■ 문제를 외현화^{externalize}, 즉 문제에 이름을 붙여서 이인화^{depersonalize}한다.

■ 예외의 경우 또는 학생이 문제를 통제 하에 두는 경우를 찾아낸다. (예, "이와 같은 문제를 잘 다루었던 때를 생각해 낼 수 있나요? 현재는 하지 않았던 일을 그때는 어떻게 했나요?")

■ 예외의 경우에 했었던 동일한 일을 해보도록 학생을 격려한다.

■ 기적질문$^{miracle\ question}$을 던진다. (예, "내일 아침에 잠이 깼는데, 기적이 일어나서 문제가 사라졌다면, 그 문제가 해결되었다는 사실을 어떻게 알 수 있을까요? 어떤 점이 달라질까요?")

■ 척도질문$^{scaling\ question}$을 던진다. (예, "1에서 5까지의 척도에서 1은 '문제가 해결되지 않음'이고, 5는 '문제가 완전히 사라진 상태'라면, 이 문제는 오늘 어느 지점에 있나요?")

■ 학생에게 천천히 하도록 주의를 주고, 성공으로 이어지는 과업에 초점을 맞춘다.

■ 해결방안이 찾아지면, 학생에게 해결로 이어진 행동을 더 많이 하도록 격려한다. 만일 제대로 진행되지 않는다면, 행동을 바꾸거나 완전히 중지하도록 격려한다.

● 참고문헌

Birdsall, B. A., & Miller, L. D. (2002). Brief counseling in the school: A solution-focused approach for school counselors. *Counseling & Human Development, 35,* 1–10.

◆ 읽을거리

Sklare, G. B. (2005). *Brief counseling that works* (2nd ed.). Thousand Oaks, CA: Corwin Press and Alexandria, VA: American School Counselor Association.

2.22. 통합상담

상담방법
■ 학생의 쟁점 또는 관심사를 탐색한다.
■ 학생이 이미 문제해결을 위해 무엇을 시도해 왔는지(성공적이었던 것 또는 성공적이
지 않았던 것)를 결정한다.
■ 문제의 성격과 강도를 기초로 문제를 다루는 데 가장 적합한 상담접근을 정한다.

상담기법
■ 선택한 상담의 이론적 접근으로부터 기법을 적용한다.
■ 필요한 경우, 여러 이론으로부터의 기법이 적용될 수 있다.
■ 다음 사항을 기초로 학생의 요구를 포괄적으로 다루는 데 통합적 기법이 사용된다.
  ○ 학생의 관심사 또는 쟁점(학생의 요구를 가장 효과적으로 다룰 수 있는 기법은 무엇
    인가?)
  ○ 기법 사용에 있어서 상담자의 지식과 편안함 수준
  ○ 유연성과 다수의 요구를 다루기 위해 다양한 이론적 틀로부터 도출할 수 있는
    상담자의 능력

수퍼바이저

학교상담자는 훈련을 통해 학교상담자가 되려는 학생들의 수퍼바이저^{supervisor} 또는 학교상담 동료들의 멘토로 봉사할 수 있다. 이러한 역할은 수퍼바이저와 수퍼바이지 모두 이 분야에 발을 들여놓은 이상, 학교상담자의 전문성 발달에 중요하다.

2.23. 다른 학교상담자 · 인턴 · 실습생의 수퍼바이저

일반 정보
■ 지속적으로 상담자의 강점과 전문가 발달에 잠재성이 있는 영역을 평가한다.
■ 보다 큰 자각을 독려한다.
■ 학교상담자로서 전문가 정체성을 강화한다.
■ 평가와 분리해서 평가 외의 것으로 간주한다.

프로그램 수퍼비전
■ 학교와 학교 체제에서 학교상담자의 목표, 세부목표, 상담서비스 길잡이 역할을 함
■ 상담기관의 장, 수석 상담자, 경험이 풍부한 상담자, 수퍼바이저, 또는 또래상담자에 의해 실시되며, 다음의 사안에 대한 평가를 담당한다.
   ○ 학교에서 학생과 교직원들의 요구의 충족 정도
   ○ 상담 프로그램의 효율성
   ○ 학교에서 전체 학생들에 대한 모든 상담 프로그램과 활동의 전달 정도

■ 공식적 또는 비공식적일 수 있지만, 한 학년 내내 지속적으로 이루어져야 한다.

임상 수퍼비전
■ 상담 전문직에 독특한 기능에 초점을 맞춘다.
■ 학교상담자로서의 전문가 발달과 성장에 초점을 맞춘다.

- 훈련을 받은 전문적 상담자(또래 또는 외부)에 의해 실시되며, 다음의 사안에 특히 중점을 둔다.
  - 상담 기술과 과정
  - 자문 기술
  - 조정 기술
  - 책무성 이행(작동 여부를 확인하기 위함)

◆ 읽을거리

Association for Counselor Education and Supervision [ACES]. (1993). *ACES standards for counseling supervisors.* Alexandria, VA: American Counseling Association. Available at www.acesonline.net/ethical_guideline.asp.

Borders, L. D., & Brown, L. L. (2005). *The new handbook of counseling supervision.* Mahwah, NJ: Lawrence Erlbaum Associates.

Dollarhide, C. T., & Miller, G. M. (2006). Supervision for preparation and practice of school counselors: Pathways to excellence. *Counselor Education & Supervision, 45,* 242–252.

Miller, G. M., & Dollarhide, C. T. (2006). Supervision in schools: Building pathways to excellence. *Counselor Education & Supervision, 45,* 296–303.

Somody, C., Henderson, P., Cook, K., & Zambrano, E. (2008). A working system of school counselor supervision. *Professional School Counseling, 12,* 22–33.

변화요원

변화는 학생과 교직원들에게 영향을 미치고 심리적 스트레스를 초래할 수 있다. 사회 또는 환경의 변화는 학교에서의 변화에 반영될 수 있다는 점에서 체제 변화에 대한 초점은 학교상담자에게 중요하다. 변화요원change agents으로서 학교상담자는 교직원들이 교육개혁을 통해 발생하는 변화에의 적응을 도울 수 있고, 변화가 발생하는 상황에서 학생들이 계속해서 발달·성취를 도울 수 있다.

2.24. 학교환경 변화요원

학교에서의 변화를 위한 준비
- 지속적인 학생 인구 증가를 대비한다.
- 학생 인구의 제반 영역에 있어서의 다양성 확대에 대비한다.
- 학생들과 이들의 요구에 대해 보다 큰 관심을 보이기 위해 준비한다.
- 다양한 학생들의 학부모·보호자에 대한 지원 확대를 위해 준비한다.
- 경제 및 고용시장의 변화로 인해 떠오르는 쟁점을 다루기 위해 준비한다.
- 학습과정에 있어서 학부모의 참여를 높이기 위해 교사들을 준비시킨다.
- 고부담 시험의 결과로서 학생, 교사, 학교행정가, 학부모, 보호자들이 겪는 압박감에 대해 지속적으로 다룬다.
- 학생들을 중등학교 이후의 교육을 위해 준비시킨다.
- 자녀의 대학교육 학자금 조달을 위한 학부모의 계획 수립을 돕는다.
- 저소득층 학생들의 교육성취에 대한 높은 기대수준을 유지할 수 있도록 교직원들을 돕는다.
- 변화 촉진을 위해 다른 학교 및 지역사회 구성원들과 협력하고, 학생 성공을 위한 학교 개혁의 변화를 설계, 구성, 조정한다.
- 주도성과 상상력을 통해 예방 및 개입 프로그램을 창안함으로써 전체 학생들을 위한 서비스를 통합한다.

학교상담자: 학습에 도움이 되는 긍정적 학교분위기를 위한 촉매

- 학교가 학생들이 학습할 수 있는 안전하고 편안한 환경을 저해하는 조건들을 찾아낸다.
- 학교 데이터를 검토하고, 성취 격차와 행동상의 쟁점을 다루기 위한 방법을 계획한다.
- 변화에 영향을 미치는 전략과 개입을 실행에 옮긴다.
- 학교 분위기와 관련된 주제(예, 다문화 및 다양한 학교공동체)에 관해 교직원들에게 자체 직무연수를 실시한다.
- 학생발달을 촉진하고, 독립적, 자족적, 책임 있는 시민으로의 성장을 돕는다.
- 학부모와 학생들에게 중등학교 이후의 기회를 추구할 수 있는 지원(예, 학자금 지원 또는 고용정보)을 제공한다.
- 전문가 발달 기회에 참여하여 학생·학교상담과 관련된 쟁점에 대해 지속적으로 업데이트한다.

유능한 학교상담자

유능한 학교상담자는 적절한 상담기술을 사용하여 학생들의 학습에 이로운 환경을 조성한다. 더욱이, 유능한 학교상담자는 데이터를 기반으로 긍정적인 학생들의 성장과 성취를 최선의 상태로 향상시키는 프로그램과 서비스에 관한 결정을 내린다.

2.25. 유능한 학교상담자의 기술과 특징

유능한 학교상담자의 의도적 면접기술
(Ivey & Ivey, 2007)
- 공감
- 개방 및 폐쇄 질문(효과적인 상담)
- 격려
- 감정과 의미의 명료화
- 감정과 의미의 반영
- 긍정적 자산 탐색
- 무비판적
- 초점 설정
- 재구성
- 무조건적 긍정적 존중
  - 학생들에 대한 상담자의 수용, 가치화, 비소유적 온정을 통한 비위협적, 안전한, 신뢰성 있는 분위기를 제공한다.
  - 온정과 존중을 소통하되, 부정적 행동과 그 결과에 대해서는 학생에게 직면한다.
  - 학생들의 개방적 자기수용, 현재의 행동과 타인들에 대한 효과 이해, 자부심 수용 또는 과거 행동에 대한 수치심, 그리고 미래에 대한 희망과 두려움 공유뿐 아니라 미래 행동의 계획 수립을 촉진한다.

유능한 학교상담자의 성격적 특징

- 다른 사람들의 복지에 진솔한 흥미를 가지고 있다.
- 다른 사람들의 관점을 이해할 수 있다. (공감)
- 개인 스스로 문제해결을 할 수 있다고 믿는다.
- 학습에 개방적이고 기꺼이 모험을 한다.
- 강한 자기가치감을 지니고 있다.
- 실수를 받아들이고, 실수로부터 배우고자 노력한다.
- 개인 및 전문가로서의 지속적인 성장에 가치를 부여한다.
- 몸소 돌봄과 온정을 실천한다.
- 예리한 유머감각을 소유하고 있다.
- 효과적인 상담 실천과 종합적 프로그램 개발을 통해 학생들의 학업·진로·개인/ 사회성 발달을 도모한다.

● 참고문헌

Ivey, A. E., & Ivey, M. B. (2007). *Intentional interviewing and counseling: Facilitating client development in a multicultural society.* Belmont, CA: Thompson/Brooks Cole.

2.26. 효과적인 학교상담: 데이터 초점

학교상담에서 평가와 책무성이 요구되는 이유
(Dimmit, 2009)
- 학교상담이 중요한 방식으로 교육관련 프로그램에 기여하고 있다는 증거를 축적할 수 있기 때문
- 학교상담자의 역할에 대한 지역사회의 이해와 인식이 증대되기 때문
- 효과적인 프로그램과 개입방법의 확인에 도움이 되기 때문

유능한 학교상담자의 역할
- 학교 데이터 프로파일을 검토를 통해 학교상담 프로그램과 서비스가 불공정성 또는 쟁점을 다룰 수 있는 영역을 평가한다.
- 지속적인 데이터 수집을 통해 학교상담 프로그램의 효과를 검증한다.
- 데이터 수집을 통해 학생 성취, 행동, 출석에 대한 학교상담의 영향을 검증한다.
- 데이터 축적을 통해 학교상담 프로그램과 개입의 효율성을 검증한다.
- 주요 이해당사자들과 결과 데이터를 공유한다.
- 데이터의 지속적 · 체계적 수집과 검토를 통해 학교상담 프로그램과 학생 성공을 연계시킨다.

● 참고문헌

Dimmitt, C. (2009). Why evaluation matters: Determining effective school counseling practices. *Professional School Counseling, 12*(6), 395−399.

◆ 읽을거리

Carey, J. D., & Dimmitt, C. (2006). Resource for school counselors and counselor educators: The Center for School Counseling Outcome Research. *Professional School Counseling, 9*, 416−420.

Kaffenberger, C. J., & Young, A. A. (2009). *Making data work* (2nd ed.). Alexandria, VA: American School Counseling Association.

개인과 전문가: 학교상담자의 자기돌봄 전략

학교상담자의 자기돌봄^{self-care}은 스트레스와 소진 예방을 위해 필요하다. 학교상담자는 직무상 흔히 발생하는 스트레스 요인을 다룰 수 있는 방법을 확보할 개인적·전문적 책임이 있다.

2.27. 학교에서의 전문가 소진과 스트레스

전문가의 소진 관련 문제
- **역할 갈등**: 많은 책임과 우선순위 없음(또는 지속적인 우선순위 변화)
- **역할 모호성**: 불명확한 기대치와 성취 또는 가치에 대한 불인정
- **역할 과부하**: 과도한 책임으로 인한 성취감 경험 결여
- **극도의 책임**: 상담자만이 유일하게 다른 사람들의 안전, 건강, 안녕에 대해 책임을 져야 할 것 같은 상황

개인적 위험요인
- 완벽주의
- 불만족스러운 가정생활, 스트레스가 많은 가정환경, 또는 중요한 가족구성원 또는 동반자 상실
- 심각한 질병
- 자신감 또는 인내심 결여
- 제한된 사회적 출구
- 인정과 애정에 대한 강한 요구
- 재정적 염려
- 높은 개인적 기대수준과 현실 또는 낮은 기대수준의 수용 불능
- 자녀에 대한 높은 불안

전문적 위험요인
- 경험 부족 또는 교육에 있어서의 진로 시작(압도감)
- 여러 해 동안의 교직생활
- 직장에서의 성공을 좌우하는 자존감과 자기가치감
- 가족, 동료, 친구들로부터의 정서적 지원 결여
- 상호작용에 있어서의 자기주장 결여(과부하)
- 동료 및 수퍼바이저와의 관계 어려움
- 빈약한 시간 관리 또는 조직 기술
- 기준 기반 검사에 대한 압박감과 '시험을 위한 수업'이라는 사고방식
- 예의가 없거나 수업을 방해하는 학생들과 과대 학급
- 학교에서의 개인적 재산 피해 또는 위협
- 안전하지 않은 환경 또는 학교에서의 폭력(두려움)
- 비자발적 전근
- 과도한 문서 업무 또는 업무량
- 학교에서 학생들에 대한 구체적인 규칙 결여
- 교수활동, 방침, 또는 절차의 재편성 또는 주요 변화
- 행정지원 결여, 불명확한 업무분장, 불명확한 기준 또는 기대, 수행이 불만족스러운 경우에 한해서의 피드백
- 노고에 대한 정적강화 또는 인정 결여
- 예산 삭감으로 인한 지위 불안정
- 지원 감소 상태에서 요구되는 업무량 증가
- 부적절한 보상과 인센티브
- 높은 교직원 이직률 또는 교직원의 잦은 교체

소진증후군
- 정서적 · 신체적 고갈
- 이인화^depersonalization(이 장의 후반부의 이인화 징후 참조)
- 개인적 부적절감과 우울

정서적 · 신체적 고갈의 징후
- 잦은 결근과 지각 또는 과도한 조퇴

- 직무, 다른 교직원, 또는 학생들에 대한 부정적 태도 상승
- 따분함, 슬픔, 환멸
- 과민성, 좌절감, 짜증, 분노발작 증가
- 학생들과의 과잉동일시 또는 저동일시^{underidentification}
- 신체적 고갈
- 빈번한 두통, 몸살, 만성 통증
- 냉소적 태도 또는 빈정댐
- 경직성
- 편집증
- 고혈압
- 긴장항진증 또는 급속 맥박률
- 과잉행동, 좌불안석, 또는 과업집중 곤란
- 수면장애, 불면증, 또는 악몽
- 섭식장애(과식 또는 식욕상실)
- 자가 약물투여(알코올) 또는 과도한 처방약물 투여
- 출근에 대한 과도한 두려움

이인화 징후
- 교직원 갈등 증가
- 정서적 위축과 타인 무시
- 자신과 타인에 대한 조바심 증가
- 가족과 친구들로부터의 심리적 분리
- 학생을 사람으로보다는 문제 또는 사례로 간주함
- 학생과 학생문제에 대한 분노
- 동료와 학교 구성원들에 대한 분노
- 타인들에 대한 냉담성
- 직장에서의 외로움과 소외감
- 방향감각 상실 또는 초점 설정 불능

개인적으로 부적절한 감정의 징후
- 무망감, 부적절감 증가, 그리고 직장과 업무 관련 우울

■ 지속적으로 보상받지 못하는 사회적 상호작용으로 인한 무력감과 정서적 과부하

■ 압도적인 정서적 요구와 책임이 동반된 지나친 개입 또는 지나친 확대

■ 업무에 대한 통제 불능, 불만족, 우울

■ 부동성과 비효과성

■ 업무에 대한 분노감

■ 과업완수 불능 및/또는 무동기

2.28. 조력자의 자기돌봄

'의사여, 스스로를 치유하라': 학교상담자의 자기돌봄

- 다른 사람들에게 제공하는 동일한 돌봄을 자신에게도 베푼다.
- 학교 문제를 집에 가져가지 않는다.
- 동료와 다른 학교상담자들과 협력하여 스트레스를 분산시킨다.
- 전문가 학술대회 또는 워크숍에 참석하여 재충전한다.
- 건강한 식사를 한다.
- 운동을 한다.
- 이완을 위한 시간을 갖는다.
- 소진 예방을 위한 지침을 준수한다.
- 스트레스 해소를 위한 출구를 찾는다.
- 사랑하는 사람들과 함께할 시간을 갖는다.
- 사랑을 정중하게 받아들인다.
- 자신의 삶이 고귀하다는 사실을 인정한다.
- 자신을 찾는 모든 학생을 구조할 수는 없다는 사실을 인정하되, 할 수 있는 것을 한다.

2.29. 전문가 정체성

학교상담자는 …

- 자격증 또는 면허증이 있다.
- 학생의 발달단계와 욕구, 과업, 그리고 흥미에 대한 전문가다.
- 전체 학생들에 대한 형평성과 접근성을 옹호한다.
- 학생들의 안전을 위해 평화를 유지·관리한다.
- 예방 및 개입 프로그램을 통한 학생 성취를 장려한다.
- 정신건강 쟁점에 관한 훈련을 받았다. (진단이 아님)
- 석사 이상의 학위를 소지하고 있다.
- 윤리적 상담 전문가다.
- 전문가 발달에 참여한다.
- 학생 성취 지원을 위한 결과를 제공함으로써 이해당사자들에게 책무를 다한다.
- 교육 프로그램의 옹호자, 리더, 그리고 필수 구성원이다.

제 3 편

학교상담 실행과 프로그램

개인상담

3.1. 학교에서의 개인상담

학생들에 대한 개인상담의 목적
- 학교, 학습, 일에 대한 긍정적 태도 발달
- 학생들의 책임 있는 선택 조력
- 자신과 타인에 대한 존중 고취
- 후속 교육과 미래 고용을 위한 지식 발달
- 적절한 행동과 사회적 기술 개발
- 지식 증진과 갈등해결 및 문제해결 기술 활용
- 보다 높은 자기감과 긍정적 자기개념 형성
- 학생의 문제해결 조력

학생문제의 범주
- 대인관계 갈등 또는 타인들과의 갈등(예, 관계 쟁점 또는 빈약한 사회적 기술)
- 개인내적 갈등(예, 의사결정 문제 또는 낮은 자존감)
- 자기에 관한 정보 부족(예, 능력, 흥미, 또는 가치관)
- 학업성공 결여(예, 학업문제, 주의산만, 또는 무동기)
- 기술 부족(예, 공부기술, 자기주장, 경청, 또는 시간관리)
- 학습을 저해하는 가족 쟁점(예, 이혼, 죽음, 군대 배치, 또는 물질남용)
- 행동 쟁점(예, 자기통제 또는 충동성)

상담 vs. 치료
상담은 치료라기보다는 학교에서 실시된다. 상담자와 치료자는 학부모의 서면동의를 기반으로 서로 협력함으로써, 학생은 장면에 관계없이 종합적인 지원을 받게 된다.

- 상담은 다음과 같은 특징이 있다.

○ 예방적 · 발달적 문제를 다룬다.

○ 의식적 문제를 다룬다.

○ 교육 · 진로 · 개인/사회성 문제를 돕는 반면, 치료는 성격 재구성과 기타 심각한 문제를 돕는다.

○ 교육 또는 심리교육 방법을 사용할 수 있다.

○ 상담자의 훈련 범위를 초과하는 심각한 문제가 있는 학생들은 지속적인 치료를 제공할 수 있는 임상 훈련을 받은 외부 전문가에게 의뢰한다.

○ 전형적으로 단기로 이루어지고, 흔히 지속적 쟁점보다는 급성 문제들을 다룬다.

■ 치료는 다음과 같은 특징이 있다.

○ 심각한 장애와 성격문제를 다룬다.

○ 의식적 문제뿐 아니라 무의식적 문제를 다룬다.

○ 심각한 장애와 성격문제를 다룬다.

○ 의학적 또는 치유 방법을 사용한다.

○ 학교상담자에 의해 학부모에게 의뢰된 학생들에게 지속적인 치료를 제공한다.

개인상담 vs. 집단상담

개인상담이 집단상담보다 더 적절한 경우는 다음과 같다.

■ 문제가 독특한 경우

■ 다른 학생들이 이해하지 못하는 문제가 있는 경우

■ 학생이 독특한 위기 상황에 처한 경우

■ 비밀유지가 극히 중요한 경우

■ 학생이 집단에서 말하는 것에 대한 불안 또는 두려움이 있는 경우

■ 학생이 감정, 동기, 행동 패턴에 대한 인식 · 이해가 제한된 경우

■ 행동이 다른 학생들과의 성공적인 상호작용을 가로막는 경우

■ 학생이 개인의 주의 · 인정을 필요로 하는 경우

개인상담 회기의 기록

■ 회기에서의 관찰 내용과 일반적인 내용에 대한 요약을 제공한다.

■ 상담자의 상담회기에 대한 회상에 도움이 되는 내용을 기록한다.

■ 일반적인 사실만을 포함시킨다. (지각 또는 의견은 제외)

- 학업성적 또는 누적 서류철과는 별도로 보관한다.
- 학부모 또는 18세 미만의 학생에 의해 검토가 가능하다.
- 18세 이상의 학생에 의해 검토가 가능하다.
- 법원에 의해 제출 요구를 받을 수 있다.
- 학생의 졸업 또는 전학 즉시 폐기되어야 한다.

3.2. 개인상담의 과정 · 기술 · 기법

상담에 의뢰된 학생들에 대한 검토과정

■ 의뢰된 학생, 교육적 접근, 그리고 다음과 같이 학생의 학습에 영향을 미칠 수 있는 요인에 관한 정보를 수집한다.
  ○ 학생의 행동과 태도 관찰
  ○ 행동상의 어려움이 있는 위치(수업, 휴식, 또는 점심시간)에서 학생을 관찰함으로써 보고된 행동을 검증한다.
  ○ 학생과 면담하고, 교사 및/또는 학부모와 협의한다.
  ○ 누적 기록을 검토한다.
  ○ 검사 결과를 검토함으로써 검사의 문화적 편견 가능성을 확인한다.
  ○ 출석 · 지각에 관한 기록을 검토한다.
  ○ 성적 패턴과 패턴 변화를 주시한다.
  ○ 학생에게 영향을 미쳤을 수 있는 최근의 스트레스 관련 경험에 주목한다.
  ○ 특수 서비스의 필요성을 암시하는 증상을 확인한다.
  ○ 필요한 경우, 학생을 아동연구팀 또는 지역 적격심사위원회에 의뢰한다. (**3.36** 참조)
  ○ 학생의 요구에 가장 잘 부합될 서비스를 결정한다.
  ○ 교사 및/또는 학부모/보호자에 의해 요구되는 서비스를 결정한다.
  ○ 필요한 경우, 학생 및/또는 가족을 외부 상담에 의뢰한다.
  ○ 결정된 서비스를 받는 동안 학생의 진척 상황을 평가한다.
  ○ 학생, 교사, 학부모/보호자와의 협의를 통해 학생의 진척 정도를 검토한다.

상담면접단계
(Ivey & Ivey, 2007)
■ 라포 형성
■ 회기의 구조화
■ 정보 수집 또는 문제 정의
■ 목표 설정
■ 대안 또는 해결방안 생성

- 실행계획 개발(이후 회기에서 평가될 수 있음)
- 종결 또는 마무리

개인상담에 사용되는 기술

- 일반 지침
  ○ 학생이 구체적인 목표의 정의 · 작업을 돕기 위한 상담절차를 선택한다.
  ○ 선택된 상담절차 사용에 대한 이유를 설명할 수 있어야 한다.
  ○ 학교상담자가 받은 훈련의 범위 이내의 절차만을 사용한다.

- 구체적인 기술
  ○ 개방질문
  ○ 목표 설정 (**4.4** 참조)

- 선택된 상담이론의 지원 (**2.13**~**2.22** 참조)
- 문제해결 (**3.3** 참조)
- 의사결정
- 가능한 결과 탐색

● 참고문헌

Ivey, A. E., & Ivey, M. B. (2007). *Intentional interviewing and counseling: Facilitating development in a multicultural society* (6th ed.). Belmont, CA: Thomson/Brooks Cole.

◆ 읽을거리

Eschenauer, R., & Chen-Hayes, S. F. (2005). The transformative individual school counseling model: An accountability model for urban school counselors. *Professional School Counseling, 8*, 244-248.

Thompson, C. L., & Henderson, D. A. (2006). *Counseling children* (7th ed.). Belmont, CA: Brooks Cole.

Wittmer, J. (2007). Counseling the individual student client. In J. Wittmer and M. A. Clark (Eds.), *Managing your school counseling program: K-12 developmental strategies* (pp. 104-119). Minneapolis, MN: Educational Media Corporation.

3.3. 문제해결 모델

- 문제를 구체적으로 정의하여 관련된 모든 사람이 이해할 수 있도록 한다.
- 브레인스토밍 또는 문제에 대한 대안 또는 해법을 강구한다.
- 조직화하되, 중복 및 불만족스러운 해결방안들은 제외시킨다.
- 나머지 해결방안의 가능한 결과를 검토한다.
- 가장 좋은 해결방안 한 가지를 택한다.
- 선택된 해결방안을 시도해 보기로 합의한다.
- 필요한 경우, 평가 및 수정한다.

3.4. 상담에서의 놀이 활용

놀이는 아동의 많은 염려 대처에 도움을 준다.

- 상실 · 분리
- 수업시간의 행동 문제
- 주의력결핍장애
- 불안 · 공포
- 극도의 정서적 해방감
- 정신적 외상 이후
- 폭력(가족 또는 사회적)
- 한계, 규칙, 성인의 기대
- 희망, 목표, 야망

놀이상담의 절차

- 시간, 공간, 행동의 한계를 정하여 아동, 상담자, 재산을 보호한다.
- 회기에 초점을 맞춘다.
- 사용될 놀이 자료는 직접 선택하거나 아동에게 선택하게 한다.
- 놀이를 관찰한다. (놀이에 동참할 수 있음)
- 놀이가 진행되는 동안의 감정과 사고를 경청, 관찰, 반영한다.
- 놀이 동안 개방질문을 통해 아동에 대한 면접을 실시한다.

어린 아동들을 위한 놀이 자료

- 진흙, 크레용, 손가락 페인트
- 모래상자
- 안전한 장난감과 자료(예, 블록, 무딘 가위, 신문용지, 고무공, 꼭두각시, 펀칭 장난감)

◆ 읽을거리

Drewes, A. A., & Schaefer, C. E. (2010). *School-based play therapy*. Hoboken, NJ: Wiley.

Ray, D. C., Armstrong, S. A., Warren, E. S., & Balkin, R. S. (2005). Play therapy practices among elementary school counselors. *Professional Schoo*l Counseling, *8*(4), 360−365.

Webb, N. B. (2007). *Play therapy with children in crisis* (3rd ed.). New York: Guilford.

3.5. 학교에서의 효과적인 개인상담

- 초점이 명확하다.
- 의도적이다.
- 학생의 요구에 구체적이다.
- 발달적으로 적절하다.
- 긍정적·희망적이다.
- 학생의 극복 능력을 격려한다.
- 회복탄력성과 강점을 북돋아 준다.

소집단상담

3.6. 학교에서의 소집단상담

"집단상담은 ASCA 국가모델의 전달에 있어서 필수적이고, 학생들의 학업, 진로, 개인/사회성 발달적 쟁점을 다루기 위한 효율적이고 긍정적인 방법이다."(American School Counselor Association, 2008, p. 1)

일반 정보
■ 학생들과 작업하기 위한 자연스러운 환경
■ 보다 많은 학생에 대해 서비스를 제공하기 위한 효율적인 방법
■ 개방형 또는 폐쇄형 가능
■ 집단상담을 통해 학생들은 다음과 같은 작업을 한다.
  ○ 자신과 타인에 대한 통찰을 얻는다.
  ○ 보다 높은 수준의 개인적 적응을 성취한다.
  ○ 급격한 환경 변화에 대처한다.
  ○ 타인들과의 소통·협력하는 방법을 습득한다.

■ 다음과 같은 사회의 영향은 집단상담의 필요성을 높인다.
  ○ 테크놀로지 사용의 증가로 인한 면대면 접촉의 감소
  ○ 확대가족의 결여
  ○ 일시적인 생활방식
  ○ 가족의 안정성 감소
  ○ 관심사와 결정에 대한 자연스러운 인간의 요구
  ○ 경제문제와 직업의 안정성 결여

■ 집단 주제의 결정요인
  ○ 학생 요구(학생, 학부모/보호자, 교사에 의한 보고)

○ 학교상담 개입이 요구됨을 암시하는 데이터 분석 결과

○ 지역사회 환경(예, 지역사회의 위기, 군대 배치, 또는 심각한 상실)

○ 학교인구의 변화(예, 다양성 또는 경제 변동성 증가)

집단구성원들이 서로 돕는 법

■ 각자의 사고와 지각의 표현

■ 유사한 문제의 공유

■ 대안적 해결방안 제안

■ 상호 지지

■ 불일치에 대한 직면

■ 부적절한 행동을 적절한 행동으로 대체하기 위한 방법 학습

■ 상호작용 및 피드백 수용을 통해 보다 쉽게 관계를 맺는 방법 학습

■ 서로 배려하는 분위기에서 관심사의 언어적 표출

■ 합리적인 목표 설정과 긍정적 행동을 실천하도록 상호 격려

집단상담 참여자에게 도움이 되는 요인

■ **수용**: 구성원들과 리더에 의한

■ **보편성**: 문제를 가진 사람이 한 사람만이 아님

■ **자기노출**: 리더와 구성원들을 신뢰하고, 자기를 솔직하게 노출함

■ **통찰**: 자기이해

■ **대인관계 상호작용**: 다른 구성원들로부터 배움

■ **감정정화**catharsis: 이를 통한 정서 방출 및 감정 해소

■ **생활교육**: 개선을 위한 정보와 제안 수용 및 제공

■ **참여자 학습**: 다른 사람들과의 집단 작업 시, 관찰과 경청으로부터 학습

■ **이타심**: 다른 사람들을 도울 때의 가치감

■ **희망**: 긍정적인 행동을 실행에 옮기고, 일이 나아질 것이라고 믿음

● 참고문헌

American School Counselor Association [ASCA]. (2008). *The professional school counselor and group counseling*. Available at http://asca2.timberlakepublishing.com//files/PS_group%20Counseling.pdf.

3.7. 소집단상담의 이점

- 한 번에 더 많은 학생이 서비스를 받을 수 있음
- 구성원들에 대한 권장사항
  - 행동 개선에 집중한다.
  - 구체적인 개인적 목표를 성취한다.
  - 적절한 모험을 시도해 본다.
  - 자신과 타인의 성장을 위한 책임을 수용한다.

- 집단상담은 학생들이 다음과 같은 것을 하기에 안전한 분위기를 제공한다.
  - 자신의 관심사에 대한 논의
  - 목표 설정과 목표 도달을 위한 단계
  - 새로운 적절한 행동 연습

3.8. 집단상담 주제

학교에서의 집단 범주
(Davis, 2010)

- 사후처치remedial: 학생들이 결핍되어 있는 영역을 다루기 위한 구체적인 기술 향상
- 지지: 학생들에게 정서적 · 심리적 지원 제공
- 심리교육psychoeducational: 특정 발달단계에서의 공통 쟁점에 기초함

학교 소집단 주제
- 새로운 학교에의 적응
- 부모의 이혼/재혼
- 알코올/약물 쟁점
- 공부기술
- 자기개념
- 관계
- 교우관계 · 사회적 기술
- 행동 관리
- 주의력 문제
- 분노 관리
- 또래압력
- 스트레스 관리
- 애도와 상실
- 만성 질환

● 참고문헌
Davis, T. E. (2010). Groups in schools. In D. Capuzzi, D. R. Gross, & M. Stauffer (Eds.), *Introduction to Group Work* (5th ed., pp. 339-372). Boulder, CO: Love.

3.9. 예비 집단 계획

집단상담 프로그램 실행지침
- 다음과 같은 요구를 평가한다.
  - ○ 학교 프로파일 데이터를 검토하여 집단이 다룰 수 있는 쟁점을 결정한다.
  - ○ 학생들에 의해 빈번히 언급되는 문제/관심사를 고려한다.
  - ○ 학생, 교사, 및/또는 학부모를 대상으로 공식적인 평가 또는 설문조사를 실시한다.

- 학생, 교사, 학부모들에게 집단상담 실시에 대한 안내 정보를 배포한다.
- 공동리더를 만나 실행계획을 결정한다.
- 구성원 수를 결정한다. (6~8명)
- 집단의 전체 기간을 결정한다. (매 집단회기의 시간 길이 포함)
- 모임의 빈도를 결정한다.
- 방해받지 않고 집중할 수 있는 장소를 확보한다.
- 제공될 집단(들)에 대해 홍보한다.
- 행정지원을 받는다.

집단구성원 선발
- 자발적 참여
- 집단구성원 사이에 2살 이상 차이가 나지 않도록 한다.
- 필요한 경우, 다음과 같은 특성이 있는 모델이 될 만한 학생 1~2명을 선발한다.
  - ○ 특정 문제를 겪어 보았을 수 있는 학생
  - ○ 좋은 선택을 했었던 학생
  - ○ 집단 참여를 통해 혜택을 얻을 수 있는 학생

- 가능하다면, 이질집단으로 편성한다.

잠재적 집단구성원 선별
- 학생들에게 집단상담을 정의해 주고 집단에 관해 설명해 준다.
- 집단구성원의 역할을 정의해 준다.

- 모임 기간과 빈도에 대해 알려 준다.
- 학생이 집단에 참여하려는 이유를 확인 · 결정한다.
- 집단구성원이 세운 목표의 종류에 대해 논의한다.
- 학생의 집단참여 목표를 확인 · 논의한다.
- 집단참여를 통한 목표성취 방법에 대해 논의한다.
- 타인 조력에 있어서 학생의 흥미와 능력을 평가한다.
- 집단상황에서의 비밀유지에 대해 논의한다.
- 성장에 대한 흥미와 욕구의 강도를 결정한다.
- 주기적으로 정시 참석 여부와 참여도를 평가한다.
- 집단참여 기간 동안 발생하는 학업손실 보완을 약속한다(학업손실 보완을 위한 계획에 대해 논의한다).
- 학생이 집단상담 또는 다른 방법을 통해 최적의 서비스를 받게 될 것인지의 여부를 결정한다. (예, 개인상담 또는 외부 의뢰)
- 학부모/보호자로부터 집단참여에 대한 서면동의를 받는다.
- 다른 구성원들과의 관계를 결정한다.

◆ 읽을거리

Geroski, A. M., & Kraus, K. L. (2010). *Groups in schools: Preparing, leading, and responding.* Upper Saddle River, NJ: Pearson.

3.10. 소집단상담 회기

첫 회기

- 집단의 목적을 소개한다.
- 집단구성원의 책임에 대해 논의한다.
- 비밀유지의 정의와 한계에 대해 설명·논의한다.
  - ○ 구성원들은 다른 구성원이 말한 것을 반복 또는 거론해서는 안 된다.
  - ○ 구성원들은 자신 외에 또 누가 집단에 참여하고 있는지 누설해서는 안 된다.
  - ○ 구성원들은 상담자가 집단에서 말한 것을 반복할 수는 있다.

- 학생들에게 비밀을 유지하겠다는 다짐을 받는다.
- 집단의 기본 규칙을 제안한다.
  - ○ 정기적으로 출석할 것
  - ○ 시간을 엄수할 것
  - ○ 유용한 정보를 제공할 것
  - ○ 다른 사람을 깎아내리는 말은 하지 않을 것
  - ○ 솔직할 것
  - ○ 번갈아 가며 이야기할 것
  - ○ 구성원들의 말에 경청할 것
  - ○ 학업결손을 보완할 것
  - ○ 자신의 생각을 나눌 것
  - ○ 존중하는 태도를 보일 것

- 집단마다 구성원들이 성취할 구체적인 목표를 결정·언급한다.
- 개인 목표뿐 아니라 집단의 목표 성취를 위해 적극적으로 참여한다.
- 매 회기의 목표 성취를 평가한다.

첫 회기 이후의 집단회기를 위한 개요

- ASCA, 주, 또는 지역 기준에 기초한 학습내용의 세부목표를 정한다.
- 필요한 자료를 수집한다.

- 집단회기의 활동 또는 절차를 기술한다.
- 과정질문을 개발하여 학생의 이해 정도를 평가한다.
- 집단회기 사이에 연습할 수 있는 행동을 숙제로 내 준다.

◆ 읽을거리

Association for Specialists in Group Work [ASGW]. (2007). *ASGW best practice guideline.* Available at www.asgw.org/PDF/Best_Practices. pdf

Association for Specialists in Group Work [ASGW]. (n.d.). *What every counselor must know about groups.* Available at www.asgw.org/PDF/Group_Stds_Brochure.pdf.

Erford, B. T. (2010). *Group work in the schools.* Upper Saddle River, NJ: Pearson.

Stockton, R., & Toth, P. (2007). Small group counseling in school settings. In J. Wittmer & M. A. Clark (Eds.), *Managing your school counseling program: K-12 developmental strategies* (pp. 120-132). Minneapolis, MN: Educational Media.

3.11. 집단상담 리더십

- 매 집단회기 계획 절차
  - ○ 구체적으로 진술된 목표를 설정한다.
  - ○ 구성원들의 급박한 관심사 표현을 우선시한다.
  - ○ 구성원들의 상호 조력을 우선시한다.

- 다음 2가지 기능을 다룸으로써, 매 집단회기의 균형을 유지한다.
  - ○ **유지**maintenance는 구성원들이 함께 작업하고 서로 돕고 있는지의 정도다.
  - ○ **과업**task은 집단의 목적 또는 목표 성취를 위한 방향으로 나아가는 것이다.

- 집단구성원들이 서로 돕는 경우에 강화해 준다.
- 좋은 집단구성원 역할을 할 수 있는 기술을 가르친다.
- 구성원들이 집단에서 학습한 것을 실생활의 다른 영역에 전이할 수 있도록 돕는다.
- 다음의 상담기술을 사용한다.
  - ○ 적극적 경청
  - ○ 무조건적 긍정적 존중
  - ○ 반영
  - ○ 명료화
  - ○ 요약
  - ○ 정보제공
  - ○ 격려
  - ○ 개방질문
  - ○ 목소리 어조 · 억양
  - ○ 공감
  - ○ 열의
  - ○ 목표 설정 촉진
  - ○ 긍정적 행동 변화 촉진

- 다음의 리더십과 촉진 기술을 사용한다.
  ○ 분위기 설정
  ○ 시선 사용
  ○ 타이밍
  ○ 연결
  ○ 최소의 격려 표시(관심 표현에 사용되는 말 또는 소리)
  ○ 내용의 구체화
  ○ 일인칭 대명사 사용('나' 진술)
  ○ 적절한 피드백 제공
  ○ 과정진술
  ○ 차단
  ○ 부드러운 직면
  ○ 존중 시범
  ○ 효과적인 의사소통 시범
  ○ 목표 방향으로의 진척 강화
  ○ 갈등 인정
  ○ 격려 · 지지
  ○ 다문화 이해

- 목표설정 기술을 사용한다. (**4.4** 참조)

◆ 읽을거리

Jacobs, E. E., Masson, R. L., & Harvill, R. L. (2009). *Group counseling: Strategies and skills* (6th ed.). Belmont, CA: Thomson/Brooks Cole.

3.12. 효과적인 소집단상담

사전 · 사후 집단평가
- 집단 경험 전 · 후에 배부되는 설문지
- 성적
- 출석
- 훈육 의뢰
- 표준화된 검사점수

사전 · 사후 주관적 평가
- 교사 피드백
- 학생들의 평가(예, 리커트 척도)
- 학부모/보호자 피드백

중간집단 평가
- 집단 과정과 진척에 대한 서면 및 구두 피드백을 수집한다.
- 목표 성취를 위한 방향으로의 진척 정도를 평가한다.

집단종결 평가
- 결과 데이터를 분석하여 집단의 효과를 평가한다.
- 집단구성원들에게 집단 과정과 경험에 관한 총괄평가서를 작성하게 한다.

학생에 대한 후속조치
- 추수집단을 개인적 또는 집단적으로 할 것인지를 정한다.
- 추수집단의 시기를 정한다. (대략 종결회기로부터 6주 후)
- 집단종결 이후 집단구성원들이 어떻게 서로 도울 것인지에 대해 논의한다.
- 집단종결 이후에도 비밀유지를 해야 한다는 사실을 학생들에게 상기시킨다.
- 추수집단 일정을 정하여 학생들이 집단종결 이후에도 잘 기능하고 있는지를 평가한다.

교사들에 대한 후속조치

■ 교사들에게 학생들이 집단참여 이래로 행동변화가 관찰되는지의 여부를 문의한다.

■ 학생의 집단 참여와 관련된 조언 또는 피드백을 요청한다. (예, 학업결손 보완 여부, 집단에 대한 학생의 태도, 또는 집단의 일정과 시간)

■ 교사들에게 학생의 행동변화를 상담자에게 알려 주도록 요청하는 한편, 새로 개설되는 집단에 관해 알려 줌으로써 학생 의뢰를 할 수 있게 한다.

학부모에 대한 후속조치

■ 학부모들에게 집단종결 사실을 알리고, 집단에서 다룬 주제의 개요에 대한 정보를 제공한다.

■ 학부모들에게 자녀와 집단에 대한 이야기를 나누도록 권장한다(자녀가 집단에서 다룬 것에 한해 말해 보도록 요청한다).

■ 학부모들에게 집단에서 다룬 핵심적인 내용에 대해 강화해 주도록 권장한다.

■ 학부모들에게 자녀의 집단참여 이래 관찰된 자녀의 태도/행동 변화에 대한 피드백 제공을 요청한다.

■ 학부모들에게 곧 있을 집단에 관한 정보 제공 및 자녀의 참여를 권유한다.

◆ 읽을거리

Bostick, D., & Anderson, R. (2009). Evaluating a small group counseling program: A model for program planning and improvement in the elementary setting. *Professional School Counseling, 12*(6), 428–433.

Gerrity, D. A., & DeLucia-Waack, J. L. (2007). Effectiveness of groups in schools. *Journal for Specialists in Group Work, 32,* 97–106.

Kayler, H., & Sherman, J. (2009). At-risk ninth-grade students: A psychoeducational group approach to increase study skills and grade point averages. *Professional School Counseling, 12*(6), 434–439.

Paisley, P. O., & Milsom, A. (2007). Group work as an essential contribution to transforming school counseling. *Journal for Specialists in Group Work, 32,* 9–17.

Steen, S., Bauman, S., & Smith, J. (2007). Professional school counselors and the practice of group work. *Professional School Counseling, 11*(2), 72–80.

교실 생활교육

3.13. 교실 생활교육 개관

교실 생활교육 수업의 목적
- 학생들과의 만남을 통해 학교상담자와 친숙해지도록 한다.
- 학교상담 프로그램에 대한 설명과 프로그램이 학생들에게 어떻게 도움이 되는지에 대해 설명해 준다.
- 학생들에게 학업적 성공을 위한 기술을 가르친다.
- 학생들에게 특정 발달수준에서 발생하는 문제예방을 위한 방안을 가르친다.
- 학생들의 문제가 심각한 상태가 되기 전에, 문제예방 또는 대응조치를 취한다.
- 학생들에게 다음 학년, 학교, 또는 발달수준에서 성공을 위한 준비방법을 가르친다.
- 학교 데이터에 의해 나타난 격차 해소에 관한 쟁점을 다룬다.

교실 생활교육 수업의 이점
- 전체 학생들을 대상으로 한다.
- 학생들에게 발달수준에 적절한 긍정적인 학습경험을 제공한다.
- 학교상담자와 전체 교육경험을 연결해 준다.
- 학교상담 서비스를 찾지 않을 사람들에게 학교상담자의 존재를 알릴 수 있다.

교실 생활교육 수업을 위한 상담자의 기술
- 수업 기술
- 교실 방문을 위한 일정표 작성
- 수업 또는 교육 계획표 작성
- 학급관리 기술 (**3.15** 참조)
- 과업집단 또는 심리교육집단 진행 기술

교실 생활교육 수업을 위한 상담자의 고려사항

- 교사의 기대·요구 이해
- 과업에 대한 학생의 시간 고려
- 교사의 시간, 일정, 필수요건, 의무, 스트레스 고려
- 월중 시간표 준비
- 출입문에 일일 또는 주간 일정표 게시
- 유연한 일정표 작성
- 누락 또는 취소된 교실 생활교육 수업 일정 조정
- 학부모와 교사들에게 수업, 대상 학년, 교실 생활교육 일정 통보

잘 설계된 교실 생활교육 수업

- 명확하게 정의된 목적 또는 목표
- 연령에 적합한 의미 있고 관련 있는 활동
- 학생 참여를 극대화하는 창의적이고 관심을 집중시키는 수업
- 교육지원청이 승인한 자료(승인이 필수요건인 경우)
- 조화로운 순차적 수업
- 학생들의 학습 적용, 반영, 평가를 위해 편성된 시간
- 단원별 요약 및 평가
- 진행이 잘 되지 않거나 무관한 것 같은 수업을 위한 대안 또는 예비 계획

교실 생활교육 수업계획의 구성요소

- 학년
- 필요한 시간(전형적으로 어린 학생들은 30분, 나이 든 학생들은 45분)
- ASCA 기준, 주 기준, 교육지원청 기준으로부터의 세부목표
- 필요한 자료
- 수업실행 단계(활동 설명)
- 과정분석 시간(이해 평가를 위한 질문)
- 평가 및/또는 후속조치: 학생들은 교실 생활교육 수업시간에 학습한 것을 실생활에 어떻게 적용할 것인가?

◆ 읽을거리

Akos, P., Cockman, C. R., & Strickland, C. A. (2007). Differentiating classroom guidance. *Professional School Counseling, 10*(5), 455-463.

Cuthbert, M. I. (2007). Large group developmental guidance. In J. Witmer and M. A. Clark (Eds.), *Managing your school counseling program: K-12 developmental strategies* (2nd ed., pp. 120-131). Minneapolis, MN: Educational Media.

Goodnough, G. E., Perusse, R., & Erford, B. T. (2011). Developmental classroom guidance. In B. T. Erford (Ed.), *Transforming the school counseling profession* (3rd ed., pp. 154-177). Upper Saddle River, NJ: Pearson.

3.14. 발달적으로 적절한 교실 생활교육 수업주제

교실 생활교육 수업^{classroom guidance lessons}은 학생의 요구와 학교에 널리 퍼져 있는 쟁점에 대한 데이터 분석에 기초해야 한다.

학업발달
- 공부기술(시간 관리와 조직)
- 시험보기 전략
- 경청
- 규칙과 지시 준수
- 의사소통 기술(경청 포함)
- 적절한 방식으로 주의 끌기
- 불안(학교 관련)

진로발달
- 진로의식 활동(초등학교)
- 진로탐색 활동(중학교)
- 진로결정 활동(고등학교)
  - 중등학교 이후의 대안
  - 대학탐색 과정
  - 대학선택 과정
  - 대학지원 완료
  - 면접기술
  - 자기소개서 작성기술

개인/사회성 발달
- 괴롭힘 대응
- 또래관계
- 의사소통 기술
- 또래압력 회피

- 의사결정
- 교우관계 형성과 유지
- 협동
- 건강한 이성관계
- 긍정적 자기개념 발달
- 회복탄력성 전략 개발
- 스트레스 관리
- 상급학교 진학 준비
- 자기주장 기술
- 성희롱
- 다문화 인식과 다양성 존중

3.15. 학급관리 전략

학급 생활교육 전달

(Cuthbert, 2007, pp. 138-139)

- **응집력**: '우리' 의식 발달 돕기
- **협동**: 경청, 교대로 말하기, 함께 작업하기 강조
- **의사소통**: 효과적인 말하기와 경청기술 시범
- **코칭**: 수업참여 학생들에게 행동 '시도'와 피드백 기회 제공
- **기여**: 참여 학생은 누구나 자신이 수업에 기여했다는 느낌을 갖게 한다.
- **통제**: 효과적인 리더십과 관리
- **환경설정**: 효과적인 수업 전달과 학생 참여를 극대화 할 수 있도록 배치된 교실
- **종결**: 수업의 핵심 개념 요약
- **비밀유지**: 민감한 정보 공유가 이루어진 경우, 학생들에게 비밀유지의 중요성을 상기시킴

효과적인 학급관리 전략

- 시작하면서 기대되는 행동에 대해 명확하게 말해 준다.
- 문제행동의 결과가 이미 설정되었는지 아니면 다른 것이 될 것인지를 정한다.
- 움직임 패턴을 모니터하고 한계를 정한다.
- 지시는 명확하게 한다.
- 자료를 준비하게 한다.
- 근접성을 활용하여 수업방해 행동을 다룬다. (행동이 발생하는 지점으로 이동)
- 시선접촉을 활용하여 수업방해 행동을 다룬다.
- 침묵을 학생들의 주의집중을 위한 방법으로 사용한다. (예, "재미있는 활동으로 넘어가기 전에 여러분이 집중할 때까지 잠시 기다리겠습니다.")
- 학생의 이름을 주의집중을 위한 문장에 자연스럽게 통합시킨다. (예, "지수야, 그것이 바로 우리가 서로 소통하기를 원하는 이유란다.")
- 처음에는 문제행동을 일반적인 방식으로 다룬다. (예, "우리가 서로 존중하는 방식으로 상대의 말에 경청해야 하는 규칙을 잊었는지 궁금해지네요.")
- 문제행동은 공개적으로보다는 사적으로 다룬다.

- 긍정적 행동은 강화해 준다. (예, "난 이 집단이 각자의 프로젝트에 대한 작업을 함께 시작하게 된 방식이 참 마음에 듭니다.")
- 문제행동에 대해 공정하고 타당한 결과를 정한다.
- 교사들에게 일반적인 수업행동의 긍정적인 측면에 대해 알리고, 집단 또는 개인의 문제행동이 교사에게 보고되어야 할지의 여부를 정한다.
- 척도체제(1 = 개선이 필요함, 2 = 수용할 만함, 3 = 탁월함)를 사용하여 전반적인 교실행동을 나타내고, 척도체제를 지속적으로 사용한다.

문제행동에 대한 당연한 · 타당한 결과

- 당연한 결과^{natural consequences}는 어느 누구의 개입 없이 발생하는 것이다.
- 타당한 결과^{logical consequences}는 다음과 같은 행동에 대한 계획된 결과다.
  ○ 인위적 처벌에 대한 대안
  ○ 행동의 전후에 학생과 논의됨
  ○ 학생이 비행에 대한 결정의 타당한 결과로 이해하고 수용함

타당한 결과의 4R

- 쟁점/사건과 관련됨^{related to the issue or event}: 한 학생이 다른 학생을 때린다면, 그 학생은 일시적으로 다른 학생들과 함께 있지 못하게 한다.
- 합리적이지만 너무 가혹하지는 않음^{reasonable but not too harsh}: 학생은 처벌이 스스로 선택한 결과라는 사실을 이해해야 하지만, 결과의 가혹함에 대해 분노할 만큼 혹독하거나 오래 지속되어서는 안 된다.
- 학생의 존엄성과 자기가치 존중^{respectful of the student's dignity and self-worth}: 처벌은 학생에게 굴욕감을 주는 것이 아니라, 결과 결정 및 결론 시기를 알려 주는 것이어야 한다.
- 책임감^{responsible}: 적절한 결과는 관계된 모든 사람들에 대한 책임 입증 및 약속 이행을 가능하게 하는 것이며, 계획대로 실행되는 것이다.

타당한 결과를 위한 지침

- 다음의 이유로 개인 또는 재산에 위험이 되는 경우에는 사용하지 않는다.
  ○ 권위 있는 사람에 의한 즉각적인 실행 또는 중재가 필요한 경우
  ○ 결과가 시간이 걸리는 경우

- 힘의 대결 상황에서는 사용하지 않는다.

- 학생의 발달단계에 적절한 수행과 행동을 기대한다.
- 시간적 여유를 가지고 심사숙고한 후, 문제행동에 대한 타당한 결과를 적용한다.
- 결과와 비행에 대한 학생의 결정에 대해 논의한다.
- 결과를 시행하는 경우, 상담자의 목소리 어조를 통제한다(엄정하지만 우호적인 어조를 사용한다).
- 학생의 자존심과 존엄성 유지를 돕는다.
- 학생이 자신의 행위와 이로 인한 결과 사이의 관계를 볼 수 있도록 돕는다.
- 학생에게 다음에는 더 나은 선택을 할 수 있는 기회를 제공한다.
- 타당한 결과를 일관성 있게 적용한다.

● **참고문헌**

Cuthbert, M. I. (2007). Large group developmental guidance. In J. Witmer & M. A. Clark (Eds.), *Managing your school counseling program: K-12 developmental strategies* (3rd ed., pp. 133-144). Minneapolis, MN: Educational Media.

◆ **읽을거리**

Geltner, J. A., & Clark, M. A. (2005). Engaging students in classroom guidance: Management strategies for middle school counselors. *Professional School Counseling*, 9(2), 164-166.

3.16. 학급모임

학급모임^{class meetings}은 상담자 또는 교사에 의해 진행될 수 있는 대집단 생활교육의 덜 구조화된 형태다.

학급모임의 장점
- 교실에서 긍정적 훈육을 촉진한다.
- 경청기술을 장려한다.
- 학생들의 상호소통을 장려한다.
- 학생들의 칭찬 교환을 장려한다.
- 학생들에게 타당한 결과의 인식·적용을 가르친다.
- 학생들에게 브레인스토밍 해법에 의한 문제해결의 기회를 제공한다.

학급모임 진행절차
- 원형 또는 학생들이 편안하게 앉도록 한다.
- 칭찬해 준다(학생의 행동에 대한 칭찬·긍정적 피드백을 제공한다).
- 지난 모임을 되돌아본다.
- 지난 모임 이래 문제가 어떻게 해결되었는지에 대해 평가한다.
- 이번 모임에서 할 일을 소개한다(지난 모임 이래로 표면화된 문제에 대해 교사와 협의하여 논의될 필요가 있는 일이 있는지 결정한다).
- 대안 또는 해법에 대한 브레인스토밍을 통해 문제를 해결한다.
- 타당한 결과를 검토한다.
- 학생들에게 결과에 대해 입력할 기회를 제공한다.
- 각 문제에 대해 하나의 타당한 결과를 결정한다.
- 긍정적 사고 또는 학급에서 일어난 좋은 일에 대해 인정해 주는 것으로 모임을 마친다.
- 학생들이 의제로 상정할 필요가 있는 관심사 또는 문제가 있다면, 교사 또는 상담자에게 알릴 수 있음을 상기시켜 준다. 통보는 서면(익명) 또는 구두로 할 수 있다.

학부모/보호자 자문

3.17. 학부모/보호자 개별자문

자문^{consultation}은 상담자와 학부모/보호자 사이의 협력적 상호작용이다. 자문의 목적은 학생들이 가정과 학교에서 보다 효과적으로 행동하는 것을 돕기 위한 방법을 확인 · 적용하는 것이다.

자문 모델

- 협력관계
- 이 관계에 대한 학부모/보호자의 헌신이 수반된다.
- 성인들에게 가정 또는 학교에서 학생들의 행동 개선을 위해 도움이 되는 반응 또는 개입방법을 가르침으로써 더 많은 학생과 접촉할 수 있다.
- 다음과 같이 학생 개개인의 요구를 고려한다.
  ○ 문제에 관한 정보를 수집한다.
  ○ 자문의 목표를 설정한다.
  ○ 대응 또는 개입 방법을 선택한다.

효과적인 자문 실행
(Erford, 2011, p. 225)
- 편안하고 전문적인 환경에서 자문을 실시한다.
- 불안의 최소화, 협동의 극대화를 위해 노력한다.
- 자문 목적을 설정하고, 쟁점을 정의한다.
- 학부모/보호자에게 관심사를 기술하도록 한다. 이때 지지적인 태도로 경청한다.
- 학생이 아니라, 학생의 행동에 초점을 맞춘다.
- 다음과 같은 질문을 고려한다.
  1. 어떤 조치가 필요한가?
  2. 필요한 조치를 어떻게 실행하는가?

3. 상황이 나아진 시기를 어떻게 알 수 있는가?

- 필요로 하는 자원을 제공한다.
- 실행전략과 실행방안을 정한다.
- 상담자와 학부모/보호자의 역할을 정한다. (향후 참여할 다른 사람들 포함)
- 추진일정(추수모임 포함)을 정해서 진척 상황을 평가하고 계획대로 추진되고 있는지 확인한다.
- 회의내용(예, 참석자, 다음 회의 시간)을 기록으로 남긴다.

자문자로서의 상담자 과업

- 학부모/보호자의 관점에서 학생의 문제행동을 확인하고, 명확하게 정리한다.
- 학부모/보호자와 자문의 목표를 확인한다.
- 학생의 문제행동의 목적을 확인한다. (예, 주의 끌기, 힘, 보복, 또는 위축)
- 학부모/보호자가 목표 성취를 위해 시도해왔던 모든 것을 목록으로 작성한다.
- 학부모/보호자가 실패한 반응 또는 개입을 중지하도록 권장한다.
- 문제에 관한 다른 정보를 수집하고, 학교에서의 학생 행동을 관찰한다.
- 학부모/보호자에게 시각적·청각적·운동감각적 학습방식을 사용하여 수용 가능한 행동과 수용 가능하지 않은 행동을 구체적으로 가르치도록 권장한다.
- 구체적인 자문 목표 성취를 위해 학부모/보호자에 의해 시도된 반응, 개입, 또는 절차를 브레인스토밍한다.
- 다음과 같이 계획 수립을 시작한다.
  - 학생이 행동의 타당한 결과를 인식할 수 있도록 돕는다.
  - 긍정적 귀인과 학생의 강점에 초점을 맞춘다.
  - '나 메시지'를 사용하여 자녀의 행동과 이 행동이 학부모/보호자에게 미친 영향에 대한 감정 표현의 기회를 제공한다.

- 학부모/보호자로부터 다음과 같은 데이터와 정보 수집을 통해 자문의 효과를 평가한다.
  - 목표 성취의 범위를 정한다.
  - 개입 전에서부터 개입 후까지 바람직한 행동의 증가 여부를 평가한다.
  - 학부모/보호자에게 자문 경험에 관한 소감을 묻는다.

● 참고문헌

Erford, B. T. (2011). Consultation, collaboration, and parent involvement. In B. T. Erford (Ed.), *Transforming the school counseling profession* (3rd ed., pp. 222−244). Upper Saddle River, NJ: Prentice Hall.

◆ 읽을거리

Stone, C. B., & Dahir, C. A. (2006). *The transformed school counselor* (pp. 155−159). Boston: Lahaska Press/Houghton Mifflin.

3.18. 학부모/보호자 집단자문

학부모/보호자를 위한 효과적인 집단
- 종합적 노력을 통해 학교의 모든 학생들의 학부모/보호자에게 서비스가 가능하다.
- 목표, 세부목표, 과업, 추진일정 등 계획이 잘 수립되어 있다.
- 특별한 노력을 통해 위험군 학생의 학부모와 연결되어 있다.
- 성인교육 과정을 통한 대안이 마련되어 있다.
- 장기적인 노력에 헌신적이다.

학부모/보호자 대집단을 위한 준비
- 지역사회에 대해 잘 안다.
- 가족의 요구를 잘 안다.
- 학부모/보호자들과 파트너십을 구축한다.
- 다음과 같은 학부모/보호자의 학교 참여의 장벽을 인식하고 있다.
  - 학교 참여 방법의 무지
  - 빈약한 교육 경험
  - 언어 장벽
  - 고용으로 인한 시간 부족(일정)
  - 교통수단
  - 아동 돌봄(형제자매)

정보 전달을 위한 대집단 주제
- 초등학교에서 중학교로, 중학교에서 고등학교로의 이동
- 학교에 대한 오리엔테이션
- 대학 탐색, 지원, 선발과정에 관한 정보
- 대학의 학자금 지원에 관한 정보
- 학교상담 프로그램에 관한 정보

학부모/보호자 소집단을 위한 주제

- 아동양육 쟁점(예, 한계 설정, 긍정적 훈육, 일관성)
- 아동기 발달단계: 요구, 기술, 기대
- 학부모/보호자 지지집단의 네트워킹과 구성
- 학부모/보호자를 위한 지원과 정보
- 아동 양육에 있어서 학부모에 대한 권한부여
- 학교에 대한 학부모/보호자의 기대와 바람
- 학교와 가정 간의 의사소통
- 특수 요구(ADHD, ODD, OCD)가 있는 학생의 양육
- 의붓 부모의 자녀양육 또는 혼합가족 문제

3.19. 접근 곤란 학부모/보호자의 참여

접근 곤란의 이유
- 자녀교육에 있어서 교직원에 대한 신뢰 결여
- 학교에서의 불편감
- 권위 있는 인물에 대한 불편감
- 학업 수료 실패
- 재학 중 나쁜 경험
- 자녀를 당혹스럽게 할 것에 대한 두려움
- 교직원에 의해 위협을 느낌
- 언어 장벽

접근 곤란 학부모/보호자의 지원 요청에의 장애물 극복
- 집단보다는 개별적으로 만난다.
- 모임이 집단으로 이루어진다면(예, 아동연구팀), 학부모/보호자에게 누가 참석할 것인지를 알린다.
- 학부모 연락담당자, 통역자, 이웃, 또는 학부모가 신뢰하는 다른 성인에 대한 서비스를 요청한다.
- 학생에게 학부모/보호자 통역을 요청하지 않는다.
- 학부모/보호자에게 누구나 같은 목표(학생의 학업적 성공과 개인/사회성 성장)를 원한다는 사실을 확인시켜 줌으로써 모임을 시작한다.
- 전문용어의 사용 없이 시청각 기재를 활용하여 정보를 제시한다.
- 모임 전, 학부모에게 전화를 걸어 모임에 대해 가질 수 있는 문제 또는 두려움을 다룬다.
- 몸소 학부모를 배웅하면서 특정 문제나 쟁점에 관해 사적으로 이야기를 나눈다.
- 모임 전후로 궁금한 점이 생기는 경우, 연락할 수 있는 정보를 제공한다.

3.20. 교직원 발달과 교사 자체 직무연수

대규모 교직원 모임

- 공유할 정보의 예
  - 학급관리 전략
  - 데이터를 활용한 교실수업 안내
  - 학급의 활력소(집단응집력 구축)
  - 저항하는 학습자들을 위한 전략
  - 갈등해결 전략
  - 학부모회의 기술
  - 시간관리
  - 대학지원 과정(특히 추천서)

- 학교상담 프로그램 정보
  - 이용 가능한 프로그램과 서비스
  - 학교상담의 효과를 나타내는 데이터
  - 협력 또는 자문에의 활용성
  - 학교상담 프로그램의 전반적인 목표
  - 학교상담 프로그램과 학업 프로그램의 연결성

3.21. 교직원 소모임과 팀 미팅

■ 다음과 같은 특정 스태프에 의한 동료들 간의 정보 공유
  ○ 아동연구팀 또는 특수 서비스를 위한 지역 적격심사위원회 (**3.36** 참조)
  ○ 학년 팀
  ○ 연구부(예, 역사 또는 영어)

■ 자발적인 교직원들과 다음과 같은 유형의 정보 공유
  ○ 사례연구와 특정 학생들에 대한 성공적인 기법(비밀유지 인식)
  ○ 학생들에 대한 교사의 기대
  ○ 학생들의 조직기술, 공부기술, 그리고 학습 준비도
  ○ (상담자 · 교사들을 위한) 시간관리

지지집단
■ 교사의 전문적 및/또는 개인적인 문제 · 관심사에 대처할 기회 제공
■ 지지집단support groups을 촉진하도록 훈련받은 학교 구성원에 의해 운영됨(예, 학교상담자 또는 학교심리학자)
■ 집단참여자들에 의해 결정된 학교행정가의 참여

성공적인 교직원 발달
■ 다음과 같은 구체적인 요구를 기초로 선정된 세미나와 주제
  ○ 동일한 학생들과 작업하고 있는 학년 팀
  ○ 유사한 세부목표를 세운 부서
  ○ 전체 인구에 영향을 미치는 학교 전체의 쟁점

■ 자발적 참여(학교 전체의 계획을 알기 위해 모든 사람이 참석할 필요가 없는 경우)
■ 단기
■ 조직화
■ 참여요소를 포함시킴으로써 참여자들의 관심을 끈다.
■ 협력적 문제해결

- 대인관계 의사소통
  - ○ 기대, 방법, 성공
  - ○ 학생중심 논의

- 신뢰성이 있는 교사(들)의 전문성
- 비밀유지(특히 지지집단의 경우)
  - ○ 두려움, 스트레스, 분노, 또는 절망의 표현·경청을 위한 안전한 장소
  - ○ 행정적으로 중단시킬 가능성 없음(이 집단이 요청하지 않는다면)
  - ○ 자신의 문제에 대해 적절히 대처할 수 있도록 교사들을 도움으로써, 수업일 동안 학생들과 교사의 관심사에 주의를 기울일 수 있게 한다.

- 운동, 이완, 또는 함께 즐거운 시간을 가짐으로써 좌절감 분출의 기회를 갖는다.
- 데이터 수집을 통해 교직원 발달의 성공 여부를 평가한다.

교직원들과의 긍정적 관계

- 긍정적 피드백과 견해를 나눔으로써 서로 격려한다.
- 교사의 의뢰를 즉각 처리한다.
- 교사의 학생 의뢰에 대해서는 다음과 같은 진술로 후속조치를 취한다. (예, "서진이와 이야기를 나눈 내용을 토대로 말씀드리면, 서진이가 수업에 더욱 충실히 임할 수 있게 하는 방법이 몇 가지 있습니다.")
- 이용 가능한 상담 프로그램과 서비스에 관해 소통함으로써 학생, 학부모, 교사의 요구를 다룬다.

3.22. 교사주도의 개인자문

부적절한 학생 행동으로 인한 경우
- 학생 문제행동의 예
  - 시험 부정행위
  - 분노폭발
  - 괴롭힘
  - 언어적 학대(무시)
  - 수업에의 집중 결여
  - 욕설
  - 거짓말
  - 놀림
  - 괴롭힘(언어적, 신체적, 또는 성적)
  - 도벽
  - 빈약한 사회적 상호작용

- 교사와의 문제해결
  - 직접 와서 학생(들)에 대한 관찰을 통해 문제를 평가하도록 한다.
  - 학생의 문제행동 목적을 밝힌다.
  - 목적을 기초로 시도할 전략을 강구한다.
  - 필요하다면, 학생과 행동계약을 체결한다.
  - 학생 행동이 개선되지 않는 경우, 당연한 · 타당한 결과에 대해 논의 · 확인한다.

- 교사에게 전략을 시도할 시간을 준다.
- 교사와 협의하여 전략이 잘 기능하는지를 확인한다.
- 상담 서비스 또는 프로그램이 학생들에게 필요한지를 확인한다.
- 학부모/보호자 자문이 필요한 지의 여부를 확인한다.
- 극단적인 행동에 대해서는 행정적 조치를 취해야 하는 시점을 확인한다. (훈육조치가 불가피할 정도의 행동의 심각도가 나타나는 시점)

■ 만일 행동이 개선된다면, 교사에게 정적강화를 제공한다(교사에게 찬사를 보내면서 성공적인 개입의 예라고 말해 준다).

개인적 문제로 인한 경우
■ 문제유형
  ○ 동료들과의 문제
  ○ 학교행정가와의 문제
  ○ 관계(배우자) 문제
  ○ 자녀양육 문제
  ○ 신체적 또는 정서적 쟁점
  ○ 재정적 쟁점
  ○ 직무에의 압도
  ○ 결과기반 교육에 대한 압력으로 인한 불안(검사 포함)

■ 문제해결
  ○ 분출 기회를 제공한다.
  ○ 공감적으로 경청한다.
  ○ 브레인스토밍 시간을 갖는다.
  ○ 대안 목록을 작성한다.
  ○ 각 대안의 가능한 결과에 대한 목록을 작성한다.

■ 의사결정 촉진
  ○ 지원 결정
  ○ 실행 격려
  ○ 결정에 대한 평가 격려

■ 후속조치

3.23. 교사자문: 학급관리와 훈육기술

문제행동 예방을 위한 교사의 실천사항
- 학생 중심적 · 온정적 · 환영적인 교실 분위기를 조성한다.
- 일상적인 행정 업무로 정작 중요한 과업을 위한 시간을 허비하지 않도록 한다.
- 연관성 있고 의미 있는 수업이 되도록 한다.
- 학습에 있어서 학생들의 적극적인 참여를 유도한다.
- 학생 행동에 대한 교칙을 숙지한다.
- 한해를 시작하면서부터 일 년 내내 간헐적으로 교실에서의 행동 안내 지침에 대해 언급하고, 명확하게 숙지시킨다.
- 지침이 특정 학생들을 차별하지 않음을 확인한다.
- 학생들과 긍정적인 관계를 형성한다.
- 개인의 요구 및 학습 방식을 인식한다.
- 개별 학생의 행위와 반응을 예견한다.
- 전체 수업의 필요성을 고려한다.
- 적절한 행동을 인식하도록 강화 절차를 개발한다.
- 발생 가능한 비행에 관해 학생들에게 경고하기 위한 절차를 소통 · 사용한다.

교사 개입 기술
- 중요한 쟁점에 초점을 맞춘다.
- 말 또는 목소리 톤으로 방어적인 태도를 취하지 않는다.
- 대안을 알고, 각 대안의 가능한 결과를 인식한다.
- 문제를 촉발시킨 것 같은 학생들만 따로 분리한다.
- 극단적 행동의 경우, 해당 학생을 수업에서 나오게 하여, 어디서, 누구에게 지도받아야 함을 명시해 준다.
- 수업 중 학생의 체면을 살려 줄 필요성을 인식한다.
- 가능하다면, 훈육은 공개보다는 비공개로 진행한다.
- 행동에 대한 구체적인 보상과 결과가 명시된 계약서를 작성한다.
- 행동 변화 또는 타임아웃 같이 명확한 한계 내에서 선택권을 제공한다.

- 정서를 인정하고, 다른 사람들이 없는 시간과 장소를 정해서 관련 쟁점에 대해 논의한다.
- 상담자 또는 학교행정가에게 학생을 의뢰한다.
- 상담자에게 자문을 구한다.
- 학부모에게 전화를 걸어 학생·학부모·보호자·교사·상담자 연석회의 사실을 알리거나 요청한다.

학교상담자 조치

- 교사, 학생, 학부모, 교직원들이 긍정적 행동을 인식·표현할 수 있도록 돕는다.
- 전체 학교의 긍정적인 환경 조성을 위해 학교행정가와 함께 노력한다. (**3.26** 참조)
- 다음과 같은 학생들의 욕구를 교직원들에게 상기시킨다.
   - 자신이 중요하다고 느끼고 싶어 함
   - 자신의 삶이 중요하다고 느끼고 싶어 함
   - 자신의 삶에 대해 어느 정도 통제하고 있다고 느끼고 싶어 함
   - 능력이 있다고 느끼고 싶어 함
   - 다른 사람들과 연결되어 있다고 느끼고 싶어 함
   - 자신의 학교에 기여하고 있다고 느끼고 싶어 함(학교에 대한 자부심)

- 자신의 행동과 이러한 행동이 학생의 행동방식에 어떻게 영향을 미치는지를 돌아보도록 교사들을 돕는다.
- 교사가 의뢰한 학생을 만난다.
- 상황 평가, 필요한 서비스 결정, 그리고 대안을 고려한다.
- 필요한 경우, 상담 또는 다른 서비스를 제공한다.
- 교정적 실행에 관해 교사와 학생의 합의점을 절충·도출한다.
- 교사, 학부모/보호자, 학생, 상담자 연석회의를 고려한다.
- 적절한 학교행정가에게의 의뢰를 고려한다.
- 개인 또는 집단 상담을 제공한다.
- 다른 방안을 고려한다.
- 절차를 평가한다.
- 성과를 평가한다.

상담자와 교사의 대립 완화를 위한 제안

- 사람보다는 행동에 초점을 맞춘다.
- 개인적인 부정적 정서를 억제한다.
- 상황의 악화를 피한다.
- 시간을 정해서 개인적으로 문제행동에 대해 논의한다.
- 학생의 체면을 살려 준다.
- 비공격적 행동의 모범을 보인다.
- 방어적 태도로 이어지게 하지 않는다.

교사와 학생 간의 사적인 논의

- 학생에게 감정과 사고의 분출 기회를 제공한다.
- 학생의 정서를 인정해 주고, 감정을 반영해 준다.
- 한계를 검토해서 명료하게 말해 준다.
- 함께 노력해서 문제를 해결하자고 제안한다.
- 해결방법과 이러한 방법의 결과를 탐색한다.
- 해결방법에 대한 의견을 일치시킨다.
- 감정을 다루거나 해결방법을 강구할 필요가 있는 경우, 상담자를 개입시킨다.
- 결과를 평가한다.

3.24. 학생 학습방식

학생들의 학업 성공 잠재력의 극대화를 위해서는 교사와 학교상담자의 학생들의 학습방식 이해가 중요하다.

학습방식의 범주
(LD Pride, n.d.)
- **청각적**: ① 소리 사용, ② 언어적 수단, 말하기, 경청을 통해 학습이 극대화됨, ③ 소리 내어 읽기 또는 녹음된 설명을 통해 혜택을 얻을 수 있음
- **시각적/공간적**: ① 그림과 이미지를 선호함, ② 직접 보고 관찰을 통해 학습이 극대화됨, ③ 시각적 보조 자료를 활용한 교수학습과 제시된 정보를 '직접 눈으로 보고' 상세한 노트필기를 하는 것을 통해 혜택을 얻을 수 있음
- **운동감각적/신체적**: ① 신체, 운동, 또는 촉감 활용을 선호함, ② 움직임, 행동, 정보 체험을 통해 학습이 극대화됨, ③ 직접 해 보는 교수학습을 통해 혜택을 얻을 수 있음(능동적인 세상 탐구)

학습방법
- **인지적/논리적**: 개인이 지각, 정보수집, 기억, 사고, 문제를 해결하는 방법
- **정동적**: 개인이 정서표현, 통제소재, 책임, 동기화, 또래들과의 상호작용 방법
- **생리적**: 생물학적 기반 및 영양과 물리적 환경(예, 빛, 온도, 방 배치)에 대한 반응과 관련됨
- **사회적/대인관계**: 학습효과는 집단 또는 다른 사람들과 함께 할 때 더 높음
- **단독/개인내적**: 학습효과는 혼자 또는 자습할 때 더 높음

교실에서 다수의 학습방식 언급
- 학생들에게 서로의 학습을 돕고, 함께 공부하도록 권장한다. (사회적)
- 학생들이 개인과제를 하는 동안 서로 조용히 의견을 교환하도록 한다. (청각적)
- 수업시간에 학생들이 좌석을 정하게 한다. (운동감각적 · 생리적)
- 개인별(단독) · 집단별(사회적) 숙제를 내 준다.
- 장 · 단기 숙제를 내 준다. (다양한 학습방식)

- 구두(청각적)와 서면(시각적)으로 단계별 지시사항을 제공한다.
- 학생들이 수행해야 하는 최소한 한 가지 중요한 구술 숙제를 내 준다. (청각적 · 운동감각적)
- 가능한 경우, 움직이면서 직접 해볼 수 있는 숙제를 내 준다. (운동감각적)
- 지필시험 외의 숙제로 성적을 받을 수 있는 기회를 제공한다.
- 이해 또는 수행에 어려움이 있는 학생들에게 가외의 격려를 해 준다.
- 수업시간 외에 완성해야 할 숙제도 내 준다.
- 수업내용과 숙제가 학생들과 관련이 있는지를 확인한다.
- 학생들에게 숙제를 어떻게 완성하는지를 물어봄으로써, 학습방식을 확인한다.

학습방식 평가를 위한 검사도구

- 마이어스(I. B. Myers)와 브릭스(Leslie Briggs)가 개발한 마이어스-브릭스 유형검사 Myers-Briggs Type Indicator는 칼 융(Carl Jung)의 유형 분류체계로부터 다음과 같은 스펙트럼에 기초한 성격 프로파일을 제공하고 있다.
  - 내향성-외향성
  - 사고-감정
  - 직관-감각
  - 판단-인식

- 던 부부(Rita & Kenneth Dunn)가 개발한 학습방식검사 Learning Style Inventory는 다음에 제시된 영역을 학습하는 경우에 학생의 선호도 차이에 기초하고 있다.
  - **환경적**: 소리, 빛, 온도, 디자인, 교실 배치
  - **정서적**: 동기, 끈기, 책임, 구조
  - **사회학적**: 또래들, 자기, 짝, 팀, 성인 주도, 다양성
  - **신체적**: 지각, 섭취, 시간, 유동성

- 읽기방식검사 Reading Style Inventory는 학생들에게 자신들의 강점을 활용하여 읽는 법을 가르치고 읽기에 대한 학생의 학습방식을 확인하는 한편, 교사들이 학생의 학습방식에 걸맞게 사용할 수 있는 구체적인 기법들을 제공한다.
- 호건(R. Craig Hogan)과 샴페인(David W. Champagne)이 고안한 개인방식검사 Personal Style Inventory는 MBTI에 기반을 두고 있고, 동일한 범주를 사용하고 있다.

■ 매카시(Bernice McCarthy)가 개발한 4MAT 체제는 콜브(Kolb)의 학습주기^{learning cycle},
뇌반구에 관한 연구, 그리고 다른 이론들에 기초하고 있고, 제반 내용 영역에 있어
서 모든 연령의 학생들에게 사용될 수 있으며, (별개의 상호 배타적인 학습유형 대신)
다음 4단계의 학습주기로 구성되어 있다.
  ○ 구체적 경험(감정)
  ○ 반영적 관찰(주시 · 경청)
  ○ 추상적 개념화(사고)
  ○ 능동적 실험(행동)

● 참고문헌

LD Pride. (n.d.). www.ldpride.net/leaningstyles.MI.htm.

◆ 읽을거리

Bennett, C. I. (2006). *Comprehensive multicultural education: Theory and practice* (6th ed.). Boston: Allyn & Bacon.

Champagne, D. W., & Hogan, R. C. (2002). *Personal style inventory starter kit* (3rd ed.). King of Prussia, PA: HRDQ.

Dunn and Dunn learning style Assessments, Tests, Surveys. www.learningstyles.net.

Learning Styles Online. www.learning-styles-online.com.

Myers-Briggs Type Indicator. www.myersbriggs.org.

McCarthy, B., & McCarthy, D. (2005). *Teaching around the 4MAT Cycle: Designing instruction for diverse learners with diverse learning styles*. Thousand Oaks, CA: Corwin Press.

Sarasin, L. C. (2006). *Learning styles perspectives: Impact in the classroom* (2nd ed.). Madison, WI: Atwood.

Sims, R. R., & Sims, S. J. (1995). *The importance of learning styles: Understanding the implications for learning, course design, and education*. Westport, CT: Greenwood Press.

Sprenger, M. B. (2008). *Differentiation through learning styles and memory* (2nd ed.). Thousand Oaks, CA: Corwin Press.

3.25. 학부모/보호자 · 교사 · 학생 · 상담자 회의

라포 형성

■ 사려 깊게 이야기의 제반 측면을 고려한다.

■ 기꺼이 다른 사람들의 견해를 경청하고, 자신의 견해를 피력하며, 타협점을 찾는다.

■ 열의를 가지고 자신의 신념과 현재의 업무를 좋아하고 있음을 전달한다.

■ 서비스 제공과 타협점에 도달하는 방법에 주의를 집중한다.

■ 자신의 것과 다른 가치관과 감정을 존중한다.

■ 사려 깊은 태도로 학생이 올바른 행동을 하는 예외의 경우를 기억한다.

■ 진술한 찬사로 너그러움을 나타내고, 비판적인 태도를 취하지 않도록 유의한다.

■ 말을 붙이기 쉽게 말하고, 미소를 지으며, 사람들을 이름으로 부른다.

성공적인 학부모/보호자 회의 진행을 위한 팁

■ 회의를 위해 학부모(들)을 준비시킨다(이들에게 참석예정자 명단, 회의시간 길이 등을 알려 준다).

■ 좌석 배치와 회의 장소를 고려한다.

■ 아동의 강점에 대해 말하고, 이러한 강점들을 아동의 행동 또는 학습을 위한 제안 과 연결시킨다.

■ 적극적 경청방법을 활용하여 학부모/보호자들이 관심사를 표현하도록 돕는다.

■ 시선접촉, 이완된 자세 등의 비언어적 기술을 사용한다.

■ 학부모들이 방어적 태도 없이 개인적 감정을 분출하도록 용인한다.

■ 학부모들의 말에 주의 깊게 경청하면서, 자녀의 학습에 관한 주요 관심사를 요약 해 줄 것을 요청한다.

■ 학부모/보호자가 이해하는 단어와 용어를 사용하되(전문용어 사용 지양), 필요한 경 우, 통역자를 배석시킨다.

■ 논박 또는 논쟁을 하지 않는다.

■ 아동이 보다 더 행복하고 성공적인 모습을 보고자 하는 공유된 목표에 회의의 초 점을 맞춘다.

■ 논의가 주제를 벗어날 때마다 회의의 초점을 공유된 목표로 논의의 초점을 환원시 킨다.

- 의도적으로 천천히 진행하되, 이완된 속도로 너무 말을 많이 하거나 너무 빠르게 말하지 않는다.
- 화가 나 있거나 적대적인 학부모에 대한 대처방법을 계획한다.
- 폭력적인 사람이 있거나 자신의 안전이 의문시 되는 경우에는 회의 참석을 거부한다.
- 기록, 촉진, 진행할 사람을 섭외한다.
- 다음과 같은 사안에 대해 책임지거나 책임을 맡긴다.
  - 회의실 예약
  - 제반 사항 또는 관심사 요약
  - 취해야 할 조치사항 목록 작성(누가, 무엇을, 언제 할 것인지)
  - 휴회
  - 모든 참여자에 대해 완수되어야 할 것과 시기에 대한 후속조치

- 회의를 마칠 때, 관심사와 누가 무엇을 언제하기로 동의했는지를 요약한다.
- 진척 상황을 검토하기 위한 회의를 개최할 것인지의 여부, 그리고 만일 개최한다면, 그 시기를 기록으로 남긴다.
- 전화를 걸거나 학부모/보호자의 흥미와 관심 유발을 위한 짤막하고 긍정적인 감사 노트를 보낸다.
- 취해야 할 조치에 대해 교사와 협의하고, 회의에 대한 그의 느낌을 평가한다.
- 자녀의 교사와의 회의 결과가 어떻게 되기를 원하는지에 대해 성찰해 본다.

학부모/보호자-학생-교사 중재 회의를 위한 제안
- 요구 내용을 확인한다.
- 학부모/보호자들을 회의에 초청한다.
- 학생이 다음과 같은 능력 소지 여부에 따라, 회의에 참석함으로써 혜택을 얻을 수 있을지를 확인한다.
  - 쟁점에 있어서 발달적으로 자신의 책임을 이해할 수 있는 능력
  - 자신에게 해당되는 이야기 또는 문제에 대한 인상에 대해 말할 수 있는 능력
  - 문제 또는 쟁점이 발생하고 있는 이유에 관한 정보를 공유할 수 있는 능력
  - 거론되고 있는 이야기를 듣고 문제에 대해 자신이 이해할 것을 명료하게 정리할 수 있는 능력

○ 문제해결을 위한 협력적 노력과 헌신을 촉진할 수 있는 능력

- 각 개인에게 회의와 안건으로 다루고 싶은 사안에 관해 알린다.
- 학생들에게 도움이 될 수 있는 윈윈^{win-win} 상황에서 회의를 종결하고자 하는 욕구를 표현한다.
- 회의를 계획·조직한다.
- 교직원들이 학부모, 보호자, 또는 학생들에 대해 '패거리를 지어 맞서는 것' 같은 모습을 피하기 위해 교사에게 과도하게 자문을 구하지 않는다.
- 참여자들을 소개함으로써 누구나 편안하도록 한다.
- 구성원 전원 참석에 대해 감사를 표현하고, 회의가 서로의 관점을 이해하고 모든 사람(특히 학생들)에게 좋은 결과로 이어지기를 바란다는 말을 한다.
- 회의 안건을 검토한다.
- 학생들에 대한 긍정적인 진술로 회의를 시작한다.
- 참석자 개개인은 자신의 의견을 표현할 권리를 존중하고 누구나 방해받지 않고 말할 수 있게 해 달라고 요청한다.
- 회의를 소집한 사람에게 쟁점에 대해 명확히 설명해 줄 것을 요청한다.
- 문제를 구체적으로 정의하여 참석자 모두가 문제 정의와 문제가 수반하고 있는 것을 이해·동의할 수 있도록 한다.
- 예를 제시해 보도록 요청한다.
- 학생의 강점에 초점을 맞춘다.
- 참석자 개개인에게 문제에 대한 자신의 관점을 피력하도록 한다.
- 판단, 태도, 또는 노골적인 반대 행동(예, 얼굴표정 또는 논박) 없이 학부모와 학생의 의견을 요청·존중한다.
- 참석자 개개인으로부터 문제해결을 위한 요구에 관한 진술을 이끌어 낸다.
- 문제해결을 위해 협력의 중요성을 강조한다.
- 의견의 불일치가 발생하는 경우, 적절하게 개입한다.
- 문제해결을 위해 브레인스토밍 또는 해결방안을 강구한다.
- 생성된 해결방안의 가능한 결과를 탐색한다.
- 문제보다는 해결방안에 초점을 맞춘다.
- 상담기술(예, 재진술, 반영, 명료화, 요약 등)을 사용한다.
- 적절한 경우, 의견의 일치를 본다.

- 한 가지 해결방안을 선정한다.
- 각 개인으로부터 해결방안의 실행을 위한 헌신을 이끌어 낸다.
  - 학생, 학부모, 교사는 무엇을 할 것인가?
  - 참석자 개개인은 자신의 소임을 언제, 어디서, 어떻게 완수할 것인가?

- 각 개인은 무엇을, 언제 할 것인지를 명백히 밝힌다.
- 필요하다면, 학생 또는 다른 사람들에게 특정 시간 동안 해결방안에 따르겠다는 계약서 또는 동의서에 서명하도록 요청한다.
- 해결방안을 요약하고, 학생에게 회의내용과 해결방안을 요약하도록 요청한다.
- 해결방안의 평가를 위해 모든 사람이 포함된 상태에서 추수모임을 위한 시간을 정한다(약 일주일 후).
- 긍정적 진술 또는 격려하는 논평으로 회의를 종결한다.
- 회의를 마치면, 곧 회의 내용을 요약한다.
  - 회의에서 주어진 제안
  - 최적의 해결방안에 관한 규약
  - 의견이 일치된 합의사항

- 회의를 마치고 나서 일주일 후에 추수모임을 갖는다.

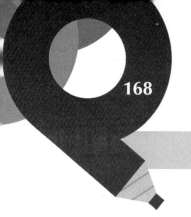

3.26. 학교 전반에 걸친 긍정적 환경 조성

긍정적인 학교환경의 특징

■ 학교에서 학업 또는 근무하는 모든 사람에게 존중을 나타낸다.

■ 학교에 들어오는 모든 사람에게 존중을 나타낸다.

■ 수업일 내내, 특히 비구조화된 시간(예, 수업시간 사이 또는 버스정류장에서)에 학생 지도감독에 대한 절차가 명확하게 설정되어 있다.

■ 명확하게 서면으로 작성된 전체 교직원 업무분장표를 갖추고 있다.

■ 학생의 문제행동을 다루기 위한 언어적 소통 및 전체 학생, 학부모, 교사, 교직원들에게 보내는 서신에 관한 절차가 마련되어 있다.

■ 학생들에게 일관성 있고 긍정적인 행동을 기대한다.

■ 새로운 생각을 시도할 자유를 보장하고, 이를 격려·지원한다.

■ 학생들을 위한 대안적 프로그램 또는 대안을 갖추고 있다.

■ 학생들의 강점과 이들의 좋은 행동을 인정해 준다.

■ 개인 또는 집단을 차별하지 않는 방침과 프로그램을 갖추고 있다.

■ 교사들에게 학생들의 긍정적인 행동에 초점을 맞출 것을 격려하는 집단 활동을 운영한다.

■ 학교에서 근무·학습하는 모든 사람 사이에 긍정적인 관계가 형성·유지된다.

■ 학교와 개인의 재산을 존중한다.

■ 교직원들을 전문가로 인정하는 학교행정가, 학생, 학부모들로 구성되어 있다.

■ 타당한 결과를 사용하는 학교행정가, 상담자, 교사들로 구성되어 있다.

■ 학교행정가와 상담자가 학부모 교육 프로그램을 운영한다.

■ 학교행정가와 상담자가 교사들과 관련된·의미 있는 교직원 발달 프로그램을 운영한다.

■ 학교행정가와 교사들이 또래학생 중심 프로그램을 지원한다.

- 교사들은 전체 학생들이 성공하고, 학습할 것이라고 확신한다.
- 교사들은 문제해결, 갈등해결, 및/또는 중재방법을 사용한다.
- 교사들은 학생들의 학습방식을 이해하고, 모든 방식에 맞추어 가르친다.
- 교직원들이 협동적이고, 협력적이며, 기꺼이 아이디어와 자료를 공유한다.
- 교직원들은 교수학습, 학습, 전략, 아이디어에 관해 자주 전문적인 의견을 교환한다.
- 교사들은 위협 없이 서로의 교수학습 방법을 관찰한다.
- 교사들은 함께 교수학습을 계획하고 자료를 제작한다. (팀 접근)
- 교사들은 서로 성공적인 방법을 공유하고 가르쳐준다.
- 교사들은 학급모임을 실행 · 활용한다.
- 학생들은 자기 훈육과 책임을 나타낸다.
- 교칙과 방침이 일관성 있게 적용된다. (기대)

3.27. 상담서비스: 학교상담자에 의해 조정되는 학교 전체에 대한 책임

학교상담자는 의미 있는 프로그램의 시작, 조정, 또는 운영하거나 자문자로서 교직원, 학부모, 또는 프로그램을 진행하는 다른 자원봉사자들의 자문자로서 봉사한다.

학교상담자에 의해 조정되는 프로그램과 위원회
- 차별화된 또는 다양한 직원 채용의 책임이 있는 상담부 (**3.28** 참조)
- 학교상담 자문위원회 (**1.11** 참조)
- 학교상담 자료심의위원회 (**3.29** 참조)
- 교실, 학년, 팀, 또는 부서 생활교육 수업 (**3.14** 참조)
- 상담실 또는 부서에 대한 자원봉사자 프로그램 (**3.35** 참조)

학교상담자에 의해 조정될 수 있는 프로그램과 위원회
- 취업박람회, 진로 연사의 날career speaker days, 진로 강조의 날career shadowing
- 학급모임 (**3.16** 참조)
- 또래도우미 프로그램 (**3.32** 참조)
- 학부모·학교 파트너십 프로그램
- 위기 팀 (**3.37** 참조)
- 폭력예방 프로그램 (**3.30** 참조)
- 갈등해결 또는 또래중재 프로그램 (**3.31** 참조)
- 인성교육 프로그램 (**3.33** 참조)

학교 전체에 걸쳐 상담서비스 지원을 위한 지침
- 학교 데이터 검토를 통해 교수학습 프로그램에 있어서 격차 또는 불공정성을 확인함으로써 상담 프로그램과 서비스가 필요한 영역을 결정한다.
- 학교의 우선순위 확인을 위한 교직원을 정한다.
- 생활교육 수업의 개발, 실행, 후속조치, 평가에 교사들을 포함시킨다.
- 팀으로서, 교직원과 자원봉사자들이 진행 또는 공동 진행할 수 있는 학교 전체 프로그램을 계획·설계한다.

- 교사 및 다른 교직원들과 자료를 공유한다.
- 교직원들이 생활교육과 상담의 세부목표를 계획하고, 교육과정 상의 다른 교과목과 통합하도록 권장·조력한다. (예, 모든 초등학교 수업에서 진로교육 실시, 영어시간에 대학지원서 작성법 가르치기, 사회시간에 시민의식과 지역사회 참여 가르치기)
- 교직원들에게 문제 예방·해결을 위해 학교상담자 활용을 권장한다.
- 상담 프로그램에 대한 지속적·체계적 평가를 실시하고, 결과를 공유한다.

3.28. 학교상담 프로그램의 차별화된/다양한 인적 구성

차별화된 인력 배치를 해야 하는 학교상담자는 통상적으로 자체 직무연수 및/또는 지정을 위한 부서회의에 참석하고, 교내의 모든 상담자에 관한 정보를 소통하며, 이러한 주제에 관해 모든 상담자의 자문자로서 봉사한다. 일부 학교에서는 이러한 지정 역시 학교상담자의 학생 담당건수에 영향을 주기도 한다.

다양한 인적 구성 범주
- 학교와 학교상담 프로그램에 대한 오리엔테이션
- 학자금 지원 또는 장학금
- 학부모 정보센터
- 또래 촉진 또는 또래도우미 프로그램
- 학생 멘토링 또는 튜터링 프로그램
- 건강과 물질남용 예방
- 표준화된 검사 해석
- 진로 또는 대학 센터와 병역, 대학 및 취업관련 강사
- 특수 서비스 또는 특수교육
- 학업중단 예방 프로그램
- 학부모 교육과 교직원 발달
- 자원봉사자 훈련 · 조정
- 공적 관계 및/또는 지역사회 파트너십
- 졸업 후 학생들에 대한 추수지도(예, 반창회/동창회를 위한 연락)
- 타 언어 사용자들을 위한 영어English speakers of other languages(ESOL)와 영어학습자English language learner(ELL) 프로그램을 위한 상담자
- 특정 부서 또는 팀과 함께 일하도록 배정된 상담자
- 전미대학경기협회 정보센터National Collegiate Athletic Association Clearinghouse 상담자(학생 운동선수들과의 작업)

3.29. 학교상담 프로그램을 위한 자료

학교상담 프로그램을 위한 자료 선정

- 자료 구입을 위한 학교 예산과 지원금에 따라 어떤 물품이 구매될 수 있는지가 결정될 것이다.
- 자료는 다양한 문화, 민족적 배경, 종교, 대표되는 가치관과 함께 다원적 사회가 반영되어야 한다.
- 자료는 모든 주와 지역의 지침에 따라야 한다.
- 자료는 학교의 임무와 일치되어야 한다.
- 자료는 교육적으로 건전하고, 연령에 합당한 것이어야 한다.
- 자료는 인종차별주의, 성차별주의, 연령차별주의, 또는 기타 편견이 반영된 것이 아니어야 한다. (장애, 종교, 또는 정치에 기초한 것인지의 여부도 고려되어야 함)
- 자료는 서로 다른 관점이 반영되어 있어야 한다.
- 자료는 특정 종교 또는 정당을 홍보하는 것이 아니어야 한다.

학교상담 프로그램에서 사용되는 자료 선정을 위한 지침

- 교수학습 자료 선정을 위한 주^{state} 지침을 숙지한다.
- 교육과정 자료 선정에 관한 교육지원청의 정책을 숙지하고, 교육자료에 대한 도전을 다룬다.
- 학교상담 자문위원회로 하여금 자료를 검토하게 한다. 이 위원회의 구성을 통해 종합적 검토가 확고하게 이루어질 것이다.
- 학교상담 자문위원회에 주·지역 지침과 자료선정 기준에 대해 알려 주고, 자료 검토에 있어서 위원회의 도움을 요청한다.
- 자료 인증을 위한 서면검토 절차를 개발하는 한편, 교육자료에 대한 도전을 다루기 위한 학교절차를 숙지한다.
- 학부모·교사 단체, 지역사회 서비스 단체, 그리고 학교사업 동반자들에게 학교상담 프로그램 자료의 필요성을 알린다.
- 검토를 위한 현재의 자료를 제출하되, 오래되었거나 편견이 반영되어 있거나 더 이상 유용하지 않거나 관련이 없는 자료는 폐기한다.
- 학교행정가에게 학교상담 프로그램, 프로그램의 필요성, 그리고 자료 선정·검토

절차에 대해 지속적으로 알려 준다.
- 자료를 공유할 수 있는 일부 학교들의 자원을 공동 관리하는 방안을 고려한다.
- 몇몇 자원 판매자들에게 가격 할인 가능성을 탐색한다.
- 통상적으로 가격이 할인되는 학술대회에서 자료를 구입한다.
- 동료들과의 협의를 통해 자료 추천을 받는다.
- 전문가 학술대회에서 발표자들이 사용·추천한 자료의 목록을 작성하고, 이메일 또는 카탈로그 정보를 받기 위한 등록을 한다.

자료 인준 절차
- 학교상담 자문위원회(또는 일부 구성원들 선정)에 자료 검토 및 추천을 요청한다.
- 심의위원들에게 교수학습 자료를 위한 주, 교육지원청, 학교 지침을 제공한다.
- 심의위원들에게 자료에 있어서의 편견 인식을 위한 안내 지침을 제공한다.
- 다음과 같이 심의·추천을 위해 학교상담 프로그램에서 사용된 모든 현재의 자료에 대해 접근할 수 있도록 한다.
  ○ 인정 또는 거부
  ○ 탁월, 우수, 또는 부적합 판정

- 자료를 기록으로 남기고, 신규, 개정, 또는 삭제 항목들에 대해 적절하게 업데이트한다.
- 학부모와 교직원들에게 학교상담 자료 심의에 사용된 절차에 대해 알린다.
- 학부모와 교직원들에게 언제든지 자료 검토가 가능하다는 사실을 알린다.
- 학부모들이 자녀들의 학년에 사용될 자료를 검토할 수 있는 일정을 잡는다.

자료상의 편견 인식을 위한 안내지침
(Council on Interracial Books for Children, n.d.)
- 모든 삽화를 확인한다.
  ○ 삽화는 집단, 인종, 또는 성별에 대해 정형화되거나 지나치게 단순화·일반화되어 있지 않은가?
  ○ 삽화는 다수의 문화 또는 성별 편견의 미묘한 위계를 나타내고 있는가?
  ○ 리더십 역할은 항상 특정 집단에, 부차적인 역할은 다른 집단에 배정되어 있는가?

- 이야기 줄거리를 확인한다.
  - 성공에 대한 미묘한 사회적 기준이 있는가?
  - 사회 문제에 대한 수동적인 수용이 있는가?

- 생활양식을 검토한다.
  - 암묵적인 부정적 가치 판단이 있는가?
  - 문화는 정확하고 적절한 방식으로 그려져 있는가?

- 사람들 사이의 관계를 검토한다.
  - 결정을 내리거나 권력이 있는 사람들은 누구인가?
  - 가족은 어떻게 정의되는가?
  - 다른 문화권에서의 가족관계는 어떻게 그려지거나 묘사되는가?
  - 관계 문제에 대한 이유는 얼마나 현실적인가?

- 영웅에 주목한다.
  - 어떤 민족, 성별, 연령, 능력이 있는 사람들이 영웅으로 추앙되는가?
  - 아동 또는 청소년들은 영웅과 동일시할 수 있는가?
  - 영웅에 의해 제공되는 이익은 누구의 것인가?

- 학생의 자기상에 미치는 효과를 고려한다.
  - 학생들의 포부가 제한되어 있는가?
  - 기대는 주류 문화적 기대를 반영하고 있는가?
  - 학생들은 자신들을 영웅으로 볼 수 있는가?

- 저자 또는 삽화가의 문화적 배경을 고려한다.
  - 저자가 특정한 문화적 주제를 다룰 수 있는 자격이 있는지 확인한다.
  - 삽화가가 특정한 문화적 주제를 다룰 수 있는 자격이 있는지 확인한다.

- 가치 판단적인 단어가 들어 있는지 확인한다.
  - 단어에 모욕적인 의미가 함축되어 있지는 않은가?
  - 언어가 성차별적, 인종차별적, 또는 연령차별적이지 않은가?

- 저작권 날짜를 확인한다.
- 다민족 사회의 가치관이 반영되어 있는지 확인한다.
- 과거로부터의 문헌 내용에 유의한다.

● 참고문헌

Council on Interracial Books for children. (n.d.). www.birchlane.davis.ca.us/library/10quick.
htm.

◆ 읽을거리

Anti-Defamation League. (2003). *Assessing children's literature*. Available at www.adl.org/
education/assessing.asp.

Integrating New Technologies into Education. (2002). *Evaluating children's literature for
bias*. Available at www.intime.uni.edu/multiculture/curriculum/children.htm.

3.30. 폭력예방 프로그램

"학교상담자는 다른 사람들과 협력하여 안전한 학교환경 조성을 촉진하고, 학교의 안전을 위협하는 문제에 직면한다. 학교상담자는 안전한 학교환경을 지원하는 정책개발을 지지하는 한편, 학교 전체 폭력예방 활동과 프로그램의 설계·실행을 조력함으로써 학교가 이러한 사업을 주도해 나갈 수 있게 한다."(American School Counselor Association, 2005, p. 1)

폭력: 다른 사람을 해치려는 의도가 있는 공격행위
- 공격
- 싸움
- 살인/살해
- 성폭행
- 강도
- 언어적 모독/위협(희롱)
- 사이버 폭력(흔히 다른 사람들에 대한 폭력으로 이어짐)

미디어에서의 친폭력 가치관
- 갈등에 대한 만족스러운 대응으로서의 폭력
- 갈등에 대한 해결방안으로서의 공격성
- 수용 가능한 것으로서의 신체적 공격(그리고 보상을 받음)
- 수용 가능한 것으로서의 재산 파괴
- '끝까지 남는 사람'이 이긴다. (이는 상해, 살인, 또는 파괴를 의미함)
- 다음 높은 단계로 이어질 파괴/살해(동영상 게임)

빈번한 폭력 시청 문제
- 공격적 태도와 행동의 수용 가능성 증가와 상관관계
- 폭력 피해자가 될 것에 대한 두려움 증가의 가능성
- 폭력 피해자에 대한 냉담성 증가의 가능성(또는 방관자의 방치)
- 폭력에 대한 아동의 둔감화 증가의 가능성

- 비극 또는 인간의 고통의 정상화

폭력으로 이어질 수 있는 사회적 요인

- 빈곤과 실업
- 약물과 총기에의 손쉬운 접근성
- 유동 인구와 개인의 고립
- 가정/지역사회에서의 폭력(사고, 강도, 총기사고)
- 친폭력적[proviolent] 가치관
- 생존을 위한 기본 욕구('싸움' 본능)

폭력으로 이어지는 쟁점

- 무력감과 그에 따른 힘에 대한 욕구
- 분노 통제 결여
- 다양성 또는 변화에 대한 두려움
- 지각된 무시 또는 '잘못되었다'는 감정에 대한 보복
- 사회적 지위 확보 또는 유지를 위한 욕구
- 부적절감/좌절감
- 소외/고립
- 공격행동이 활용 가능한 유일한 자원이라는 신념
- 장기적 결과 고려 실패(순간의 삶)
- 흥분을 위해 갈등을 지속하고 싶은 욕구
- 화해하는 법을 관찰/모델링할 수 있는 기회가 없어서 대안으로 고려하지 못함

폭력에 앞서 나타날 수 있는 행위

- 괴롭힘 또는 피해
- 별칭 부르기, 무시하는 말하기
- 희롱
- 압력 또는 강압
- 언어적 모독
- 절도 또는 물건 · 금전 갈취
- 언어적/신체적 학대 또는 차별대우

- 실제 또는 지각된 무례함

폭력에 대한 긍정적인 행정적 접근

- 사실 파악을 위한 즉각적 조치와 그에 따른 가해자 훈육
- 폭력으로 이어지는 기존의 문제와 반응 확인
- 폭력의 기저 원인 확인 및 대응 조치
- 폭력으로 이어지는 쟁점을 다루기 위한 프로그램의 실행

폭력예방 · 개입을 위한 학교상담 기술

- 의사소통 기술
- 갈등해결 기술
- 의사결정 기술
- 문화적 역량 개발
- 서로 다름의 수용
- 폭력의 조기 경보 징후 인식
- 예방 · 개입 서비스
- 위기 대응
- 테크놀로지의 적절한 사용
- 지역사회 개입
- 학부모 교육
- 프로그램 효과성 평가
- 긍정적 관계의 공동체 구축

폭력예방을 위한 학교상담자의 조치

- 학교 데이터(예, 다수의 행동 의뢰 또는 극도의 무단결석)를 검토하여 폭력 성향이 있는 학생 집단을 확인한다.
- 실패 · 소외 경험이 있는 학생들을 확인한다.
- 피해 · 괴롭힘에 취약한 학생들을 확인한다.
- 개인 또는 집단 구성방식에 부합되는 학생으로 확인된 학생들을 불러 모은다.
  - ○ 개입의 즉각성을 확인하고, 학생 자신 또는 타인들에 대한 즉각적인 위협을 평가한다.

○ 감정을 다루고, 인정해 준다.

○ 공격적인 보복(앙갚음)보다는 다른 대안을 강구한다.

○ 사회적 관계로 인해 분투하는 학생들에게 사회적 기술을 가르친다.

○ 대인관계 기술과 개념(즉, 가치관, 경계선, 타인 존중)을 가르친다.

○ 보복과 신체적 공격 결과의 위험성에 대해 가르친다.

○ 평화로운 해결방안 모색에 참여자들을 참여시킨다.

○ 대처기술을 가르치고, 브레인스토밍을 통해 스트레스 상황을 다루기 위한 대안을 모색한다.

○ 스트레스와 좌절감 해소를 위한 방안에 대해 가르친다.

○ 분노관리 기술을 가르친다.

■ 확인된 학생들이 학교활동에 적극적으로 참여하도록 격려한다.

■ 학교의 성인들에게 잠재적인 폭력 활동에 대해 알리도록 격려한다.

■ 상담을 통해 공격에 대한 두려움과 자기보호를 위한 비폭력적 행동에 관해 피해자들과 대화를 나눈다.

■ 학생들에게 싸움을 피하고 비난과 자극을 다루는 방법에 대한 모임에 교사들을 참여시킨다.

■ 학부모와 협력하여 신체적 보복 대신 문제 상황을 긍정적으로 다룰 수 있는 방법을 제안한다.

■ 학교행정가와 협력하여 다음과 같이 일관성 있는 교칙과 방침 적용을 공고히 한다.

○ 비구조화된 시간(예, 수업시간과 휴식시간 사이)을 모니터한다.

○ 건강한 신체적 긴장 해소의 기회를 제공한다.

○ 배회하지 않도록 한다.

■ 학생들에게 타협 · 중재하는 방법을 가르치는 한편, 교사들에게는 분쟁조정 방법을 가르치는 갈등해결 또는 또래중재 훈련을 도입한다. (**3.31** 참조)

■ 교실 생활교육을 통해 학생들에게 미디어 이미지를 비판적으로 평가하는 방법을 가르친다.

● **참고문헌**

American School Counselor Association [ASCA]. (2005). *Position statement: The*

professional school counselor and bullying, harrassment, and violence-prevention programs—supporting safe and respectful school. Alexandria, VA: Author. Available at http://asca2.timberlakepublishing .com//files/PS_Bullying.pdf.

◆ 읽을거리

Benbenishty, R., & Astor, R. A. (2005). *School violence in context: Culture, neighborhood, family, school, and gender.* New York: Oxford University Press.

Education World. (n.d.). *Preventing school violence* (resource list). Available at www.educationworld.com/aspecial/school_violence.shtml.

Media Awareness Network. (2009). *Research on the effects of media violence.* Available at www.media-awareness.ca/english/issues/violence/effects_media_violence.cfm.

Phillips, R., Linney, J., & Park, C. (2008). *Safe school ambassadors: Harnessing student power to stop bullying and violence.* San Francisco: Jossey-Bass.

Sprague, J. R., & Walker, H. M. (2005). *Safe and healthy school: Practical prevention strategies.* New York: Guilford Press.

3.31. 갈등해결 및 또래중재 프로그램

"종합적 갈등해결 프로그램은 최적의 개인적 성장과 학습이 가능한 안전한 학교환경을 촉진한다. 종합적 갈등해결 프로그램 참여를 통해 학생들은 학교에서 개인적 목표와 성공 도달을 위한 잠재력을 극대화시키는 기술을 학습한다."(American School Counselor Association, 2000, p. 1)

갈등해결훈련의 3가지 모델
■ 학교 전체 발표(모든 학생이 갈등해결 기술을 배움)
■ 선택과목(학생들이 이 과목을 선택할 수 있음)
■ 학생 동아리 또는 학생 선정 집단

갈등해결/또래중재 프로그램 시행
■ 학교폭력, 공격성, 갈등해결에 관한 연구논문을 읽거나 전문가 발달을 위한 프로그램에 참여한다.
■ 갈등해결에 있어서 구체적인 훈련을 받는다.
■ 프로그램 시행을 위한 행정적 지원을 받는다.
■ 다음과 같은 프로그램의 구성요소에 대해 학교상담 자문위원회와 협의한다.
   ○ 프로그램의 목표와 서비스 대상 학교 인구
   ○ 실행될 모델
   ○ 실행 시점과 일정
   ○ 프로그램 조정자 및 수퍼바이저(또는 관련 업무를 분담할 수 있음)
   ○ 중재자 선발 절차
   ○ 중재자 연수(시기, 장소, 방법)
   ○ 교사 연수
   ○ 프로그램에 관한 정보 소통
   ○ 연수를 위해 사용될 자원과 자료
   ○ 프로그램의 효율성 평가(프로그램의 기능 정도를 어떻게 알 수 있는가?)

갈등해결/또래중재 프로그램 개발

■ 교직원, 학생, 학부모에게 프로그램에 대해 공지한다.

■ 다음의 기준을 염두에 두고 지원자 면접 실시 및 또래중재자를 선발한다.

  ○ 전체 학생의 모습을 보여 주는 대표적인 단면을 포함시키고자 한다.

  ○ 중재자들 사이에 다양성을 목표로 한다.

  ○ 다른 학생들을 존중하는 학생들을 선발한다.

  ○ 학업수행의 최소 수준을 필수요건으로 제시한다.

  ○ 신뢰성 있고 출석률이 좋은 학생들을 선발한다.

  ○ 항상 긍정적인 방식은 아니더라도 리더십 기술이 있는 학생들을 고려한다.

■ 중재자들을 다음과 같이 10~12시간의 연수를 받도록 한다.

  ○ 프로그램의 목적에 대해 논의한다.

  ○ 의사소통 기술을 가르친다.

  ○ 문제해결 기술을 가르친다.

  ○ 사용될 중재모델과 중재에서 거쳐야 할 단계에 대해 설명해 준다.

  ○ 의사소통 기술을 연습할 시간을 제공한다.

  ○ 중재역할 연습시간을 제공한다.

  ○ 질문과 답변(Q & A)을 위한 시간을 제공한다.

■ 다음과 같은 실제적인 문제를 해결한다.

  ○ 훈련을 주기적 · 지속적으로 받을 수 있도록 한다.

  ○ 논쟁자와 중재자를 연결시켜 준다.

  ○ 중재를 위한 시간을 할당한다. (교대로 중재자 역할을 함)

  ○ 중재자들의 일정을 정한다.

  ○ 논쟁자들을 위해 후속조치를 취한다.

  ○ 중재 횟수, 해결 건수, 논쟁자의 재방문 비율에 대한 데이터를 보관한다.

갈등해결/또래중재 과정

■ 중재자와 중재 과정을 소개하고, 기본 규칙을 정한다.

■ 논쟁자들의 문제에 대한 정의에 경청 · 재진술해 준다. (바람과 요구)

■ 공통적인 관심거리를 찾고, 해결방안을 브레인스토밍 하여, 문제를 해결한다.

- 한 가지 해결방안을 택한다.
- 문제해결에 최선을 다하겠다는 계약서를 서면으로 작성하는 것으로 종결짓는다.

논쟁자들을 위한 갈등해결 · 또래중재 기술

- 다른 사람의 말을 방해/비난 없이 객관적으로 경청한다.
- 문제를 확인한다.
- 대안을 브레인스토밍 한다.
- 윈윈win-win 해결방안을 찾기로 동의한다.
- 사람이 아니라 문제에 초점을 맞춘다.
- 모든 참여자를 정중히 대한다.
- 자신의 행동에 대한 책임을 수용한다.
- 문제해결에 도달할 때까지 문제해결을 위해 노력한다.

● **참고문헌**

American School Counselor Association [ASCA]. (2000). *Position statement: The professional school counselor and comprehensive conflict-resolution programs.* Alexandria, VA: Author. Available at http://asca2.timberlakepublishing.com//files/PS_Conflict%20Resolution.pdf.

◆ **읽을거리**

Cohen, S. (2005). *Students resolving conflict: Peer mediation in school* (2nd ed.). Tuscon, AZ: GoodYear Books.

Daunic, A. P., Smith, S. W., Robinson, T. R., Miller, M. D., & Landry, K. L. (2000). School-wide conflict resolution and peer mediation program: Experiences in three middle schools. *Mediation in School and Clinic, 36*(2), 475−481.

Humphries, T. L. (1999). Improving peer mediation programs: Student experiences and suggestions. *Professional School Counseling, 3*(1), 13−20.

Schellenberg, R. C., Parks-Savage, A., & Rehfuss, M. (2007). Reducing levels of elementary school violence with peer mediation. *Professional School Counseling, 10*(5), 475−481.

3.32. 또래도우미 프로그램

또래도우미 프로그램^{peer helper programs}은 제공될 프로그램의 특정 유형과 참여자 기준에 관한 명확한 설명이 제시되어야 한다. "또래조력 프로그램은 지원 활동과 이용 가능한 서비스 확대를 통해 학교상담 프로그램의 효과성 제고를 위해 실행된다." (American School Counselor Association, 2008, p. 1)

또래도우미 프로그램의 예
- 저학년 아동들을 위한 튜터링
- 특수교육 수업을 받는 학생들을 위한 튜터링
- 신입생(전학생 포함)을 위한 정보 제공과 오리엔테이션
- 나이어린 학생들을 위한 정보 제공과 수용 가능한 행동 시범
- 다른 학생이 좌절, 격정, 또는 발달상의 문제를 겪는 경우, 지원 제공
- 책임 인식과 수용을 위한 도움 제공
- 수용 가능한 학업적·사회적 기술 조력 및 모델링
- 다양한 딜레마 해결을 위한 경청 및 공감, 이해, 실질적 지원 제공
- 다른 학생들 사이의 갈등 중재
- 다른 학생들에게 담배, 알코올, 기타 약물에 대한 교육 실시
- 다른 사람들에게 불량서클과 길거리 폭력의 위험성에 대한 교육 실시
- 전문가에 대한 의뢰의 필요성 결정
- 학교상담자에게 학생 의뢰

또래도우미의 역할
(American School Counselor Association, 2008, p. 1)
- **일대일 조력**: 학생들과 개인적 또는 학교 문제에 관해 이야기를 나눔
- **집단 환경**: 집단리더로서 봉사하고 다른 사람들에게 조력기술을 가르치고 시범을 보임
- **교육적 기능**: 학업영역에서의 튜터링과 학습에서 특수 요구가 있는 학생 조력
- **환대**: 신입생들과 이들의 학부모/보호자 환영 및 안내
- **지원활동**: 학교상담 프로그램 서비스 증대 조력, 학교상담 프로그램에 대한 연

락담당자로서 봉사, 그리고 심각한 문제에 대해 학교상담자에게 경종 울려 주기
(American School Counselor Association, 2008, p. 1에서 발췌)

지원 과정
- 관심 있는 학생들이 작성한 지원서
- 2~3인의 교사 추천
- 학생 스스로 좋은 또래도우미가 될 거라고 생각하는 이유를 설명하는 자기소개서
- 허락을 나타내는 학부모/보호자가 서명한 서신
- 현재의 또래도우미 또는 학교상담자와의 면접

선발 과정
- 촉진자는 또래들의 신용을 얻을 수 있을 만큼 존중과 신뢰를 받아야 한다.
- 또래도우미들은 단지 학업적으로 우수하거나 주류 문화의 일부가 아니라, 학생 전체의 다양성에 대표성이 있어야 한다.
- 튜터는 각 과목에 있어서 우수해야 한다. (그리고 교사의 추천이 있어야 지원이 가능함)

또래도우미에 대한 혜택
- 리더십 역량 개발
- 자존감과 개인적 성장 향상
- 다른 사람들을 돕는 경우에 이타심 발달
- 개인적 책임 발달
- 다른 사람들의 성공에 있어서 자부심 생성
- 의사소통 기술 향상
- 상호 신뢰와 협동심 증진
- 긍정적인 또래의 영향력 증진
- 또래도우미들에게 배정된 학생들뿐 아니라 또래도우미들의 자신감 발달
- 또래도우미들에게 배정된 학생들뿐 아니라 또래도우미들의 좋은 일 습관 발달

또래도우미 훈련
- 구체적이고, 종합적이며, 철저함
- 기술 연습을 위한 기회
- 의사소통, 의사결정, 문제해결, 갈등해결, 리더십 기술

- 한 학년 동안 또래도우미들을 돕기 위한 지속적·주기적인 훈련과 수퍼비전
  - 학생들의 관심사를 다룬다.
  - 지속적으로 조력기술을 학습, 연습, 향상시킨다.
  - 학교상담자에게 의뢰에 관한 결정을 내린다.

잠재적 문제를 피하기 위한 지침

- 다음과 같이 시간의 한계를 설정한다.
  - 활동시간, 홈룸시간, 또는 점심시간
  - 하루에 한 시간 상담실 보조
  - 훈련 모임 외에 보통 주당 2~3시간

- 또래촉진자들과 흥미를 잃은 의뢰된 학생들을 대하기 위한 방안을 계획한다.
- 이 프로그램으로부터 다음과 같은 방출 가능성에 대한 이유(들)를 정의한다.
  - 학생이 프로그램에 대해 더 이상 전념, 시간, 에너지를 쏟지 않는다.
  - 피조력자가 의존적이 되고 나아지려는 노력을 하지 않는다.

- 의뢰 절차를 명시한다.
  - 피조력자들은 스스로를 의뢰할 수 있다.
  - 교사 및/또는 학부모/보호자는 학생들을 또래도우미들의 도움을 받도록 의뢰할 수 있다.

- 피조력자의 최대 인원을 명시한다.
  - 한 번에 1~2명의 학생
  - 1~2개의 소집단

- 상담자와 수퍼비전 시간을 계획한다.
- 프로그램의 조정자(들)은 다음과 같은 책임이 있다.
  - 또래도우미들이 학부모/보호자로부터 허락을 받았는지의 여부 확인
  - 피조력자들이 조력자들을 이용하지 않고 있음에 대한 확인
  - 이 시간이 교제가 아니라 학생들을 돕는데 합당하게 사용되고 있음을 확인시켜 줌으로써 교사와 다른 사람들을 안심시킴

○ 조력자들이 학업을 완수하고 있고, 수업 또는 과제 시간 결손으로 인해 어려움을 겪고 있지 않음을 조력자의 교사에게 확인시켜 줌

■ 다음과 같은 구체적인 데이터를 포함시킴으로써 프로그램 평가를 계획한다.
  ○ 개입 전·후의 성적
  ○ 학교·수업 출석률과 시간 엄수율
  ○ (조력자 또는 피조력자들의) 훈육 의뢰
  ○ 교사의 총괄평가
  ○ 표준화된 검사점수
  ○ 학부모/보호자로부터의 피드백
  ○ 피조력자들에 대한 설문조사
  ○ 조력자들의 자기보고

학교상담자의 역할

(American School Counselor Association, 2008)

■ 서비스 대상 인구에 적합한 또래도우미 선발 계획을 고안한다.
■ 적절한 훈련 프로그램을 조정한다.
■ 지속적으로 또래도우미들과 작업할 적절한 시간을 정한다.
■ 긍정적이고 솔직한 홍보를 통한 지원체제를 구축한다.
■ 서비스 대상 인구의 요구를 충족시키기 위해 지속적으로 프로그램을 모니터, 평가, 조정한다.
■ 결과를 서비스 대상 인구와 주요 이해당사자들에게 보고한다.

● 참고문헌

American School Counselor Association [ASCA]. (2008). *Position statement: The professional school counselor and peer helping.* Alexandria, VA: Author. Available at http://asca2.timberlakepublishing.com//files/PS_PeerHelping.pdf.

3.33. 인성교육 프로그램

"학교상담자는 학교 교육과정에 인성교육^{character education}의 포함을 장려하고, 종합적 학교상담 프로그램 내에서 성격특질 증진에 있어서 적극적인 역할을 담당한다."
(American School Counselor Association, 2005, p. 1)

학교 전체 인성교육 프로그램 개설
- 행정적 지원을 확보한다.
- 교사들에게 인성의 핵심요소^{pillars}와 강조될 주제에 대해 알린다.
- 매월 한 가지 주제 또는 핵심요소를 선정한다.
- 월별 주제 또는 핵심요소를 강조하는 상담·교육 활동을 창안한다.
- 학부모들에게 현재 강조되고 있는 주제 또는 핵심요소에 대해 알린다.
- 인성의 주제 또는 핵심요소를 지지하는 분위기를 조성한다.

인성의 핵심요소
(Josephson Institute, 2010)
- 신뢰성
  - 정직하다.
  - 신뢰할 수 있다.
  - 용기가 있다. (옳은 일을 함)
  - 좋은 평판을 구축한다.
  - 충실하다.

- 존중
  - 다른 사람들을 정중히 대한다.
  - 차이에 대해 관대하다.
  - 매너가 좋다.
  - 다른 사람들에게 사려 깊다.
  - 누구에게든지 위협, 구타, 상처를 주지 않는다.
  - 다른 사람들에게 평화적으로 대한다.

- 책임
  - 해야 할 일을 한다.
  - 끈기가 있다.
  - 항상 최선을 다한다.
  - 자기통제를 사용한다.
  - 자기수양이 되어 있다.
  - 자신의 행위의 결과를 고려한다.
  - 자신의 선택에 책임을 진다.

- 공정성
  - 규칙을 준수한다.
  - 차례를 지키고, 함께 나눈다.
  - 마음이 열려 있다.

- 다른 사람들을 이용하지 않는다.
  - 경솔하게 다른 사람들을 비난하지 않는다.

- 돌봄
  - 친절하고 인정이 있다.
  - 감사를 표현한다.
  - 다른 사람들을 용서한다.
  - 도움이 필요한 사람들을 돕는다.

- 시민의식
  - 자신의 학교와 지역사회의 개선을 위해 자신의 소임을 다한다.
  - 협조적이다.
  - 지역사회 프로젝트에 참여한다.
  - 꾸준히 정보를 수집한다.
  - 좋은 이웃이다.
  - 법과 규칙에 따른다. (권위 존중)
  - 환경을 보호한다.

인성교육 활동 장려에 있어서 학교상담자의 역할
(American School Counselor Association, 2005)

- 학생 성취를 다루는 학교상담 프로그램의 철학과 사명 선언문을 개발한다.
- 학생들이 명확한 학업, 진로, 개인/사회성 목표를 수립하도록 안내한다.
- 인성교육의 원리를 강화하는 훈육에 관한 정책 개발에 참여한다.
- 학생, 교직원, 학부모, 지역사회 구성원들이 참여하는 특별활동에 학생들의 참여를 장려한다.
- 의사결정 · 갈등해결 · 문제해결 기술을 가르친다.
- 교칙 제정에 학생들을 참여시킨다.
- 인성을 문화적 역량과 다양성 기술 개발에 포함 · 통합시킨다.
- 긍정적인 인성적 특질을 나타내는 학생들을 인정해 준다.
- 인성교육 프로그램에 가족들과 지역사회를 참여시킨다.

● 참고문헌

American School Counselor Association [ASCA]. (2005). *Position statement: The professional school counselor and character education.* Alexandria, VA: Author. Available at http://asca2.timberlakepublishing.com//files/PS_Character%20Education.pdf.

Josephson Institute. (2010). *The six pillars of character.* Available at http://charactercounts.org/sixpillars.html.

◆ 읽을거리

Character counts. Available at www.charactercounts.org.

Elkind, D., & Sweet, F. (2004). *How to do character education.* Available at www.goodcharacter.com/Article 4.html.

Lewis, B. A. (1999). *What do you stand for? For kids: A guide to building character.* Minneapolis, MN: Free Spirit.

Lewis, B. A. (2005). *What do you stand for? For teens: A guide to building character.* Minneapolis, MN: Free Spirit.

Stirling, D. (2002). *Character education connections for school, home and community: A guide for integrating character education.* Port Chester, NY: National Professional Resources.

3.34. 학교와 지역사회의 튜터링과 멘토링 프로그램

성공적인 튜터링과 멘토링 프로그램을 위한 지침

■ 튜터와 멘토의 필요성을 결정한다.

■ 튜터링 또는 멘토링 프로그램을 위한 행정적 지원을 확보한다.

■ 사업체로부터의 구성원이 포함된 기획위원회를 발족시킨다.

■ 프로그램의 목적, 세부목표, 목표를 설정한다.

■ 참여를 희망하는 학생 선발을 위한 기준을 명시한다.

■ 효과적인 자원봉사자 튜터 또는 멘토의 특징과 책임을 명시한다.

■ 튜터와 멘토가 매주 또는 매월 학생들과 만나는 시간의 한도를 정한다.

■ 튜터, 멘토, 그리고 학생들이 프로그램 참여를 취소할 수 있는 상황과 방법을 명시한다.

■ 튜터와 멘토의 자격과 선별 절차를 명시한다. (예, 배경 확인을 통해)

■ 목표와 세부목표가 명시된 튜터링 또는 멘토링 프로그램 매뉴얼을 고안한다.

■ 지역 업계와 서비스 단체들에게 튜터링 또는 멘토링 프로그램과 효과적인 튜터와 멘토의 특징을 알린다.

■ 프로그램이 적절한 튜터와 멘토를 모집할 준비가 되었을 때, 업계와 서비스 단체에 이 사실을 통보한다.

■ 튜터 또는 멘토 관계로부터 도움을 필요로 하거나 혜택을 얻을 수 있는 학생들을 확인한다.

■ 학부모와 보호자를 참여시키고 이들의 서면 허가를 받는다.

■ 개인적 · 전문적 · 윤리적 생활 기술의 모범이 되는 튜터와 멘토를 선발한다.

■ 튜터와 멘토가 교육받은 내용을 자신들의 진로에 사용하는 법을 시범 보일 수 있도록 튜터와 멘토를 훈련시킨다.

■ 튜터와 멘토를 학생 집단 또는 개별 학생과 연결시켜 준다.

■ 튜터, 멘토, 그리고 학생들의 관계형성 모임을 촉진한다.

■ 튜터와 학생, 멘토와 학생 모임을 갖는다.

■ 결과 보고를 위해 상담자와 튜터, 상담자와 멘토가 모임을 갖는다.

■ 관련 학생, 교사, 학부모, 보호자들로부터 피드백을 받는다.

- 상담자와 교사들로부터 튜터, 멘토, 기획위원회에게 피드백을 제공한다.
- 세부목표를 기반으로 프로그램을 평가한다.
- 프로그램에 참여한 기획위원회, 업계 및 서비스 단체, 그리고 튜터와 멘토에게 공식적으로 감사를 표현하고, 노고를 인정해 준다.

튜터링과 멘토링 관계에 있는 학생들의 이점

- 자신감이 향상된다.
- 소속감을 갖게 된다.
- 교육과 학습의 가치를 배운다.
- 교육과 진로 사이의 연관성을 알게 된다.
- 미래에 대한 자신감을 얻는다.
- 긍정적인 역할모델로부터 학습이 이루어진다.

효과적인 성인 자원봉사자 튜터와 멘토의 특징

- 신뢰할 수 있다.
- 성인으로서 성공적인 역할을 하고 있다.
- 교육의 가치를 믿고 있다.
- 젊은이들에게 긍정적인 메시지를 가지고 있다.
- 학생들과 이들의 노력에 대해 배려심을 표현한다.
- 주기적인 멘토링 약속을 철저히 수행할 수 있다.
- 프로그램의 테두리 내에서 소임을 다할 수 있다.
- 효과적으로 소통하고, 훌륭한 경청기술을 가지고 있다.
- 학생들과 존중 · 돌봄을 받는 친구로서 소통한다.
- 개인 · 진로 · 사회 · 교육적 책임에 있어서 모범을 보인다.
- 자신의 가치관에 따라 건강한 자기개념, 정직성, 진실성의 모범을 보인다.
- 학생을 전문적 학교상담자에게 의뢰해야 하는 시기를 알고 있다.

멘토를 찾는 학생들의 특징

- 프로그램과 프로그램 참여에 따른 이점을 이해한다.
- 프로그램 참여를 희망한다.
- 학부모로부터 프로그램 참여에 대한 서면 허가서가 있다.

■ 튜터 또는 멘토와의 특정 모임 횟수를 지킬 것에 동의한다.
■ 특정 모임 횟수만큼 참여한 후에는 프로그램을 그만둘 수 있음을 이해한다.

멘토를 위한 훈련 구성요소
■ 초기 훈련
  ○ 학생들의 발달적 특징과 이를 다루는 방법
  ○ 경청기술
  ○ 논의 촉진을 위한 개방질문
  ○ 동기
  ○ 비밀유지 (**2.8** 참조)

■ 튜터링 또는 멘토링 동안 지속되는 훈련
  ○ 격려
  ○ 상담자에게 의뢰
  ○ 학부모와의 적절한 정보 공유
  ○ 신속한 문제해결
  ○ 멘토링 진행 상황
  ○ 성공 공유
  ○ 지역사회 자원 공유
  ○ 관계 종결

◆ 읽을거리

McCluskey, K. W., Noller, R. B., Lamoureux, K., & McCluskey, A. L. A. (2004). Unlocking hidden potential through mentoring. *Reclaiming Children and Youth*, *13*(2), 317-326.

Menorworks. www.mentorworks.com/resources/category/education.

National Mentoring Center. www.nwrel.org/mentoring/index.php.

Probst, K. (2006). *Mentoring for meaningful result: Asset-building tips, tools, and activities for youth and adults*. Minneapolis, MN: Search Institute.

Terry, J. (1999). A community/school mentoring program for elementary students. *Professional School Counseling*, *2*(3), 237-240.

3.35. 학교상담 프로그램 자원봉사자들에 대한 조정활동

가능한 경우, 학교상담자는 종합적 학교상담 프로그램의 실행을 도울 수 있는 학교상담 프로그램 자원봉사들^{volunteers}을 필요로 하고 활용할 수 있다. 학교상담자는 학생들의 정보에 대한 비밀을 보호하고, 자원봉사자들의 적절한 사용을 보장하기 위해 자원봉사자들을 조정 · 모니터해야 한다.

학교상담 자원봉사자의 책임
- 학부모 정보센터 보조
- 진로자원센터 또는 진로자료 보조
- 대학자료 보조
- 튜터링 또는 멘토링 프로그램 보조
- 학생 보조를 위한 시간제 직업소개
- 대학과 학자금 지원 발표자 보조
- 지역 학교 또는 대학 현장학습 보조
- 게시판 디자인
- 학교상담 뉴스레터
- 안내책자 또는 전단지 디자인
- 학생, 학부모, 교직원들을 위한 연구, 프린트, 물품배분 업무 보조
- 학교상담 웹페이지 개발/유지를 위한 전산업무 보조
- 학교상담 자문위원회 구성원으로서 지역사회, 학교 이사회, 또는 기타 모임에서 학교상담 프로그램 대변

자원봉사자 책임의 한계
- 학생들의 사적인 정보 또는 학생의 신분이 드러날 수 있는 기타 정보에의 접근 불허
- 학생의 기록에 대한 접근 불허
- 상담 책임 없음

3.36. 아동연구팀 또는 지역 적격심사위원회

학교상담자는 종종 특수교육 서비스를 받을 자격이 될 수 있는 학생들의 사정·평가에 참여하는 전문가 팀의 일부에 속하게 된다. 이는 학교상담자에게는 학생들의 교육적 성공과 연결시키고, 다른 학교 교직원, 학부모, 보호자들과 학생 성공을 극대화시키기 위한 효과적인 서비스와 프로그램 계획을 위한 중요한 통로다. 이러한 팀들은 학교 체제 내에서 서로 다른 명칭으로 불리거나, 아동연구팀^{child study team} 또는 지역 적격심사위원회^{local screening committee} 외에 다른 명칭으로도 불린다.

아동연구팀 또는 지역 적격심사위원회에 대한 학생 의뢰 과정

■ 교사들은 학업에 진전을 보이지 않으면서 특수교육 프로그램에 등록되어 있지 않은 학생들을 확인한다.
■ 교사들은 확인된 학생들을 아동연구팀 또는 지역 적격심사위원회에 이 학생들이 성공하고 있지 못한 가능한 이유에 대한 조사를 의뢰한다.
■ 교직원들의 예비모임 일정은 때로 학생들을 아동연구팀 또는 특수교육 선별과정에 의뢰하기에 앞서, 시도할 전략을 확인하기 위한 목적으로 수립된다.
■ 아동이 특수교육을 위한 검사에 의뢰된다면, 아동연구팀 또는 지역 적격심사위원회 위원들은 학부모/보호자를 이 모임에 초청하여 관심사 공유 및 제안을 요청한다.

특수서비스 고려를 위한 아동연구팀 또는 지역 적격심사위원회

■ 아동연구팀 또는 지역 적격심사위원회 위원으로는 다음과 같은 사람들이 포함된다.
  ○ 학교심리학자
  ○ 교육진단 전문가
  ○ 학교사회복지사
  ○ 특수교육 교사
  ○ 학교행정가 또는 피지명자
  ○ 학년 교사
  ○ 학교상담자

■ 학교상담자는 특수교육에서 필요로 하는 자격증이 없고, 역할갈등의 가능성 때문에 이 위원회의 위원장이 될 수 없다.

아동연구팀 또는 지역 적격심사위원회의 절차

■ 만일 개입전략이 실패로 끝난다면, 위원회 또는 팀 구성원들과 학부모/보호자들에게 다음과 같은 평가 실시에 대한 허락을 위한 회의가 있다.
  ○ 심리검사
  ○ 교육성취검사
  ○ 행동검사
  ○ 사회적 또는 문화적 검사(또는 사회력)

■ 검사는 연방 법률에 의해 제정된 시간의 한계 내에서 실시되어야 한다.
■ 일단 검사결과가 이용 가능하다면, 학부모/보호자와의 다른 회의 일정을 잡아서 평가 결과에 대해 논의하고, 특수 요구에 대한 배정과 범주를 정한다.
■ 학부모/보호자와 개별교육계획Individual Education Planning(IEP)을 수립한다.
■ 학교상담자는 다음과 같은 이유로 IEP 서면 작성에 유의해야 한다.
  ○ 학생들에게 서비스 제공을 위한 엄격한 지침으로 구속받을 수 있다.
  ○ 학교상담자가 요구에 따라 서비스를 제공할 수 있는 형태가 아니라 학생들에게 상담 서비스를 반드시 제공해야 하는 칙령처럼 여겨질 수 있다.
  ○ 어떤 이유에서든지 학교상담자가 IEP에서 지정된 일정한 정도의 서비스를 제공할 수 없다면, 학교는 지시불이행으로 연방정부 재정지원에 있어서 불이익을 받게 될 수 있다.

학교상담자 조치

■ 특수교육에 관한 연방 · 주 법률과 교육지원청의 정책을 숙지한다.
■ 아동연구팀 또는 지역 적격심사위원회 위원으로 봉사하면서 학생의 요구에 관한 지식을 습득하고 도움이 될 수 있도록 한다.
■ 학생이 검사 팀에 의뢰되기 전에 개입한다.
■ 학생에 관한 견해를 제공한다. (비밀유지의 한계 내에서)
■ 검사와 결과 과정에 있는 학부모들을 지원한다. 이는 종종 이들의 자녀에 관해 듣기 어려운 정보다.

■ 만일 교육적 배정에 변화가 생기거나 이들의 정상적인 학교의 일상이 바뀌게 된다면, 학생을 지원한다.

3.37. 위기 또는 중대사건 대응 팀

"학교상담자는 학교/교육지원청의 위기/중대사건 대응팀crisis/critical incident response team의 중추적인 구성원으로서, 다른 학교 교직원들과 협력하여 이런 부류의 사건에 대한 종합적인 반응서비스를 실행한다."(American School Counselor Association, 2007, p. 1)

학교 위기 계획
- 매년 업데이트된다.
- 구성원들의 역할이 명시되어 있다.
- 위기상황에 맞추어 조정될 수 있다.
- 복사 · 배포된다.
- 위기 후 및 위기가 없는 시기에 주기적으로 평가된다.

학교 위기 팀
- 구성원들은 통상적으로 학교행정가에 의해 임명된다.
- 위기개입 관련 훈련에 참여한다.
- 리더 결정(학교상담자가 될 수 있음)
- 명백하고 이해할 만한 책임 분담
- 위기 기간 내내 접촉 · 접근이 가능하다.

위기 시 학생들의 공통 감정
- 두려움
- 무력감
- 상실
- 슬픔
- 충격
- 걱정(자기 및/또는 타인들에 대한)
- 혼돈
- 어떤 일이 일어났는지 또는 왜 일어났는지 이해할 수 없음

위기 시 학생들의 가능한 행동

- 과민성
- 좌불안석
- 동요
- 침울
- 집중, 섭식 및/또는 수면 곤란
- 메스꺼움 또는 배탈

위기 시 학생들의 요구

- 안전(신체적, 심리적, 정서적)
- 안심시키는 말
- 모든 일이 잘 통제되고 있다는 감정
- 감정 토로를 위해 조력전문가에 대한 접근가능성
- 감정 표현을 위한 자유
- 감정은 정당하고 이해할 만하다는 인정
- 분노, 상처, 슬픔, 고통의 적절한 분출구

위기상담

- 단기상담으로 이루어짐
- 필요한 경우, 교실 공지 및 활동
- 감정 분출을 위한 학생들의 소집단 모임
- 필요한 경우, 학부모와 교직원들의 소집단 모임
- 필요에 따라, 개별 학생들을 대상으로 함
- 근처 학교 또는 지역사회의 정신건강기관 상담자의 추가적인 도움이 요구될 수 있음
- 위기와 관련해서 만난 학생들에 대한 후속조치
- 필요한 경우, 외부 전문가의 도움 요청

학교상담자 조치와 역할

(American School Counselor Association, 2007, p. 1)

- 예방, 개입, 사후 지원 노력을 선도 및 일원으로 참여한다.

- 위기계획 수립과 실행을 주도한다.
- 학교 공동체와 친숙해지고, 위기 동안 자원에의 접근방법을 숙지한다.
- 첫 번째 반응자와 지역사회 상담서비스 제공자의 역할에 관해 숙지한다.
- 계획 촉진, 반응 조정, 그리고 위기에 의해 영향을 받는 모든 사람들의 정서적 요구를 옹호한다.
- 사건에 연루된 학생, 교직원, 그리고 피해자들을 위한 지원의 연속성을 인정 · 촉진한다.
- 적절한 의뢰 제공을 위해 지역사회 자원들과의 네트워킹 기술을 갖춘다.

위기상담의 과정
- 통보를 위한 계획을 수립한다. (예, 전화연락망)
- 상황의 핵심적인 사실을 파악한다.
- 우선 학교와 학교구성원의 안전을 확보한다.
- 객관적 · 주관적으로 심각도를 평가한다.
- 개별 학생의 감정상태를 파악한다.
- 개별 학생의 대처능력을 평가한다.
- 개별 학생의 증상을 파악한다. (개인마다 위기 상황에 다르게 반응할 수 있음을 염두에 둔다.)
- 위기에 대해 공통적인 반응을 인식하고, 위기에 대한 감정을 인정해 준다.
- 도움이 될 수 있거나 보다 건강할 수 있는 반응에 대해 논의한다.
- 어떤 일이 일어났고, 어떤 일이 일어날 수 있는지를 요약해 준다.
- 후속조치를 위한 실행계획을 수립한다.
- 서로에 대한 지지를 장려한다.
- 교사와 다른 성인 교직원들의 정서상태 확인을 잊지 않는다.
- 위기 후 며칠 이내에 후속조치를 계획 · 실시한다.
- 위기계획이 어떻게 작동되었고, 향후 계획실행의 개선방안에 대해 평가 · 사정한다.
- 위기사건으로 인해 힘들어하는 것처럼 보이는 학생, 학부모, 보호자에 대한 지원을 계속한다.
- 만일 극도의 정서 또는 행동이 지속된다면, 학생 및/또는 가족을 외부상담에 의뢰한다.

● **참고문헌**

American School Counselor Association [ASCA]. (2007). *Position statement: The professional school counselor and crisis/critical incident response in the school.* Alexandra, VA: Author. Available at http://asca2.timberlakepublishing.com//files/PS_Crisis_Critical.pdf.

◆ **읽을거리**

Fein, A. H., Carlisle, C. S., & Isaacson, N. S. (2008). School shootings and counselor leadership: Four lessons from the field. *Professional School Counseling, 11*(4), 246–252.

Heath, M., & Sheen, D. (2005). *School-based crisis intervention: Preparing all personnel to assist.* New York: Guildford Press.

Knox, K. S., & Roberts, A. R. (2005). Crisis intervention and crisis team models in schools. *Children & Schools, 27*(2), 93–100.

Razi, A., & DeChillo, N. (2005). High schools respond to crisis: Lessons learned. *Journal of School Violence, 4*(2), 115.

제 **4** 편

학교에서의
학업상담

학업목표

4.1. 전체 학생들을 위한 학업목표

"학교상담자는 행정, 교육과정, 그리고 교수학습 관련 교직원들과의 작업을 통해 전체 학생들이 도전적인 학업 프로그램을 설계할 기회를 갖도록 한다."(American School Counselor Association, 2000, p. 1)

전체 학생들을 위한 목표
- 개인의 잠재력에 걸맞은 목표 성취
  ○ 균형 잡힌 교육 프로그램 계획 및 추구
  ○ 중등학교 이후의 교육 또는 전일제 직업을 위한 준비

- 독립적인 평생 학습자 되기
  ○ 학습에 대한 긍정적 태도 유지
  ○ 자신의 능력, 흥미, 교육적 요구 인식
  ○ 교육기회에 관한 지식 습득
  ○ 교육의 다음 단계를 위한 준비
  ○ 생산적인 사회구성원 되기

- 한 팀으로서 다른 사람들과 협동적으로 작업하기
- 평생학습을 위한 효과적인 기술 적용
  ○ 목표설정 기술 개발 (**4.4** 참조)
  ○ 공부기술 개발 (**4.5** 참조)
  ○ 시험보기 기술 개발 (**4.6** 참조)
  ○ 시간관리 기술 개발 (**4.7** 참조)
  ○ 문제해결 기술 개발 (**3.3** 참조)

■ 자기주도에 대한 책임 수용

학교상담자 조치

■ 학생들에게 학업관련 생활교육 수업 제공
  ○ 효과적인 학습기술을 가르친다.
  ○ 학생들에게 교육기회에 대해 설명해 준다.

■ 학부모와의 자문
  ○ 학부모들에게 자녀교육의 일원이 될 기회를 제공한다.
  ○ 학부모들에게 학생들의 고등교육 기회에 대한 정보를 제공한다.
  ○ 학부모들에게 학자금 지원에 관한 정보를 제공한다.
  ○ 자녀양육 문제가 있는 학부모들을 돕는다.
  ○ 학습문제가 있는 것으로 확인된 학생들에게 필요한 서비스를 받을 수 있도록 학부모를 돕는다.

■ 교사 자문 (**3.20~3.23** 참조)
  ○ 학생들의 학습을 돕는 성공적인 절차에 관한 정보를 제공한다.
  ○ 교사와 학부모/보호자들에 대한 연락담당자로 봉사함으로써 모든 사람이 동일한 목표를 위한 방향으로 작업할 수 있도록 한다.

■ 개인 · 집단 학업상담 제공
  ○ 학생의 진척 상황을 나타내는 데이터를 검토한다.
  ○ 학생들의 학업 향상을 돕는다.
  ○ 개별 학생의 요구를 다루는 상담서비스를 개발 · 촉진한다.
  ○ 학업적 성공과 관련된 주제에 관한 소집단상담을 개발 · 촉진한다.

■ 학부모, 교사, 학교행정가, 기타 교직원들과 협력하여 다음과 같은 서비스를 제공한다.
  ○ 학교가 전체 학생들을 위한 긍정적인 학습 환경이 되도록 한다. (**3.26** 참조)
  ○ 긍정적인 학교와 가정 관계를 촉진한다.
  ○ 학부모 · 교사 회의를 조정 또는 참여한다. (**3.25** 참조)

● 참고문헌

American School Counselor Association [ASCA]. (2000). *Position statement: The professional school counselor and educational planning.* Alexandria, VA: Author. Available at http://asca2.timberlakepublishing.com//files/PS_educational%20planning.pdf.

4.2. 개입에 대한 반응

(American School Counselor Association, 2008)

"개입에 대한 반응^Response to Intervention(RTI)은 분투하는 학습자들을 돕기 위한 다단계 접근으로 … 학교상담자는 전체 학생들의 요구를 충족시키고 학업·행동상의 기대에 미치지 못할 위기에 처한 학생들 탐색이 포함된 데이터 기반 종합적 학교상담 프로그램을 실행한다."(American School Counselor Association, 2008, p. 1)

개입 과정에 대한 반응

(ASCA, 2008)

- **1단계**: 보편적인 핵심 교수학습 개입: 전체 학생들 대상의 예방적·순항적 개입
- **2단계**: 보완적 또는 전략적 개입: 저위험군 학생들 대상
- **3단계**: 집중적·개별적 개입: 고위험군 학생들 대상

학교상담자의 역할

(ASCA, 2008)

- 전체 학생들에게 표준 기반 상담 프로그램을 제공함으로써 학업·진로·개인/사회성 발달의 보편적 쟁점을 다룬다.
- 학업적·행동적 데이터 분석을 통해 분투하는 학생들을 찾아낸다.
- 교직원들과 협력하여 개입 전략 수립·개발한다.
- 개입 후, 학업적·행동적 진전을 평가한다.
- 필요한 경우, 학교 및 지역사회 서비스에 의뢰한다.
- 학교행정가와 협력하여 RTI 프로그램을 설계·실행한다.
- 학생 성공에 대한 체제 장벽 제거를 위한 노력을 통해 전체 학생들에게 동등한 교육을 옹호한다.

● 참고문헌

American School Counselor Association [ASCA]. (2008). *Position statement: The professional school counselor and response to intervention*. Alexandria, VA: Author. Available at http://asca2.timberlakepublishing.com//files/PS_Intervention.pdf.

◆ 읽을거리

Ehren, B., Montgomery, J., Rudebusch, J., & Whitmire, K. (2006). *New roles in response to intervention: Creating success for school and children*. Bethesda, MD: National Association of School Psychologists. Available at www.nasponline.org/advocacy/rtifactsheets.aspx.

National Center on response to intervention.www.rti4success.org.

RTI Action Network. www.rtinetwork.org.

4.3. 표준화된 및/또는 고부담검사

학교상담자는 종종 표준화된 검사 결과를 해석하고, 검사 결과에 대해 교사, 학생, 학부모들과 협의한다. 이러한 검사 실시는 학교상담자의 적절한 역할로 간주되지 않는다. 그러나 검사 용어에 대한 지식과 검사 데이터가 학업 프로그램 개발에 미치는 영향에 대한 이해는 학교상담자들에게 중요하고 종합적 학교상담 프로그램의 계획·실행에 영향을 줄 것이다.

표준화된 검사 해석
- 학년별, 학급별, 또는 개별 학생별로 검사 결과를 검토·분석한다.
- 필요한 경우, 학교행정가, 교사, 학생, 학부모들에게 검사 결과를 해석해 준다.
- 학교행정가, 교사, 학생, 학부모들에게 검사 결과의 의미와 검사 결과로부터 내릴 수 있는 결정에 대해 협의한다.
- 학교 전체 데이터를 검토하여 학업성취에 있어서의 격차수준을 결정한다.
- 학업 및 학교상담 프로그램을 개발하여 표준화된 검사 결과에서 확인된 격차를 다룬다.

검사결과의 활용
(American School Counselor Association, 2007)
- 학생 자신의 강점과 요구에 대한 이해를 촉진한다.
- 교육과정을 개선 또는 개정한다.
- 학습에 어려움을 겪고 있는 학생들을 확인한다. (개별 또는 집단별)
- 교수학습의 방향을 수정하거나 학생들의 학습을 돕기 위한 서비스를 지원한다.
- 예외적인 학습 요구가 있는 학생들과 영어학습자들이 필요로 하는 편의사항을 확인한다.
- 학생들의 집단 사이에 성취격차를 확인한다.
- 학생들의 강점 영역에 있어서 활동과 교수학습을 재확인한다.
- 주 또는 지역 수준에서의 재정 지원을 증액 또는 감액한다.
- 때로 교수학습 담당 교직원 평가에 사용된다.

검사의 종류

- **성취검사**: 학생들이 한 과목에 대해 얼마나 알고 있는지를 측정한다. 결과는 주로 백분위수로 보고된다.
- **적성검사**: 학생들이 얼마나 잘 수행할 수 있을지를 예측한다. (잠재능력)
- **준거참조검사**: 학생의 수행력을 다른 학생들과의 비교가 아니라, 일련의 기준에 따라 평가한다. 주로 배치 또는 승급 검사에 사용된다.
- **진단검사**: 한 과목에서의 학생의 강점·약점을 측정하고, 학생이 지니고 있는 기술 또는 지식을 확인한다.
- **규준참조검사**: 학생의 수행을 유사한 학생들의 것과 비교한다.
- **수행검사**: 특정 영역에서의 능력, 기술, 지식을 나타내는 증거를 제공한다.
- **능력시험**: 학생의 수행력을 능숙도 또는 역량을 기술하는데 사용되는 기준 또는 준거와 비교한다.
- **투사검사**: 개인에게 실시하기 위해서는 특별한 훈련이 필수로 요구된다. 학교심리학자는 이러한 유형의 검사를 실시할 수 있는 자격이 있다.
- **표준화된 검사**: 세트로 된 조건 하에 엄선된 학생 인구를 활용한 규준 또는 기준이 설정되어 있다.
- **주**[state] **검사**: 핵심과목에서의 학생들의 진척·성취를 측정한다. 각 주마다 검사 체제는 다르지만, 모든 학교는 매년 적절한 진전을 이루도록 기대된다.

검사기술에 사용되는 용어

- **학년동등점수**: 검사점수가 추정된 평균점수인 통계적으로 추산되는 학년이다. 예를 들면, 4.5 등급을 받은 학생은 시험에서 4학년 내내 평균 중간 정도의 성적을 보인다.
- **지역규준**: 한 검사 또는 다른 수행 지표에 대해 학교 또는 교육지원청의 결과를 사용하여 설정된 수행 기준
- **평균**: 일단의 점수들에 대한 평균치
- **중앙값**: 일단의 점수들에 있어서의 중간 점수
- **최빈값**: 학생들에 의해 산출된 가장 빈번한 점수(가장 높은 발생률)
- **국가규준**: 전국 인구를 대표하는 일단의 학생들에게 검사를 실시함으로써 설정된 수행 기준
- **규준참조검사**: 학생의 수행력을 이전에 검사를 받은 유사한 개인들의 수행력을 비

교하는 검사

- **정규분포**: 평균, 최빈값, 중앙값 점수가 같고, 수행력이 평균치로부터 멀어짐에 따라 수행점수의 비율이 감소하는 수행점수의 통계적 분포(종형곡선^{bell curve})
- **규준인구**: 검사에 연령 또는 학년의 수행 기준 설정에 사용되는 학생 집단으로, 표준화된 검사가 적절하게 되려면 규준 인구의 구성은 반드시 학생 인구의 구성과 유사해야 한다.
- **백분위점수**: 특정 학생의 검사 점수와 동일하거나 미만인 점수를 받은 전체 학생의 백분율로 보고되는 그 학생의 점수와 다른 사람들 점수의 비교. 예를 들면, 백분위 점수 89는 이 학생의 점수가 시험을 본 전체 학생 집단의 89%의 점수와 동일하거나 더 좋음을 의미한다.
- **원점수**: 검사에서 학생이 맞춘 문항의 개수로서, 준거 점수가 없다면 거의 의미가 없다. 예를 들면, 만일 가능한 최고점수가 26이라면, 원점수 25는 매우 좋은 점수이지만, 가능한 최고 점수가 100이라면, 좋지 않은 점수다.
- **신뢰도**: 만일 동일한 환경하에 무제한적인 횟수가 주어진다면, 검사는 일관성 있는 결과를 산출하게 될 범위로, 검사의 신뢰도 계수가 높을수록, 학생의 점수는 점점 더 그 검사에 대한 합리적인 지표가 될 가능성이 높아진다.
- **타당도**: 검사가 측정하고자 하는 것을 정확하게 측정하는 범위를 말한다. 예를 들면, 만일 학생이 지리시험을 본다고 가정할 때, 모든 문항이 주행거리 계산을 필수로 요구한다면, 이는 타당한 지리시험으로 볼 수 없다.
- **표준편차**: 평균점수로부터 점수의 변동성 측정치
- **스테나인 점수**^{stanine score}: 표준구점 점수라고도 불리며, 검사 또는 다른 수행력 지표상의 수행력에 대한 원점수에 1에서 9까지의 수를 말한다. 스테나인 점수는 평균 5, 표준편차 2다.

고부담검사에 있어서 학교상담자의 역할

"교육적 결정이 학생 수행에 관해 내려지고, 학생들과 이들의 학교에 영향을 미치는 중요한 교육적 결정을 내리는 데 단일 검사 사용과 상반되는 경우, 학교상담자는 다수의 기준 사용을 옹호한다."(American School Counselor Association, 2007, p. 1)

학교상담자는 다음 사항을 옹호한다.

- 표준화된 검사 실시에 적절한 검사 조건과 공정성
- 학생들에게 재검사 또는 검사지 작성을 위한 기회 제공
- 검사에 맞먹는 다른 유형의 평가 고려
- 사회경제적 또는 문화적 편견을 나타내는 표준화된 검사 실시 중지
- 삶에 영향을 미치는 결정을 내리는 경우에 다수의 측정방법 사용

● **참고문헌**

American School Counselor Association [ASCA]. (2007). *Position statement: The professional school counselor and high-stakes testing.* Alexandria, VA: Author. Available at http://asca2.timberlakepublishing.com//files/PS High-Stakes%20Testing. pdf.

◆ **읽을거리**

Brown, D., Galassi, J. P., & Akos, P. (2004). School counselors' perceptions of the impact of high stakes testing. *Professional School Counseling, 8*(1), 31−39.

전체 학생들의 학업발달

4.4. 목표설정 기술

학생들을 위한 목표설정 기준

- 목표 또는 바람직한 결과를 명시한다.
  - ○ 목표 성취를 위한 구체적인 기간을 설정한다.
  - ○ 목표는 계획 · 실행하기에 충분할 정도로 구체적으로 설정한다.
  - ○ 목표는 관찰과 진척 인식에 충분할 정도로 구체적으로 설정한다.
  - ○ 목표는 과거 경험을 고려하여 현실적이고 성취 가능하게 설정한다.
  - ○ 목표는 다른 사람들의 행위와는 별도로 설정한다.

- 목표가 모든 관련된 사람들에게 바람직하고 긍정적인지를 확인한다.
- 목표가 다른 사람들을 배려하고 있는지를 확인한다.

학생들을 위한 목표설정 과정

- 모든 기준에 부합되는 목표를 확인하여 서면으로 작성한다.
- 목표 성취의 가능한 장벽을 확인한다.
- 성취에 대한 장벽을 극복할 수 있는 방법을 명시한다.
- 목표 성취를 도울 자원을 명시한다.
- 다른 사람이 목표 성취를 위한 방향으로 노력하도록 돕는다.
- 목표 성취의 필수 단계들을 항목별로 구분한다.
- 각 단계의 완결을 인정한다.
- 문제해결 모델을 사용한다. (**3.3** 참조)

학업목표 설정의 예

- 목표: 고등학교 과정에서의 성공(예, 특정 과목의 특정 성적 또는 전체 성적 평균overall grade point average(GPA)

- 목표 달성을 위한 단계
  - 매일 매일의 숙제를 완결한다.
  - 시험, 퀴즈, 실험 공부를 한다.
  - 수업에 참여한다.
  - 주의 깊은 행동을 보인다.
  - 비판에 긍정적으로 반응한다.
  - 다른 사람들과 함께 공부한다.
  - 독립적으로 공부한다.
  - 필요한 경우, 도움을 청한다.

4.5. 공부기술

학생들을 위한 경청기술
- 전 과목에서 학생들에 대한 교사의 기대를 숙지한다.
- 교사의 성적산정 방침을 이해한다.
- 교사가 강조하는 중심 내용과 방법에 경청한다.

학생들을 위한 정리기술
- 숙제를 완결 지을 구체적인 시간과 장소를 정한다.
- 모든 자료를 쉽게 접근할 수 있게 함으로써 공부를 준비한다.
- 교과서를 예습한다.
- 시간표에 따라 또는 수업시간 전에 수업시간에 다룰 교과서 내용을 읽는다.
- 교과서를 읽는 동안 떠오르는 질문거리를 적은 다음, 다음의 방법으로 답을 얻는다.
  - 좀 더 읽어 본다.
  - 수업시간에 질문한다.
  - 수업시간 후에 교사에게 질문한다.

- 읽기와 노트 필기 내용을 요약한다.

학생들을 위한 공부 보조도구
- 기억을 돕기 위한 시각적 이미지를 만든다.
- 핵심어, 순차적 이미지, 문구, 또는 약자를 사용한다.

학생들을 위한 노트필기 기술
- 가능하다면, 노트필기 대신 컴퓨터를 사용한다.
- 교사가 강조한 중심 내용에 밑줄을 긋거나 마킹을 한다.
- 교사가 강조한 중심 내용을 적는다.
- 문제에 대한 설명을 적는다.
- 수업시간의 논의에 대한 요약을 적는다.
- 교사에게 파워포인트 형식의 강의안 제공을 요청한다.

학생들을 위한 복습기술

■ 다음 과제를 공부하기 전에 수업 노트를 복습한다.

■ 시험에 앞서 노트와 교과서를 복습한다.

■ 교사가 강조한 중심 내용을 복습한다.

◆ 읽을거리

Notetaking Tips. www.how-to-study.com/studyskill/en/notetaking/27/taking-notes-in-class.

Study Skill Guide for Students. www.educationatlas.com/study-skill.html.

4.6. 시험 준비와 시험보기 기술

모든 시험을 위한 학생들의 기술

- 지시사항에 경청한다.
  - ○ 시험문제를 풀기에 앞서 시험감독 교사의 말에 경청한다.
  - ○ 시험 답안을 작성하는 동안 지시사항을 명심한다.

- 질문을 한다.
  - ○ 제한시간을 유념한다.
  - ○ 시험에 따라서는 추측해서 답을 쓰는 것이 유리할 수도 있다는 사실을 기억한다.

- 모든 예시를 공부하고, 진지하게 예시들을 살펴본다.
- 우선 시험지를 훑어본다.
  - ○ 시험문항에 답하기 전에 시험지 전체를 훑어본다.
  - ○ 먼저 쉬운 문제들부터 푼다.
  - ○ 계산이 필요하거나 답을 모르는 문항은 건너뛴다.

- 각 문항을 면밀히 읽는다.
- 정확한 질문에 답하고, 특별히 중요한 용어에 주의를 집중한다.
- 적절한 정확도를 유지하되, 가능한 한 신속하게 문제를 푼다.
- 배점이 높은 문항에 대해서는 더욱 집중해서 문제를 푼다.
- 처음으로 돌아가서 건너뛴 문항에 답한다.
- 선다형 문항에서 정답일 가능성이 높은 2개의 보기를 골라, 가장 정답에 가까운 것 같은 보기를 추측하여 답안을 작성한다.
- 모든 문항에 대해 답하고자 노력한다.
- 어려운 문항들을 분석해서 순차적 단계로 나눈다.
- 어려운 문항에 있는 자료를 다른 형태로 변환시켜 본다.
- 모든 문항을 다시 읽어 보고, 모든 답안을 확인한다.

교사출제 시험에 대한 학생들의 준비

■ 미리 준비한다.
  ○ 시간에 맞추어 숙제를 완성한다.
  ○ 노트와 교과서를 복습한다.

■ 시험범위를 묻는다.
  ○ 시험 전에 노트와 교과서에 있는 문제들을 풀어 본다.
  ○ 예상 문제를 출제해서 답안을 작성해 본다.
  ○ 시험의 목적을 염두에 두고 면밀히 복습한다.

표준화된 검사

■ 공통적인 국가시험
  ○ 대입수능시험 모의고사Preliminary Scholastic Assessment Test(PSAT)
  ○ 대입수능시험Scholastic Assessment Test(SAT)
  ○ 미국대학입학학력고사American College Testing Program(ACT)
  ○ 외국어로서의 영어시험Test of English as a Foreign Language(TOEFL)

■ 고등학교 졸업의 필수요건인 주 전체시험

표준화된 검사를 위한 학생들의 준비

■ 시험 준비 과목을 수강한다. (가능한 경우)
■ 시험보기 연습을 한다. (특히 표준화된 검사)
■ PSAT, SAT, 또는 ACT 기출문제를 풀어 본다.
■ 지속적으로 읽는다. (신문, 희곡집, 소설, 미스터리, 기타 문학작품)
■ 서적 및 컴퓨터 소프트웨어를 활용하여 시험 보기 연습을 한다.
■ 온라인 준비 프로그램을 활용한다.

학교상담자와 시험준비 프로그램

(American School Counselor Association, 2006)

■ 학생들의 시험(예, SAT, ACT) 준비에 도움이 되는 엄격한 고등학교 교육과정 선정
  을 돕는다.

■ 교과목 또는 워크숍을 통해 내용 복습과 반복적인 시험기반 연습의 기회를 제공한다.
■ 다음과 같은 시험보기 기술과 전략을 제공한다.
  ○ 스트레스 관리 (**4.8** 참조)
  ○ 시간관리 (**4.7** 참조)
  ○ 답안을 고를 때의 보기 제거 과정
  ○ 기억과 회상 전략
  ○ 시험지 형식 숙지
  ○ 채점 지시문 숙지

■ 학생과 학부모들에게 활용 가능한 시험 준비 방법에 관한 정보를 제공한다.
■ 교직원들과 협력하여 시험 준비 프로그램에 관한 지침과 정보 제공을 통해 학생들의 시험 준비를 돕는다.

● 참고문헌

American School Counselor Association [ASCA]. (2006). *Position statement: The professional school counselor and test preparation programs.* Alexandria, VA: Author. Available at http://asca2.timberlakepublishing.com//files/Test%20Prep%20programs. pdf.

◆ 읽을거리

ACT online Prep. www.actstudent.org/onlineprep/index.html.

SAT online Prep and Study resources. www.collegeboard.com/student/testing/sat/prep one/prep_one.html.

4.7. 시간관리 기술

학생들을 위한 시간관리 기술

■ 목표와 우선순위를 설정한다.

　○ 장·단기 목표를 세운다.

　○ 장기적인 프로젝트에 대해 지속적으로 작업한다.

　○ 우선순위에 따른 각 과업에 필수로 요구되는 시간을 추산한다.

　○ 장기적인 과업을 부분 또는 단계로 나눈다.

　○ 각 단계에 필수로 요구되는 시간을 추산한다.

　○ 각 단계의 완결 시기를 서면으로 작성한다.

　○ 제출기한으로부터 역으로 계획한다.

　○ 필요한 경우, 우선순위를 재평가한다.

■ 능동적으로 공부한다.

　○ 숙제의 목적을 기억한다.

　○ 단서카드^{cue cards} 또는 기타 공부 자원들을 제작·활용한다.

　○ 급우와 주제에 관해 논의한다.

　○ 교사가 중요하다고 강조한 내용에 초점을 맞춘다.

　○ 각 활동을 마치기 전에 다음 단계를 정의한다.

　○ 하루 중 가장 좋은 시간에 중요한 공부를 한다.

　○ 공부시간에는 방해가 될 것들을 치운다.

　○ 자주 요약·정리한다.

■ 공부의 정규 패턴을 설정한다.

　○ 일상화시킨다.

　○ 모든 읽기 숙제는 기한 내에 완결 짓는다.

■ 글로 써서 일정을 관리한다. (예, 캘린더 또는 숙제장)

　○ 모든 시험, 학기 보고서, 숙제 등의 제출일을 기록해 놓는다.

○ 모든 프로젝트에 대해 일일 일람표를 작성한다.

○ 매일 완료된 과업을 지워 나간다.

○ 즐거움, 운동, 이완, 섭식, 사회화를 위한 시간을 포함시킨다.

○ 매주 진척사항을 검토 · 확인한다.

■ 다음 사항을 자주 검토한다.

○ 숙제(읽기 숙제 포함)

○ 숙제에 대한 교사의 지시사항

○ 수업 전 노트

○ 수업 후 노트

○ 공부지침

4.8. 스트레스 관리

학생들을 위한 스트레스 관리 전략
- 시간을 현명하게 관리한다.
- 정리정돈을 잘한다.
- 좋은 공부환경을 조성한다.
- 자신의 학습방식을 파악한다. (**3.24** 참조)
- 스스로 잘하고 있다는 상상을 한다. (시각화 활용)
- 낙천성을 발달시킨다. (성공할 수 있음에 대한 믿음)
- 충분한 수면을 취하고 균형 잡힌 식사를 한다.
- 스트레스 관리기법을 사용한다.
- 좋은 공부기술을 사용한다. (**4.5** 참조)
- 과중한 느낌이 들면, 잠시 산책하며 휴식을 취한다.

스트레스 관리 기법
- 심호흡을 한다.
- 1부터 10까지 센다.
- 운동을 한다.
- 조용한 음악을 듣는다.
- 긍정적인 자기 독백을 사용한다.
- 심상법을 활용한다.
- 스트레스 볼stress ball 또는 '몸을 움직이게 하는' 다른 물체를 활용하여 긴장을 해소한다.
- 잠시 '휴식'을 취한다.

◆ 읽을거리

Shapiro, L. E., & Sprague, R. K. (2009). *The relaxation and stress reduction workbook for kids: Helping children to cope with stress, anxiety, and transitions.* Oakland, CA: Raincoast Books/Instant Help.

4.9. 미래 기회를 위한 학과목 선택

학생들을 위한 중등학교 이후의 학업/진로 계획의 내용

- 이수 학점
- 고등학교 프로그램의 필수과목(정규과정)
- 대학진학의 필수요건인 고등학교 프로그램의 필수과목(고급과정)
- 심화학습과정advanced placement(AP)[**역자 주**. 미국에서 고등학생이 대학 진학 전에 대학 인정 학점을 취득할 수 있는 고급 학습 과정] 또는 국제학력평가시험international baccalaureate(IB)[**역자 주**. 국제 학력 평가 시험(세계 각국의 18~19세 무렵 학생들이 치는 시험으로, 최고 6과목까지 칠 수 있음) 프로그램의 학과목]
- 선발제 대학 또는 대학교 입학허가를 위해 권장되는 학과목
- 매 학년 학과목을 위한 개별계획
  - ○ 유연하게 설계한다.
  - ○ 매학기 검토 · 업데이트한다.

- 필수과목에 대한 주state 시험 결과와 수료를 위한 진척 상황에 관한 기록

학과목 선택: 초등학교 준비

- 학생들의 흥미, 강점, 가치관, 경험, 진로포부 확인을 돕는다.
- 학생들의 진로와 교육적 미래에 대한 생각을 격려하고, 초등학교에서 교육 또는 진로 계획을 시작함으로써 선택의 여지를 남겨 놓을 수 있도록 돕는다.
- 학생들이 수학과 과학에 대한 긍정적 태도 유지 및 강점 개발을 돕는다.
- 학생과 학부모를 장기적인 교육계획 수립에 참여시킨다.
- 학생들의 능력을 인정해 주고, 높은 목표 설정과 리더로서 상상해 보도록 학생들을 격려한다.

학과목 선택: 중학교

- 중등학교 이후의 교육을 계획하고, 성공할 수 있는 가장 도전적인 학과목들을 선택하도록 학생들을 격려한다.
- 소수민족 문화권 학생들을 지지함으로써 가장 도전적인 학과목 선택에의 장벽을 극복하도록 돕는다.

- 전체 학생들, 특히 소수민족 또는 저평가된 학생들이 보다 도전적인 학과목을 선택하고 자신들의 진척 상황을 모니터하도록 격려한다.
- 학생, 교사, 학부모들에게 중등학교 이후의 기회를 위해 구체적인 수학, 과학, 외국어 과목 이수시간의 필요성을 알린다.

학과목 선택: 중학교 · 고등학교

- 학생이 자신의 중등학교 이후의 계획을 완료 · 업데이트하면서 능력, 홍미, 가치관, 진로포부를 고려해 볼 것을 권장한다.
- 교사들에게 졸업과 가장 입학이 까다로운 대학에서 요구하는 학과목 이수시간에 관한 정보를 제공한다.
- 학생, 학부모, 교사 집단과 함께 학과목 이수 안내와 과목 선정에 대해 검토한다.
- 학생과 학부모들에게 향후 과목 선택에 있어서 교사의 조언에 주의를 기울일 것을 권한다.
- 학생과 학부모의 민족, 성별, 사회적 지위를 세심하게 고려하여 이들의 기회를 인식하도록 돕는다.
- 전체 학생들에게 학업목표를 높게 설정하고, 계획을 구체적으로 수립하도록 권장한다. 또한 설정된 목표 성취에 필요한 고등학교 학과목을 명시하도록 한다.
- 학생, 교사, 학부모들에게 다양한 진로 기회와 이를 위한 필수과목에 대해 정보를 제공한다.
- 학과목 내용, 과목의 순차성, 선수과목, 이수과목 수, 대학입학에 필요한 필수과목, 교사의 기대, 과목의 실제 부담의 정도 등에 관한 정보를 업데이트하고, 학생과 학부모들에게 조언을 제공한다.
- 필요한 경우, 소수민족 문화권 출신 학생들이 수학, 과학, 외국어 과목에서의 성공을 돕기 위한 교육과정 프로그램 및/또는 수업을 제안한다.
- 지적인 도전 또는 과목에 대한 지식 증진을 위한 시도로서 고급학습과정 또는 국제학력평가시험 과정에 대한 학생들의 요구를 확인한다.
- 학생, 교사, 학부모들에게 대학입학을 위해 교육과정의 강점이 중요하다는 사실을 알린다.

◆ 읽을거리

American School Counselor Association [ASCA]. (2006). *Position statement: The*

professional school counselor and career and career plan. Alexandria, VA: Author. Available at http://asca2.timberlakepublishing.com//files/PS_academic%20and%20 career%20plan.pdf.

Peterson's. (2008). *The teen's guide to college and career plan.* Lawrenceville, NJ: Author.

4.10. 중등학교 이후의 교육 탐색

중등학교 이후의 선택사양
- 공립 4년 또는 5년제 대학교
- 사립 4년 또는 5년제 대학교
- 공립 4년 또는 5년제 대학
- 사립 4년 또는 5년제 대학
- 군대
- 사립 전문대학
- 2년제 지역 대학(대학교 편입의 대안과 함께)
- 기술학교 또는 실업학교trade school
- 사립 직업학교career school
- 인턴십 또는 실습
- 취업
- 자원봉사 서비스

기관 요인
- 등록
- 선택도(경쟁률)
- 등록금 비율
- 교수학습의 질
- 학생들의 경쟁력
- 직업체험 또는 협동교육의 활용 가능성
- 사회적 기회
- 문화적 기회
- 학생 보유율
- 스포츠 프로그램
- 학생 지원 서비스
- 유사한 개인적 요인들을 가진 학생들의 성공률
- 편입 가능성

- 졸업 후 취업률
- 4년 또는 5년 내 졸업률
- 튜터링, 특정 문화, 학습장애, 신체장애, 학사경고 등 영역의 특별 프로그램
- 인종, 민족, 종교, 사회적 문화의 다양성 또는 지배성
- 대학전공의 유연성(예, 불확실성, 창의성, 복수전공 또는 전과)
- AP, IB, 또는 예비대학 이수학점의 수용
- 교정 기회

개인적 요인

- 재정 및 경제적 책임
- 대학교육을 위해 가능한 년 수
- 경쟁의 가치성
- 학업 능력
- 학업 준비
- 희망 전공
- 희망 진로 또는 관심 분야
- 가족의 기대
- 가정을 떠나 살기 위한 준비성
- 가정에의 근접성
- 희망하는 사회생활
- 희망하는 기관의 크기
- 위치: 시내 중심, 교외, 또는 시골
- 결정, 인내, 노력
- 유연성
- 고용을 위한 욕구
- 독립성 수준
- 소모 가능성
- 졸업 가능성

◆ 읽을거리

College Board College Search. http://collegesearch.collegeboard.com/search/index.jsp.

Peterson's colleges and Universities college Search. www.petersons.com/ugchannel/code/
　　searches.

고등학교 진로센터 역시 탐색할 자원과 테크놀로지를 제공한다. 또한 학생 개개인이 선택하
는 대학의 입학관리처마다 해당 대학에 관한 정보를 제공할 것이다.

4.11. 대학 지원

많은 대학과 대학교가 현재 공동지원서^{Common Application}, 즉 150여 개의 독자적인 대학들이 사용하고 있는 일반 지원서를 사용하고 있다(www.commonapp.org 온라인에서 이용 가능함).

- 많은 학생이 지원하는 대학들에 관한 개인적인 지식을 확보한다.
  - ○ 온라인으로 지원하게 되어 있는 대학과 대학교를 파악한다. (특히 공동지원서)
  - ○ 개인적으로 대학입학관리처장들과 친분을 쌓는다.
  - ○ 대학입학관리처로부터 지속적으로 정보를 입수한다.
  - ○ 필요한 경우, 대학입학관리처에 직접 전화를 건다.
  - ○ 대학 또는 대학교의 고교 성적과 석차에 대한 해석 방법을 이해한다.

- 대학의 대표자들과의 협력을 통해 학생과 학부모들과 공유하기 위한 정보를 유지 · 업데이트한다.
- 교사들을 대상으로 대학 추천서 작성법에 관한 워크숍을 실시한다.
- 학생들의 대학 탐색, 지원, 에세이 작성을 돕도록 교사들을 격려한다.
- 다른 학교의 상담자들과 지원 정보를 교환한다.
- 고등학교가 학생들의 입학허가를 위해 제시하고 있는 방법을 평가한다.
  - ○ 성적증명서의 내용과 형식을 검토한다.
  - ○ 고등학교 프로파일을 평가한다.
  - ○ 다른 고등학교로부터의 프로파일들을 수집한다.
  - ○ 교직원, 교사, 학교행정가, 학부모, 보호자들과 협의하여 고등학교 프로파일을 업데이트한다.

- 대학 재학기간 동안 졸업생들에 대한 후속지도를 실시한다.
- 익명의 이전 지원자들과 입학허가 결과에 관한 데이터를 수집, 업데이트, 공유한다.
- 대학 출석률의 경향에 관한 학교 데이터를 검토한다.
- 이전의 합격률에 관한 일반정보를 3학년 학생들, 학부모, 교사들이 이용 가능하도

록 한다.

■ 졸업생들에게는 정보 제공, 지원자들에게는 지원 기회를 제공한다.

  ○ 학생들에게 지원과정(불합격 포함)에 대해 현실적으로 준비시킨다.

  ○ 학생들에게 대학입학위원회의 입장에서 결정해 보도록 권장한다.

  ○ 학부모들에게 대학입학위원회의 입장에서 관찰해 보게 한다.

  ○ 학생과 학부모들을 위한 대학입학을 위한 워크숍을 개최한다.

  ○ 학생과 학부모들이 대학에 관한 정보가 충분히 제공된 상태에서 결정을 내릴 수 있도록 돕는다.

학생들을 위한 지원 정보

■ 지원에 관한 지시사항을 면밀히 읽어 본다.

■ 조기 조치^{early action}

  ○ 조기에 지원한다.

  ○ 입학여부에 대한 조기 약속이 필수로 요구되지 않는다.

  ○ 탈락될 수 있고, 정시모집 대상자에 포함되지 않을 수 있다.

  ○ 조기 결정을 하는 대학보다 조기 조치를 하는 대학수가 더 적다.

■ 조기 결정^{early decision}

  ○ 오직 한 대학에만 지원한다.

  ○ 만일 12월에 입학허가를 받게 된다면, 지원자는 반드시 이를 수락해야 한다.

  ○ 만일 조기 결정에서 탈락된다면, 지원은 정시모집으로 연기된다.

대학 지원 준비 시 학생들(학부모 포함)을 위한 제안

■ 개인적인 포트폴리오를 조기에 준비한다.

■ 고등학교 내내 도전적인 학과목을 선택 · 수강한다.

■ 가능하면, 2학년 또는 그 전에 PSAT 시험을 본다.

■ 3학년 때, SAT, ACT, 또는 TOEFL 시험을 본다.

■ 추천서 확인 권리를 포기한다.

■ 지원에 관해 적절한 공개를 고려한다.

■ 모든 선택적 질문에 답한다.

■ 지원자료 샘플을 신중히 선정한다.

- 추천인을 조심스럽게 선정한다. 추천인이 갖추어야 할 점은 다음과 같다.
  - ○ 피추천인에 대해 잘 알고 있다.
  - ○ 글을 잘 써 준다.
  - ○ 제출 마감일을 잘 지킬 수 있다.

- 만일 개인적인 에세이가 필수로 요구되고 주제가 명시되어 있지 않다면, 다른 학생들과는 차별화된 주제를 선정한다.
- 독특한 강점, 경험, 관심, 또는 전공 선택을 강조한다.
- 가능하면, 직접 대학을 방문해서 개인적인 면접 기회를 갖는다.
- 일회 이상 SAT 또는 ACT를 치를 것을 고려한다.

◆ 읽을거리

National Association of College Admissions Counselors. (n.d.). *Student resources.* Available at www.nacacnet.org/studentresources/Pages/default.aspx.

Hernandez, M. (2007). *Acing the college application: How to maximize your chances for admission to the college of your choice.* New York: Ballantine.

4.12. 대학 지원 에세이

수업시간을 활용한 상담자의 설명회
- 학생들이 미리 계획을 수립하도록 동기를 부여한다.
- 학생들이 준비를 시작하고, 해야 할 일을 미루지 않도록 돕는다.
- 학생들이 자신들의 경험을 가치 있는 것으로 확신하도록 돕는다.
- 학생들이 자기지식을 갖도록 돕는다.
- 학생들이 자신감을 갖도록 고무시킨다.
- 만일 에세이의 주제가 주어지지 않는다면, 가능한 주제에 대해 브레인스토밍하도록 학생들을 격려한다.

학부모들을 위한 작문 워크숍
- 고등학교 3학년 영어교사 또는 영어수업 담당 교사와 함께 진행한다.
- 학부모들을 초청하여 가족 집단으로서 또는 다른 가족들과 함께 참여시킨다.
- 학부모들이 학생들의 대학지원에 대한 스트레스를 이해하도록 돕는다.
- 학부모들에게 작문 과정과 대학의 기대에 관한 정보를 제공한다.
- 학부모들에게 자녀의 대입지원서를 읽어 보도록 권장한다.
- 학부모들에게 자녀의 에세이를 읽어 보고 들어 보도록 권장한다.
- 학부모가 자녀의 대학입학을 위한 에세이에 대해 너무 비판적이거나 초안 작성에 개입하지 않도록 한다.

성공적인 대학 에세이 작성을 위한 학생들에 대한 제안
- 개인적인 어조를 유지한다.
  - 개인적인 경험이 자신에게 어떻게 영향을 주었는지를 보여 준다.
  - 자신의 인성, 협동심, 인내, 절제를 나타낸다.
  - 자신의 개인적인 포부, 흥미, 가치관, 경험에 대해 언급한다.
  - 개방적이고 솔직하게 기술한다.

- 작문을 연습하고, 큰 소리로 읽어 보고, 건설적인 비판을 받아 본다.

◆ 읽을거리

College Board. *College essay writing tips*. www.collegeboard.com/student/apply/essay-skill/9406.html.

4.13. 대학 추천

■ 교사 추천서

   ○ 교사와 학생들에게 절차에 대한 정보를 제공한다.

   ○ 학생과 교사들에게 서면으로 된 지침을 제공한다.

   ○ 교사들에게 비밀보장권confidential rights을 포기한 경우에도 추천서는 학생들이 볼
     수 있다는 사실을 알려 준다.

■ 교사들의 추천서 작성을 위한 제안

   ○ 창의적으로 작성한다.

   ○ 실질적인 내용을 중심으로 작성한다.

   ○ 지원자에 대해 생생하게 기술한다.

   ○ 지원자가 구체적인 수업에 참여한 사항에 대해 기술한다.

   ○ 구체적인 예들을 제시한다.

■ 상담자 추천서 작성을 위한 제안

   ○ 지원자의 개인적인 포트폴리오를 참조한다.

   ○ 학생들의 서면으로 된 교육 · 진로 계획을 매년 업데이트한다.

   ○ 학생과 학부모들에게 3학년 학생으로서 자신의 강점, 흥미, 성취, 경험에 대해
     구체적으로 작성하도록 요청한다.

   ○ 지원 학생들을 면접한다.

   ○ 지원자, 교사, 학부모들을 자원으로 활용한다.

   ○ 간결하고, 객관적이며, 솔직하게 작성한다.

   ○ 각 지원자의 독특한 특성을 제시한다.

   ○ 지원자의 제출서류에 있어서 제기될 수 있는 불일치 또는 궁금해할 수 있는 점
     에 대해 언급한다.

   ○ 지원자의 특이한 강점과 교육과정을 수료한 것에 대해 언급한다.

   ○ 중등학교 졸업 후의 시도에 있어서 학생의 성공 잠재력에 대해 논의한다.

◆ 읽을거리

College Board. *Counselor tips: How to write effective letters of recommendation.* Available at http://professionals.collegeboard.com/guidance/applications/counselor-tips.

4.14. 대학 선택

학생들을 위한 의사결정 과정
- 고등학교 2학년 또는 그 전에 시작한다.
- 학교상담실에서 제공하는 일정표에 따른다.
- 학교상담실에서 제공하는 모임에 참석한다.
- 정보를 수집한다.
- 자기평가
  - 흥미
  - 경험
  - 강점
  - 약점
  - 포부
  - 목표

- 중등학교 이후의 선택 대안에 대해 평가한다.
- 관심 있는 8~10개 정도의 대학에 대해 알아본다.
  - 관심 있는 대학(교)의 웹사이트를 탐색한다. 많은 대학은 온라인상의 가상투어
    도 제공하고 있다.
  - 자신이 재학 중인 고등학교 졸업생들의 합격률을 고려한다.
  - 학위를 확인한다.

- 고등학교 수강과목
- 졸업평점(GPA)
- 석차
- 표준화된 검사점수(SAT 또는 ACT)
- 특별활동
- 기타 학업관련 요인
- 대학 대표자들이 마련하는 행사 참석

- 대학 방문 및 대학 수업 참관(가능한 경우)
- 선호도에 부합되는 대학
- 자격에 부합되는 대학
- 다음과 같은 사항 확인을 통한 각 대학의 합격가능성을 결정한다.
  - 합격이 확실시되는 대학 1~2개
  - 합격이 거의 확실시되는 대학 1~2개
  - 합격권 내에 겨우 들 것 같은 대학 1~2개

- 가장 다니고 싶은 대학 3~6개를 선정한다.
- 선정된 3~6개 대학에 지원한다.
- 1개 이상의 대학에 합격했다면, 이 과정을 재평가 · 반복한다.

◆ 읽을거리

College Board. (2007). *College counseling sourcebook* (4th ed.). Washington, DC: Author.

　(학생 자기평가 양식, 교사 정보 양식, 그리고 학부모 질문지가 포함되어 있음)

4.15. 학자금 지원

학교상담자 조치

- 7~12학년(중1~고3) 학생 학부모들을 위한 학자금 지원 회의를 계획·개최한다.
- 요청에 따라, 주당 하루 저녁 대학 및 진로 센터를 개방해 주도록 주선한다.
- 학생과 학부모들에게 학자금 지원정보 탐색방법을 가르친다.
- 학생과 학부모들에게 다음과 같이 학자금 지원 기회를 모색해 보도록 돕는다.
  ○ 학생이 선택한 대학에서 1년간 지급하는 학자금 지원 평균액을 파악한다.
  ○ 재정사정이 좋지 않은 경우, 지역대학 또는 사립 전문대 지원을 고려해 본다.
  ○ 만일 학자금 지원이 중요하다면, 입학허가를 받은 후에 학자금 지원 여부에 대한 논의를 위한 대학에서의 면접을 요청한다.
  ○ 연방보조금 프로그램에 채택될 수 있도록 연방학생보조금 무료지원서Free Application for Federal Student Aid(FAFSA)를 정확하게 작성한다.

- 학생과 학부모들에게 학자금 지원 요청은 항상 대학입학관리처에 관리하는 것은 아니라는 사실을 조언한다.
- 학부모에게 'FAFSA 온라인 실행'을 작성함으로써 기대되는 가족의 기여 정도를 계산해볼 것을 권장한다.
- 학생과 학부모들에게 FAFSA 전산화 버전 신청을 조언한다. (FAFSA 익스프레스)
- 가족 내 자녀가 고등교육기관에 재학 중인 경우, 매년 학자금 지원 정보를 업데이트한다.

◆ 읽을거리

Federal financial aid. www.ed.gov/finaid/landing.jhtml.

Free Application for Federal Student Aid (FAFSA). www.fafsa.ed.gov.

U.S. News & Education. (2009). *Paying for college*. Available at www.usnews.com/sections/business/paying-for-college.

'*The Scholarship Book*'과 '*The Ultimate Scholarship Book*'은 매년 업데이트되고 온라인 서점을 통해 구입이 가능하다.

4.16. 대학진학 준비

- 학생들과 고등학교 3학년 학생들의 상호작용을 격려, 계획, 실시한다.
- 학생들에게 대학입학 관련 대표자들과 대화해 보도록 권장한다.
- 학생들에게 대학 방문을 권장한다.
  - 대학수업을 청강한다.
  - 캠퍼스에서 학생들과 이야기를 나눈다.
  - 친구와 기숙사에 머문다.
  - 대학 활동에 참가한다.

- 3학년 학생들을 위한 집단상담을 실시한다.
  - 집을 떠나 생활하게 될 것에 대해 논의한다.
  - 다른 학생과 방을 함께 쓰는 잠재적 어려움에 대해 논의한다.
  - 시간관리에 대해 논의한다. (**4.7** 참조)
  - 대학에서의 공부습관은 고등학교 때의 것과 어떤 차이가 있을지에 대해 논의한다.
  - 학자금 납부능력에 대해 논의한다.

- 학생들의 대학생활 시작을 돕기 위한 학부모 워크숍을 개최한다.

◆ 읽을거리

Pathways to College Network. (2009). *College readiness for all toobox*. Available at http://toolbox.pathwaystocollege.net.

학업상담

4.17. 학업문제가 있는 학생 상담

학교상담자 조치

- 학생, 교사, 학부모, 보호자들과 협력적 관계를 유지한다.
- 학습을 유도하는 분위기를 조성한다.
- 학생성취를 인정해 준다.
- 개인·소집단 상담을 통해 학업문제를 다룬다. (**3.1**~**3.12** 참조)
- 상담기술을 사용한다.
  - 공감적·무비판적으로 경청한다.
  - 학생의 경험을 인정·입증해 준다.
  - 반영, 명료화, 요약해 준다.
  - 문제해결 모델을 사용한다. (**3.3** 참조)
  - 목표를 설정한다. (**4.4** 참조)
  - 선택된 상담이론으로 변화를 증진시킨다. (**2.13**~**2.22** 참조)
  - 바람직한 결과의 우선순위 배정을 돕는다.
  - 바람직한 결과의 시각화를 돕는다.
  - 바람직한 결과 성취를 위한 단계의 명시를 돕는다.
  - 성공을 향한 단계 성취를 위한 강점·자원 인식을 돕는다.
  - 각 단계의 성공 인식을 돕는다.
  - 이러한 절차가 다른 목표 성취에 어떻게 사용될 수 있는지를 보여 준다.

- 추수지도와 평가를 실시한다.

◆ 읽을거리

Brigman, G., & Campbell, C. (2003). Helping students improve academic achievement and school success behavior. *Professional School Counseling, 7*(2), 91–98.

Fitch, T. J., & Marshall, J. L. (2004). What counselors do in high-achieving schools. *Professional School Counseling, 7*(3), 172–177.

Katz, E. (2005). *The role of the school counselor in improving student achievement.* [Powerpoint presentation given at the College Board National Forum]. Available at www.highschoolnotforever.com.

Schellenberg, R. (2008). *The new school counselor: Strategies for universal academic achievement.* Lanham, MD: Rowman & Littlefield Education.

4.18. 학업문제가 있는 학생의 교사와의 협력

학교상담자 조치

■ 교사들에게 다음 사항을 실행하도록 권장한다.

  ○ 높은 기준과 기대를 유지한다.

  ○ 모든 학생들에게 노력하고 열심히 공부하도록 요구한다.

  ○ 노력을 알아 주고 인정해 준다.

  ○ 학생들에게 잠재력을 충분히 발휘하도록 요구한다.

  ○ 기대, 공부방법, 성적산정 절차에 대해 명확히 설명해 준다.

  ○ 쪽지시험, 숙제, 시험에 대한 피드백을 제공한다.

  ○ 의미 있는 숙제를 내 준다.

  ○ 성공적으로 완결지은 숙제에 대해 칭찬해 준다.

  ○ 학생들에게 실수로부터 배울 수 있는 기회를 제공한다.

■ 참견 없이 지원해 줌으로써, 교사가 위협받는 느낌이 들지 않고 지원받는 느낌이 들게 한다.

■ 학생과 함께 작업하기 위한 전략을 제안하되, 비난하지 않는다.

■ 변화를 요구하기보다는 적응을 격려한다. (변화는 위협이 될 수 있음)

◆ 읽을거리

Davis, T. E. (2005). *Exploring school counseling: Professional practices and perspectives*. Boston: Houghton Mifflin/Lahaska Press.

4.19. 학습 또는 신체적 문제가 있는 학생 상담

학습문제 범주
- 주의력결핍 과잉행동장애(ADHD)
- 아스퍼거 증후군
- 자폐증
- 행동장애(BD)
- 뇌손상(BI)으로 인한 쟁점
- 정서장해emotional disturbance(ED)
- 학습장애(LD)
- 정신지체(MR)
- 비범주적 또는 기타 손상된 건강
- 경미한 장애
- 신체장애physically handicapped(PH)

신체적 쟁점의 범주
- 청소년 임신
- 절단
- 뇌손상
- 낭포성 섬유증cystic fibrosis
- 당뇨병
- 약물 중독
- 섭식장애
- 간질
- 청각손상
- 언어 지연
- 근육위축병muscular dystrophy
- 알코올 또는 기타 약물 중독
- 강박장애obsessive-compulsive disorder(OCD)
- 겸상적혈구빈혈증sickle cell anemia

- 신체화 장애
- 척추뼈갈림증^{spina bifida}
- 투렛증후군^{Tourette's syndrome}(TS)
- 시각손상

학습 또는 신체적 문제가 있는 학생들의 특징

- 다른 학생들처럼 학습의 어려움
- 만족스러운 개인적 관계 형성 및/또는 유지 곤란
- 부적절한 행동
- 신체적 증상
- 광범위성 절망 또는 우울
- 빈번한 싸움
- 청각적/시각적 오인
- 분노폭발
- 불순종
- 과잉행동
- 충동성
- 공격적 행동
- 사회적 부적응 및/또는 미성숙
- 불안 · 공포
- 낮은 자신감
- 낮은 학업수행
- 위축
- 또래 및 성인들과의 문제
- 빈번한 주의산만성
- 자살사고
- 짧은 주의지속시간
- 불안
- 수치심

학교상담자 조치

- 수용적 관계와 무조건적 긍정적 존중을 제공한다.
- 다음의 문제에 대한 기본 지식을 습득한다.
  - ○ 일반적 특징
  - ○ 증상
  - ○ 예외적 상태에 특수한 요구
  - ○ 평가도구
  - ○ 예후

- 학생의 특별한 강점과 잠재력을 파악한다.
- 학생과 학부모가 장애상태에 적응·대처하도록 돕는다.
- 학생이 거부감을 다룰 수 있도록 돕는다.
- 학생이 자기가치감self-worth을 얻을 수 있도록 돕는다.
- 학생이 반복되는 실패를 다룰 수 있도록 돕는다.
- 학생의 두려움, 불안, 회의감, 불안정감에 대해 경청, 수용, 반영해 준다.
- 학생의 표현을 적절한 진술로 재구조화해 준다.
- 다양한 기법을 사용하여 학생들을 돕는다.
- 가능하면, 집단 장면에서 개인/사회성 기술을 가르친다.
- 자신감 강화를 돕는다. (**6.26** 참조)
- 학생의 긴장 해소를 위한 분출구를 제공한다. (**4.8** 참조)
- 학생에게 놀이치료를 소개함으로써 감정을 안전하게 분출/표현하게 한다. (**3.4** 참조)
- 집단상담 제공을 통해 관찰 및 다른 학생들과 작업하게 한다.
- 안전·안정을 제공한다.
- 적절한 행동에 대해 논의한다.
- 학생을 위한 지원 서비스를 조정한다.
- 진로계획 수립을 돕는다.
- 학생이 독립성을 확보하고 자신의 삶을 통제할 수 있도록 돕는다.
- 투약 효과를 관찰하고 학부모에게 보고한다.
- 학부모들이 자녀들에 대한 현실적인 기대를 할 수 있도록 돕는다.
- 자녀를 독특한 개인으로 인정하도록 학부모들을 격려한다.
- 규칙 적용의 일관성을 위해 교사와 학부모 회의를 개최한다.

- 학부모의 스트레스, 죄책감, 두려움, 좌절감을 이해한다.
- 학부모, 기관, 그리고 기타 전문가들과 협의 · 협력한다.
- 가족들이 필요로 하는 서비스를 받을 수 있도록 돕는다.

4.20. 학습 또는 신체적 문제가 있는 학생의 교사와의 협력

학교상담자 조치

- 조력 제공을 통해 교사의 불안을 덜어 준다.
- 개별 학생들을 위해 현실적인 단기목표를 설정한다.
- 학생의 강점과 잠재력을 탐색한다.
- 구조화된 환경 제공을 위해 교직원들을 격려한다.
- 자극을 제한한다. (과잉자극 회피를 위함)
- 일관성을 제공한다.
- 합리적인 한계를 설정하고, 일관성 있게 이를 강화한다.
- 행동계약을 설계, 설명, 준수한다.
- 정중하고 수용 가능한 행동을 가르치고 요구한다.
- 학생들에게 자신들의 행동에 책임을 지도록 요구한다.
- 행동에 따른 결과를 정하고, 일관성 있게 실행에 옮긴다.
- 일관성 있는 일정을 제공한다.
- 명확한 지침을 제공하고, 자주 반복해서 일깨워 준다.
- 침착성, 인내심, 일관성을 유지한다.

4.21. 특수 요구가 있는 학생 상담

"학교상담자는 확인된 장애와 기타 특수한 요구로부터 초래될 수 있는 도전에도 불구하고 전체 학생들이 자신들의 잠재력 실현과 연간 적절한 성과를 올리도록 돕는 일에 헌신한다."(American School Counselor Association, 2004, p. 1)

학교상담자의 적절한 역할
- 특별수업 장면과 정규교실에서 학생들과 작업한다. (포함)
- 전체 학생들에게 제공되는 서비스와 일치되는 협력적 서비스를 제공한다.
- 평가를 필요로 할 수 있는 학생들을 발굴하는 학교의 아동연구팀 또는 지역 적격 심사위원회의 위원으로 봉사한다. (**3.36** 참조)
- 서비스 전달에 있어서 다른 학생지원전문가들과 협력한다.
- 집단상담과 개인상담을 제공한다.
- 편의와 조정을 위한 계획의 수립과 실행을 돕는다.
- 교직원과 학부모들과 협의·협력하여 학생들의 특수 요구를 이해한다.
- 학교체제와 지역사회 내의 적절한 전문가에게 의뢰한다.
- 특수 요구가 있는 학생들이 중등학교 이후의 대안(예, 대학 또는 직장)으로의 이동을 돕는다.

학교상담자의 부적절한 역할
- 배치 또는 유보에 관한 결정
- IDEA의 실행과 관련된 지도감독 기능 발휘
- 504 계획 팀의 조정 [***역자 주**. 1973년에 제정된 재활법 504절에 장애학생을 차별로부터 보호하기 위해 공립학교가 자격을 갖춘 학생이 학교에 온전히 참여할 수 있도록 상식적이고 적합한 조정을 제공할 것을 규정하고 있는 것에 따른 조치임]
- 504 계획 실행의 지도감독

● 참고문헌
American School Counselor Association [ASCA]. (2004). *Position statement: The professional school counselor and students with special needs.* Alexandria, VA:

Author. Available at http://asca2.timberlakepublishing.com//files/Special%20Needs. pdf.

◆ 읽을거리

American Psychiatric Association. (2000). *Diagnostic and statistical manual of mental disorders—text revision* (4th ed., DSM—IV—TR). Alexandria, VA: Author.

Baumberger, J., & Harper, R. E. (2007). *Assisting students with disability: A handbook for school counselors.* Thousand Oaks, CA: Corwin Press.

Examining disability and giftedness in school. (2006). *Professional School Counseling Journal* (Special Issue), *10*(1), 1—111.

Getzel, E. E., & Wehman, P. (2005) *Going to college: Expanding opportunities for people with disability.* Baltimore, MD: Paul H. Brookes.

Thompson, C. L., & Henderson, D. A. (2006). *Counseling children* (7th ed.). Belmont, CA: Brooks/Cole.

Trolley, B. C., Haas, H. S., & Patti, D. C. (Eds.). (2009). *The school counselor's guide to special education.* Thousand Oaks, CA: Corwin Press.

4.22. 제2언어로서의 영어사용자와 영어학습자 상담

"학교상담자는 이해당사자들과 협력하여 문화적 다양성을 포용하고 학생 성공을 저해하는 장벽 제거를 돕는 학교와 지역사회 분위기를 조성한다."(American School Counselor Association, 2009, p. 1)

학교상담자의 역할
(American School Counselor Association, 2009, p. 1)

■ 학생들이 학업담당 교직원들로부터 적절한 서비스를 받도록 노력한다.
■ 학교 데이터 검토를 통해 학생 서비스가 학생들의 학업적 요구에 적절히 충족시키고 있는지의 여부를 평가한다.
■ 문화적 정체성과 관련해서 자각과 자기개념에 초점을 맞춘 개인 또는 집단 상담 회기를 제공한다.
■ 학생들을 다양한 문화적 전통에 노출시키는 다문화 활동을 지원·기획한다.
■ 전체 학생들에 대한 교육의 중요성을 강조하고, 고등학교 졸업장 획득이 성인으로 서의 성공을 향한 움직임이라는 증거를 제공한다.
■ 학생들 사이에 소속감을 심어 준다.
■ 적절하다면, 언어장벽이 일차적 쟁점일 때 도울 수 있는 또래 멘토와 학생을 짝지 어 주거나 '친구buddy'가 될 수 있게 해 준다.
■ 이중 언어의 가치를 인정해 주는 한편, 문화적 수용 추구를 위한 학생들의 권리를 옹호해 준다.
■ 학생의 학업발달을 지원하는 상담서비스를 제공한다. (예, 소집단 장면에서의 공부기술)
■ 다양한 학생들의 학부모들과의 연계를 통해 긍정적인 작업관계와 학생 성공의 공 유된 목표를 향한 움직임을 촉진시킨다.
■ 학생에 대한 개입을 통해 학생의 요구에 대한 인식과 지원 확대를 촉진한다.

● 참고문헌

American School Counselor Association [ASCA]. (2009). *Position statement: The professional school counselor and cultural diversity*. Alexandria, VA: Author. Available at http://asca2.timberlakepublishing.com//files/CulturalDiversity.pdf.

◆ 읽을거리

Burnham, J. J., Mantero, M., & Hooper, L. M. (2009). Experiential training: Connecting school counselors-in-training, English as a second language (ESL) teacher, and ESL students. *Journal of Multicultural Counseling and Development*, *37*(1), 2–14.

Holcomb-McCoy, C. (2007). *School counseling to close the achievement gap: A social justice framework for success*. Thousand Oaks, CA: Corwin Press.

Lee, C. C. (2001). Culturally responsive school counselors and programs: Addressing the needs of all students. *Professional School Counseling, 4*(4), 257–261.

Pedersen, P. B., Draguns, J. G., Lonner, W. J., & Trimble, J. E. (Eds.). (2002). *Counseling across cultures* (5th ed.). Thousand Oaks, CA: Sage.

Shore, K. (2001). Success for ESL students. *Instructor, 110*(6), 30, 32, 106.

4.23. 주의력결핍 과잉행동장애가 있는 학생 상담

ADHD의 유형
(Lougy, DeRuvo, & Rosenthal, 2009)

- 복합형
- 부주의형
- 과잉행동/충동 우세형
- 달리 명시되지 않는

ADHD가 있는 학생들의 특징

- 생각에 앞선 행동
- 부주의한, 체계적이지 못한 일처리
- 경청, 초점 설정, 집중의 어려움
- 주의집중의 어려움
- 자리에 앉아 있기의 어려움
- 과업 또는 놀이 활동 유지의 어려움
- 지연된 만족을 위한 기다림의 어려움
- 자기 차례 기다리기의 어려움
- 주의산만성
- 일단 시작한 일의 끝마치기 실패
- 과도한 꼼지락거림
- 과잉행동
- 충동성
- 부적절한 위험감수
- 잦은 수업 · 타인 방해
- 낮은 자존감
- 근거리 감독 필수
- 과도한 달리기 또는 오르기
- 성마른 성향
- 수줍은, 철수 행동

■ 예측할 수 없는 기분 기복

ADHD와 혼동될 수 있는 문제

■ 학습장애

■ 우울

■ 불안

■ 청각 상실

■ 수면장애

■ 간질

ADHD가 있는 학생들에게 필요한 사항

■ 자극이 제한된 공간

■ 일관성 있는 일정표

■ 구조화된 환경

■ 가정과 학교에서의 일관성 있는 규칙

■ 주의 집중과 초점 설정을 위한 전략

■ 성공 촉진을 위한 지원과 자원

■ 숙제를 위한 조정

■ 시험을 위한 조정(예, 시간 연장)

학교상담자 조치

■ 아동을 다양한 학교장면에서 관찰한다.

■ 학교심리학자와 아동연구팀에게 관찰을 의뢰한다.

■ 학부모에게 다음 항목이 포함된 신체검진과 종합평가를 권한다.

　○ 행동평가

　○ 교육평가

　○ 심리평가

　○ 아동과의 개별면접

　○ 학부모와의 개별면접

■ 오진의 결과를 인식한다.

■ 치료약물의 효과를 관찰하여 학부모에게 보고한다.
- ○ 복통
- ○ 졸음
- ○ 느린 반응
- ○ 두통
- ○ 식욕상실
- ○ 체중감소
- ○ 현기증
- ○ 메스꺼움
- ○ 불면증

상담의 초점

■ 행동기법을 고려한다. (**2.17** 참조)
■ 교사, 심리학자, 학부모들과 행동관리 프로그램을 계획한다.
- ○ 일관성 있는 규칙과 구조를 적용・유지한다.
- ○ 학생에게 규칙과 규칙 위반의 결과에 대해 알려 준다.
- ○ 학생에게 자신의 행동을 모니터하는 방법을 가르친다.
- ○ 단기목표 달성을 강화한다.
- ○ 효과적인 사회적 기술을 위한 집단상담을 제공한다.
- ○ 문제해결 모델을 가르친다. (**3.3** 참조)
- ○ 좌절감 관리를 위한 전략을 제공한다.
- ○ 좌절감 관리를 위해 강화를 제공한다.
- ○ 교사(들)・학부모/보호자와 협력하여 행동이 어떻게 학업수행에 미치는지를 다룬다.

● 참고문헌

American Psychiatric Association. (2000). *Diagnostic and statistical manual of mental disorders—text revision* (4th ed., DSM−IV−TR). Washington, DC: Author.

Lougy, R., DeRuvo, S., & Rosenthal, D. (2009). *The school counselor's guide to ADHD: What to know and do to help your students*. Thousand Oaks, CA: Corwin Press.

◆ 읽을거리

Children and Adults with Attention Deficit/Hyperactivity disorder (CHAAD). www.chadd. org.

National Institute of Mental Health. (2008) *Attention deficit hyperactivity disorder*. Rockville, MD: Author. Available at www.nimh.nih.gov/health/publications/attention-deficit-hyperactivity disorder/complete-index.shtml.

Quinn, P., & Stern, M. (2009). *Putting on the brakes: Understanding and taking control of Your ADD or ADHD.* Washington, DC: Magination Press.

Schweibert, V. L., Sealander, K. A., & Dennison, J. L. (2002). Strategies for counselors working with high school students with attention deficit/hyperactivity disorder. *Journal of Counseling and Development*, *80*(1), 8-10.

Taylor, J. F. (2006). *The survival guide for kids with ADD or ADHD.* Minneapolis, MN: Free Spirit.

Webb, L. D., & Myrick, R. D. (2003). A group counseling intervention for children with attention deficit hyperactivity disorder. *Professional School Counseling, 7*(2), 108-115.

4.24. 강박장애가 있는 학생 상담

강박장애^{obsessive-compulsive disorder}(OCD)가 있는 학생들의 특징

- 시간소모적인 반복적 사고(강박사고^{obsessions})
- 사고에 대한 반응으로서의 반복적 행동(강박행동^{compulsions})
- ADD, 공포증, 섭식장애, 공황발작, 우울, 또는 조현병이 동반될 수 있음
- 투렛증후군 발생 가능성 증가
- 통상적으로 청소년기에 증상이 나타남
- 남성과 여성에게 동일한 비율로 발생함
- 행동변화에 불충분한 자각
- 수치감 · 비밀유지를 경험함
- 영재학생이 포함될 수 있음

학교상담자 조치

- 아동을 아동연구팀 또는 지역 적격심사위원회에 의뢰한다. (**3.36** 참조)
- 학부모에게 학생을 진단에 의뢰할 것을 제안한다.
- 학생을 치료하는 심리학자와 상의하기 위해 학부모의 허락을 요청할 수 있다.
- 투약효과를 관찰하여 학부모에게 보고한다.
- 교사와 협력하여 학생의 학업, 개인, 사회성 발달을 지원한다.

◆ 읽을거리

Huebner, D. (2007). *What to do when your brain gets stuck: A kid's guide to overcoming OCD*. Washington, DC: Magination Press.

4.25. 투렛증후군이 있는 학생 상담

투렛증후군^{Tourette's Syndrome}(TS)이 있는 학생들의 특징

- 틱과 다른 운동기술 특질
  - ○ 얼굴 찡그리기 · 눈 깜빡이기
  - ○ 고개 젖히기 · 어깨 으쓱하기
  - ○ 침 뱉기 · 코 비비기
  - ○ 음성 틱
  - ○ 통제할 수 없는 욕설 또는 외설 폭발
  - ○ 단어의 강박적 반복
  - ○ 증상은 전형적으로 아동기에 발생한다.
  - ○ ADD/ADHD와 동반 발생할 수 있다.
  - ○ 사회적 상호작용이 지연될 수 있다.
  - ○ 높은 지능을 소유할 수 있다.
  - ○ 쟁점이 자주 비행과 문제행동과 혼동된다.

학교상담자 조치

- 학생과 가족들이 TS에 적응하도록 도울 수 있는 자원 탐색을 돕는다.
- 이 장애에 대처하도록 학생과 개별적으로 작업을 한다.
- 학생에게 관용적 · 동정적인 환경을 제공한다.
- 교사와의 작업을 통해 필요로 하는 편의를 제공한다.
- 다른 사람들이 투렛증후군과 이 장애의 특징을 이해할 수 있도록 돕는다.
- 가능한 한 아동의 행동을 정상화한다.

◆ 읽을거리

Chowdhury, U. (2004). *Tics and Tourette syndrome: A handbook for parents and professionals*. New York: Jessica Kingsley.

Marsh, T. L. (2007). *Children with Tourette syndrome: A parent's guide*. Bethesda, MD: Woodbine House.

National Institute of Neurological Disorders and Stroke. (2008). *Tourette Syndrome fact*

sheet. Available at www.ninds.nih.gov/disorders/tourette/detail tourette.htm.
Tourette's Syndrome Association. www.tsa-usa.org.

4.26. 학업중단 위험군 학생 상담

"학교상담자는 다른 교육자들과 지역사회 자원들과 협력하여 종합적·발달적 K-12 상담 프로그램을 통해 위험군으로 간주될 수 있는 잠재적 학업중단 학생들과 기타 학생들의 조기 발견과 개입을 제공한다."(American School Counselor Association, 1999, p. 1)

학업중단 위험군 학생들의 특징

- 수업시간에 체면 유지와 당혹스러움에 대해 염려한다.
- 과도한 결석, 무단결석, 또는 지각
- 교실과 학교에서의 파괴적 행동
- 학교활동에의 참여 결여 또는 불참
- 쉽게 지루해하거나 지루함에 대한 잦은 불평
- 학교로부터 소외감을 느낌
- 수업활동에 대한 흥미 결여
- 2개 이상 과목에서의 성적 부진 또는 과락
- 학업중단에 앞서 열흘 이상 결석
- 학업중단 직전에 이사함
- 빈약하거나 비현실적인 자기개념
- 좋지 않은 또래관계
- 무단결석 또는 과도한 수업결손 기록
- 학교생활 내내 학업 및/또는 행동문제 기록
- 수차례의 정학 처분
- 수업시간에 안절부절, 좌불안석, 또는 극도의 무기력과 무관심

학업중단 위험군

- 병든 또는 노인 가족구성원을 돌보는 학생
- 8학년 이래, 2회 이상 학교를 옮긴 학생
- 이민 노동자 가족의 학생
- 역기능적/폭력적 가족의 학생

- 학교에 관여하지 않는 가정의 학생
- 학부모가 학업을 중단한 가정의 학생
- 의사소통과 언어기술이 빈약한 학생
- 학교보다 현재의 일을 더 중시하는 학생

학업중단의 이유
- 훈육 문제와 정학
- 학교에 대한 혐오
- 낮은 학업성취
- 돈이 필요함
- 임신, 자녀양육, 또는 결혼
- 교사들, 또래들과의 좋지 않은 관계
- 알코올 또는 기타 약물 문제

학교상담자 조치
- 학교 데이터를 활용하여 출석률 저조, 성적 불량, 좋지 않은 관계, 성적 하락을 보이는 학생들을 확인한다.
- 학업중단의 성향 또는 위험군 학생 집단을 확인한다.
- 학교행정가와 교사들에게 잠재적인 학업중단 학생들의 특징에 관한 정보를 제공한다.
- 10일 이상 결석한 초등학교 학생의 부모와 상의한다.
- 확인된 학생들을 아동연구팀 또는 기타 지원서비스에 의뢰하여 위험군 인구의 요구를 다룬다.
- 위험군 학생들을 상담한다.
  - 이들의 이야기를 듣는다.
  - 학교에 대한 감정을 인정해 준다.
  - 흥미에 관해 알아본다.
  - 학업문제에 관해 알아본다.
  - 가족과 사회적 영향에 관해 알아본다.
  - 포부에 관해 알아본다.
  - 긍정적인 사회적 행동을 가르친다.

○ 학생의 지원체제 개발을 돕는다.

○ 학생들의 목표 설정을 돕는다. (**4.4** 참조)

○ 목표 달성을 위한 절차를 확인한다.

○ 학교생활에서 일부 결정을 내릴 수 있도록 학생들에게 권한을 부여한다.

○ 학생들이 학교에서 진행되고 있는 것과 현재·미래의 삶과 연결시키도록 돕는다.

○ 학생들의 고등학교 이후의 진로와 직업기회 탐색을 돕는다.

○ 학생들이 교실 이외에 학교에의 소속감을 느낄 수 있도록 돕는다.

○ 학생들이 진로와 학업 성공을 위한 기회를 인식하도록 돕는다.

■ 학생, 학부모, 교사, 상담자가 참석하는 회의를 개최한다.

■ 학생, 교사, 교직원들이 사회계급과 민족의 차이를 수용하도록 돕는다.

■ 학부모들을 학교 활동에 참여시킨다.

■ 모든 학습방식이 포함된 유연한 교육환경 조성을 권장한다. (**3.24** 참조)

■ 현실적인 훈육정책 설정과 유연성 유지를 위한 관리를 권장한다.

■ 교사들에게 짧은 과제 부과와 즉각적인 피드백 제공을 권장한다.

■ 교사들에게 개별화된 교수학습과 협동학습 제공을 권장한다.

■ 교사들에게 높은 기준과 기대를 유지하도록 권장한다.

■ 다른 성인들에게 이 학생들에 대해 좋아하는 기억들을 상기시켜 줄 것을 권장한다.

■ 수업 출석, 시간 엄수, 준비성, 참여율을 모니터한다.

■ 위험군 학생들을 위한 멘토링 프로그램을 시작한다. (**3.34** 참조)

○ 소규모로 시작한다.

○ 사전에 멘토들을 모집한다.

○ 멘토들에게 오리엔테이션과 지원을 제공한다.

○ 멘토들에게 성공에 관해 논의할 시간을 제공한다.

○ 멘토링 활동 일정표를 짠다.

○ 멘토와 멘티(학생)들에게 시상식 또는 다른 인정 방법을 통해 보상한다.

○ 좌절감이 들지 않게 한다.

■ 소규모의 진행 단계를 인정해 준다.

■ 학부모, 학생, 교사들이 보다 낮은 수준의 성적 저조/하락을 진척으로 볼 수 있도록 돕는다.

■ 대안적인 교수학습 프로그램의 권장 여부를 결정한다.

● 참고문헌

American School Counselor Association [ASCA]. (1999). *Position statement: The professional school counselor and dropout prevention/students-at-risk.* Alexandria, VA: Author. Available at http://asca2.timberlakepublishing.com//files/PS_Dropout%20 Prevention.pdf.

◆ 읽을거리

Blum, D. J., & Jones, L. A. (1993). Academic growth group and mentoring program for potential dropouts. *The School Counselor, 40*(3), 207–217.

Bost, L. W. (2007). *Building effective dropout prevention program: Some practical strategies from research and practice.* Available at www.schoolcounselor.org/ rcfiles/552/Building_Effective_Dropout_ Prevention_Programs.pdf.

Flowers, L. R., & Hermann, M. A. (2007). "This isn't the place for me": School dropout. In D. Capuzzi & D. Gross (Eds.), *Youth at risk* (5th ed., pp. 457–478). Alexandria, VA: American Counseling Association.

Lehr, C. S., Clapper, A. T., & Thurlow, M. L. (2005). *Graduation for all: A practical guide for decreasing dropout.* Thousand Oaks, CA: Corwin Press.

National Dropout Prevention Centers. www.dropoutprevention.org.

Smink, J., & Schargel, F. (2004). *Helping students graduate: A strategic approach to dropout prevention.* Larchmont, NY: Eye on Education.

4.27. 실패를 두려워하는 학생 상담

실패를 두려워하는 학생들의 특징
- 실패할 수 있다는 이유로 시도하지 않는다.
- 단일 사건을 재앙으로 간주한다.
- 완벽을 바랄 수 있다. (**4.29** 참조)
- 과업에 집중하지 못한다.
- 실행을 미룬다. (**4.31** 참조)
- 두려움으로 긴장 또는 굳어 버린다.

학교상담자 조치
- 학생들의 이완을 돕는다.
- 성공과 관계없이 시도의 가치를 강조한다.
- 강점과 과거의 성공 경험을 확인한다.
- 실행의 중요성을 강조한다.
- 상담기술을 사용한다.
- 학생들이 보다 현실적인 관점을 갖도록 돕는다.
- 문제가 아니라 해결방안에 초점을 맞춘다.
- 효과적인 공부기술에 관한 정보를 제공한다. (**4.5** 참조)
- 효과적인 시험보기 기술에 관한 정보를 제공한다. (**4.6** 참조)
- 다양한 흥미를 가진 학생들을 위한 다양한 기회를 파악한다.
- 해결중심 단기상담을 고려한다. (**2.21** 참조)
- 합리정서행동치료(REBT)를 고려한다. (**2.19** 참조)

4.28. 성공 공포 또는 회피 학생 상담

성공 공포 또는 회피 학생들의 특징
■ 자신의 잠재력에 근접한 또는 초과하는 수행을 나타내지 않는다.
■ 공부 또는 숙제를 하지 않는다.
■ 친구들과 어울리는 데 시간을 보낸다.
■ 다른 사람들의 의견에 지나치게 관심을 갖는 것처럼 보인다.
■ 또래들의 수용에 지나치게 관심을 갖는 것처럼 보인다.

성공 회피의 이유
■ 저성취하는 다른 사람들에 의해 수용되기를 바란다.
■ 학업적 성공을 오점으로 여긴다. ('멋있거나cool' 다른 사람들의 부러움을 사는 것이 아니라)

학교상담자 조치
■ 또래들의 동기와 또래압력을 인식한다.
■ 다음 사항에 대해 학생들을 돕는다.
   ○ 구체적인 미래의 목표를 정한다. (**4.4** 참조)
   ○ 현재와 미래의 대안을 명시한다.
   ○ 다양한 대안을 유지하는 이점을 인식한다.
   ○ 구체적인 프로젝트 또는 과목에 대해 노력한다.
   ○ 학업적 성공의 가치를 인식한다.
   ○ 대안과 기회의 시간 한계를 인식한다.

■ 진척을 나타내는 단계들을 명시한다.
■ 각 단계의 진척에 대해 보상해 준다.
■ 어느 정도는 이전의 상태로 되돌아갈 것을 감안한다.

4.29. 완벽주의 학생 상담

완벽주의 학생들의 특징

- 실수할 것에 대해 두려워한다.
- 비판을 받게 되는 경우, 화를 내거나 상처를 받는다.
- 완벽한 수행에 대한 강박행동을 나타낸다.
- 자신들의 성취는 결코 충분하지 않다고 믿는다.
- 활동, 취미, 스포츠, 레저, 또는 보상을 즐기지 못한다.
- 탁월해야 할 것 같은 느낌을 갖는다.
- 과거의 실수를 곱씹는다.
- 자신을 가장 높은 성취자들과 비교한다.
- 자기가치와 수행을 동일시한다.
- 자주 미룬다.
- 수행에 대해 끊임없이 걱정한다.
- 경직된 기대수준을 설정한다.
- 재앙이 될 많은 경험을 고려한다.
- 수업시간에 언급된 모든 주제의 모든 면을 이해해야 한다는 부담을 느낀다.

학교상담자 조치

- 다음 사안에 대해 학생들을 돕는다.
  - 합리적인 목표를 세운다.
  - 완벽은 착각이라는 사실을 받아들인다.
  - 강점·성취를 인정한다.
  - 목표를 향한 작업 과정을 소중히 여긴다.
  - 실수를 학습경험으로 간주한다.

- 취미 또는 경쟁적이지 않은 스포츠를 권장한다.
- 사람들과 자신의 실수를 소중히 하도록 격려한다.
- 바람직한 과업과 필요한 과업의 차이를 이해한다.
- 실수를 해도 자신을 가치 있는 존재로 받아들인다.

- 결과에 상관없이 노력의 가치를 인정한다.
- 자기가치는 수행에 달려 있는 것이 아니라는 사실을 인정한다.

◆ 읽을거리

Adelson, J. L., & Wilson, H. E. (2009). *Letting go of perfect: Overcoming perfectionism in kids.* Waco, TX: Prufrock Press.

Davis, T. E. (2007). Helping perfectionistic students find the BALANCE. *ASCA School Counselor, 45*(1), 32-39.

Greenspan, T. S. (2002). *Freeing our families from perfectionism.* Minneapolis, MN: Free Spirit.

Greenspan, T. S. (2007). *What to do when good isn't good enough: The real deal on perfectionism.* Minneapolis, MN: Free Spirit.

4.30. 영재학생 상담

영재학생들의 특징

■ 다음 중 한 가지 이상의 영역에서 예외적인 능력의 증거를 보인다.
  ○ 지적 추구
  ○ 창의성
  ○ 리더십
  ○ 공연 또는 시각예술
  ○ 구체적인 학업 영역

■ 다음과 같은 특징을 보일 수 있다.
  ○ 인내심 결여: 자기와 타인들에 대한 높은 기대
  ○ 독립적이고, 고집이 셈
  ○ 직관력 · 통찰력
  ○ 끈기
  ○ 자기중심적이고, 자신의 감정에 민감함
  ○ 자기와 타인에 대한 비판적 태도
  ○ 판에 박은 듯한 과업 회피
  ○ 개념화, 추상적 추리, 학습이 빠름
  ○ 결핍에 대한 보완
  ○ 걱정을 위장함
  ○ 성숙한 유머감각
  ○ 또래들로부터 낙인 · 거부 경험
  ○ 고립감 · 소외감
  ○ 흥미와 시간의 우선순위 정하는 것을 어려워함
  ○ 다수의 폭넓은 흥미를 가짐
  ○ 사회적 관계에 어려움을 겪을 수 있음
  ○ 도전받을 필요가 있음
  ○ 탐독

○ 불일치되는 점에 대한 재빠른 인식
○ 순응에의 저항
○ 높은 언어적 능력
○ 높은 지적 호기심
○ 높은 인지적 문제 해결력
○ 부적절한 모험 시도
○ 어울리기 위해 저성취를 나타낼 수 있음

영재학생^{Gifted and Talented}(GT) 프로그램에 있어서 학교상담자의 역할
(American School Counselor Association, 2007)

■ 다중척도체제^{multicriterion system} 사용을 통해 영재학생들의 확인을 돕는다. (이 업무를 담당하지는 않음)
■ GT 학생들의 학업 · 진로 · 개인/사회성 발달 요구에 부합되는 활동의 포함 및 참여를 촉진한다.
■ GT 학생들에게 영향을 줄 수 있는 특수 쟁점과 요구를 다룬다.
■ 영재학생들에게 개인 · 집단 상담을 제공한다.
■ GT 학생들과 부모/보호자들을 위해 자료와 자원을 추천한다.
■ 지속적인 전문가 발달을 통해 영재교육 영역에서 새로운 정보를 업데이트한다.
■ 다른 학교 교직원들과 협력하여 GT 학생들을 위한 기회를 극대화한다.

학교상담자 조치

■ 진정성 있게 부적절감을 수용한다.
■ 능력, 흥미, 한계의 수용을 돕는다.
■ 다른 사람들의 능력과 한계의 수용을 돕는다.
■ 능력 개발을 돕는다.
■ 기회 탐색을 돕는다.
■ 개인적 의사결정을 돕는다.
■ 현실적인 목표 수립을 돕는다.
■ 적절한 사회적 기술 습득을 돕는다.
■ 스트레스 관리를 돕는다.
■ 진로 대안의 인식을 돕는다.

- 학생들이 빈약한 사회적 관계를 경험할 수 있음을 인식한다.
- 저성취 가능성을 인식한다.
- 문제해결 전략을 권장한다.
- 이해력 증진을 위한 적절한 서적들을 제안하여 서적의 내용과 학생에게 개인적으로 중요한 내용에 대해 이야기를 나눈다.
- 낮은 자존감의 가능성을 이해한다.
- 학부모의 적절한 서비스와 자원 탐색을 돕는다.

● 참고문헌

American School Counselor Association [ASCA]. (2007). *Position statement: The professional school counselor and gifted and talented student program.* Alexandria, VA: Author. Available at http://asca2.timberlakepublishing.com//files/PS_Gifted.pdf.

◆ 읽을거리

Colangelo, N., & Davis, G. (2003). *Handbook of gifted education* (3rd ed.). Boston: Allyn & Bacon.

Daniels, S., & Piechowski, M. M. (Eds.). (2009). *Living with intensity: Understanding the sensitivity, excitability, and the emotional development of gifted children, adolescents, and adults.* Scottsdale, AZ: Great Potential Press.

Gentry, M. (2006). No child left behind: Gifted children and school counselors. *Professional School Counseling, 10*(1), 73-81.

Peterson, J. S. (2006). Addressing counseling needs of gifted student. *Professional School Counseling, 10*(1), 43-51.

4.31. 미루는 학생 상담

미루는 학생들의 특징

- 활동의 시작을 회피한다.
- 실행에 옮기기 전에 예비적인 일을 마쳐야 할 필요가 있음을 스스로 다짐한다.
- 앞으로 나아가기 전에 과거를 변화시키고 싶어 한다.
- 과업을 완벽하게 완수하고 싶어 한다.
- 과업성취 능력을 의심한다.
- 과거의 실수 또는 무능력을 곱씹는다.
- 변화를 두려워한다.
- 내일로 연기한다.
- 아주 높고, 비현실적인 목표·기준을 설정한다.
- 중요한 과업을 낮은 우선순위 활동으로 대체한다.
- 영감이 떠오르기를 기다린다.
- 완벽한 시간을 기다린다.

학교상담자 조치

다음 사항에 대해 학생들을 돕는다.

- 과거에 미루는 버릇을 인식·인정한다.
- 완수한 과업의 결과를 마음에 그려 본다.
- 과업을 미루지 않고 성취했던 예외적인 상황을 떠올린다.
- 명확하고 성취 가능하며, 측정 가능한 목표를 세운다. (**4.4** 참조)
- 개인의 사건통제력을 믿는다.
- 재발될 수 있지만, 통제될 수 있다는 사실을 깨닫는다.
- 목표를 단기간에 성취될 수 있는 실행 단계별로 나눈다.
- 첫 번째 실행단계를 완수할 수 있도록 짧은 시간을 지정한다.
- 다음 실행단계의 완료를 계획한다.
- 완료된 실행단계를 체크한다.
- 우선순위에 따라 과업을 실행에 옮기고, 완료되면 보상을 제공한다.

- 동기는 흔히 실행 다음이라는 사실을 기억한다.
- 부정적인 혼잣말을 긍정적인 혼잣말로 대체한다.
- 성취 가능한 목표를 향한 작업에 집중한다.

◆ 읽을거리

Emmet, R. (2002). *The procrastinating children: A handbook for adults to help children stop putting things off*. New York: Walker.

4.32. 학생의 실패로부터 학습 돕기

구체적인 학업 실패

- 낙제점수
- 유급
- 대학 낙방

학교상담자 조치

다음 사항에 대해 학생들을 돕는다.

- 결정을 인정·수용한다.
- 수행평가로부터 자기가치감을 분리한다.
- 자기에게 가치를 부여하고 다른 강점을 명시한다.
- 다른 성공을 회상한다.
- 다음 기회에 초점을 맞춘다.
- 새로운 현실적인 목표를 확인한다.
- 성공을 마음에 그린다.
- 새로운 목표 성취를 위한 단계들을 명시한다.
- 보다 큰 목표를 작은 단계들로 나누어 진행을 촉진한다.
- 각 단계의 완료로 성취된 진척을 인정해 준다.
- 경험으로부터 학습될 수 있는 것을 확인한다.

4.33. 학생이 성공 장벽을 극복하도록 돕기

학생 성공에의 몇 가지 장벽
- 성공할 기회에의 제한된 접근성
- 스트레스
- 제한된 시간
- 비현실적 기대
- 어려운 성격
- 동등하지 않은 대우 또는 평가
- 지루한 수업

학교상담자 조치
- 학교 데이터 평가를 통해 학생 성공에의 장벽을 결정한다.
- 장벽이 존재함을 인정한다.
- 학생 성공을 저해하는 실행 및 프로그램 제거를 위해 작업한다.
- 상황이 바람직하지는 않지만 파멸적인 것은 아니라는 사실을 인정하도록 학생들을 돕는다.
- 상담기술을 사용한다.
- 학생들의 실행계획 설계를 돕는다.
- 성공을 향한 단계를 명시하도록 학생들을 돕는다.
- 첫 단계 성취를 위한 실행을 하도록 학생들을 격려한다.
- 각 단계의 성공적인 완료를 인정해 준다.
- 추수지도를 계속한다.

◆ **읽을거리**

Brigman, G., & Campbell, C. (2003). Helping students improve academic achievement and school success behavior. *Professional School Counseling, 7*(2), 91-98.

Fitch, T. J., & Marshall, J. L. (2004). What counselors do in high-achieving schools: A study on the role of the school counselor. *Professional School Counseling, 7*(3), 172-177.

Holcomb-McCoy, C. (2007). *School counseling to close the achievement gap: A social justice framework for success.* Thousand Oaks, CA: Corwin Press.

제 5 편

학교에서의 진로상담

진로발달 이론과 평가

5.1. 진로발달이론

진로 발달 및 선택 이론은 진로관련 가치관과 행동을 설명, 기술, 예측하고자 한다.

홀랜드의 진로유형과 개인 · 환경 적합도 이론 Theory of Career Types and Person-Environment Fit
(Holland, 1973)
- 개인의 능력 · 흥미와 진로 기회를 연결시킨다.
- 성격과 직업 환경은 다음의 6가지 유형에 따라 분류된다.
  1. 현실형 Realistic
  2. 탐구형 Investigative
  3. 예술형 Artistic
  4. 사회형 Social
  5. 진취형 Enterprising
  6. 관습형 Conventional

- 주요 변인
  ○ 흥미
  ○ 자기와 진로에 관한 정보
  ○ 환경
  ○ 개인적 특질
  ○ 적성
  ○ 욕구

수퍼의 생애기간 · 생애공간이론 Life-Span, Life-Space Theory
(Super, 1980)
- 인본주의적 · 발달적

- 직업적 자기개념은 아동의 호기심, 관찰, 그리고 일과 연관된 성인들과의 동일시
  를 기초로 발달된다.

- 진로발달을 위한 5가지 생애역할
  1. 성장growth
  2. 탐색exploration
  3. 확립establishment
  4. 유지maintenance
  5. 쇠퇴disengagement

- 주요 변인
  - 개인적 결정요인: 심리적 · 생물학적
  - 상황적 결정요인: 역사적 · 사회경제적
  - 흥미 · 영향
  - 자기개념 · 계획성
  - 평생 과정

갓프레드슨의 진로포부이론Theory of Career Aspiration: 제한, 타협, 자기창조Self-Creation (Gottfredson, 1981)

- 제한circumscription: 성별 또는 위신에 기초하여 수용할 수 없는 직업적 대안들을 제거
  해 나가는 과정
- 타협compromise: 제한적 환경요인의 현실에 기인하는 진로선택 수정을 위한 개인의
  요구

제한 단계
(아동기~청소년기)
- 1단계: 크기와 힘에 대한 오리엔테이션(3~5세)
- 2단계: 성역할에 대한 오리엔테이션(6~8세)
- 3단계: 사회적 가치 평가에 대한 오리엔테이션(9~13세)
- 4단계: 내면의 독특한 자기에 대한 오리엔테이션(14세 이후)

크럼볼츠의 사회학습이론

(Krumboltz, Mitchell, & Gelatt, 1975)

- 사회학습^{social learning} 모델은 다음 3가지 목표에 초점을 맞추고 있다.
  - ○ 부적응 행동을 변화시킨다.
  - ○ 의사결정을 가르친다.
  - ○ 문제해결 기술을 가르쳐서 미래를 준비시킨다.

- 평생 과정
- 주요 변인
  - ○ 개인적, 유전적, 그리고 특수 능력
  - ○ 환경 조건과 사건
  - ○ 학습 경험
  - ○ 강화요인
  - ○ 과업접근 기술

- 문제해결 기술
- 일 습관
- 마음가짐
- 정서 반응
- 인지 반응

브라운의 진로발달의 가치관 이론^{Values Theory in Career Development}

(Brown, 2006)

생활양식과 의사결정에 있어서 가치관의 역할은 진로선택에 영향을 미칠 수 있다. 사람들은 결정을 내리고 자신들의 가치관 지향성에 의해 영향을 받은 결정에 따라 실행에 옮기기도 한다. 문화와 직업 가치관^{work values}은 진로선택의 핵심 요인이다.

- 주요 변인
  - ○ 유전적 특질
  - ○ 가족 가치관
  - ○ 생애 경험
  - ○ 사회적 가치관과 영향

○ 문화적 가치관

○ 성별 가치관

● **참고문헌**

Brown, D. (2006). *Career information, career counseling, and career development* (9th ed.). Boston: Allyn & Bacon.

Gottfredson, L. S. (1981). Circumscription and compromise: A developmental theory of occupational aspirations. *Journal of Counseling Psychology, 28,* 545–579.

Holland, J. L. (1973). *Making vocational choices: A theory of careers.* Upper Saddle River, NJ: Prentice Hall.

Krumboltz, J. D., Mitchell, A., & Gelatt, H. G. (1975). Applications of social learning theory of career selection. *Focus on Guidance, 8,* 1–16.

Super, D. E. (1980). A life-span, life-space approach to career development. *Journal of Vocational Behavior, 16*(3), 282–296.

◆ **읽을거리**

Beale, A. V. (2001). Emerging career development theory: A test for school counselors. *Professional School Counseling, 5*(1), 1–5.

Brown, D. (2002). *Career choice and development* (4th ed.). San Francisco: Jossey-Bass.

Brown, S. D., & Lent, R. W. (Eds.). (2004). *Career development and counseling: Putting theory and research to work.* Hoboken, NJ: Wiley.

Gibson, R. L., & Mitchell, M. H. (2006). *Introduction to career counseling for the 21st century.* Boston: Pearson/Merrill Prentice-Hall.

Gysbers, N. C., Heppner, M. J., & Johnston, J. A. (2009). *Career counseling: Contexts, processes, and techniques* (3rd ed.). Alexandria, VA: American Counseling Association.

Sharf, R. S. (2009). *Applying career development theory to counseling* (5th ed.). Belmont, CA: Brooks Cole.

5.2. 진로평가

21세기의 테크놀로지는 진로평가 도구에 대한 접근성을 향상시켰다. 이러한 도구들의 결과는 완벽하지 않으므로, 학생의 포부를 제한하기보다 보완하는 역할을 담당해야 한다. 다음에 제시된 내용은 완전하지는 않지만, 보다 대중적이고 널리 사용되는 평가도구에 관한 정보를 제공하고 있다(일부 평가도구는 검사 작성 및/또는 채점이 유료일 수 있다. 단체 할인과 학교 할인이 가능한 경우도 있다).

진로 흥미·적성 검사

- ACT 탐색^Explore: 중 2, 3학년용
  www.actstudent.org/explore
- 군직업적성검사^Armed Service Vocational Aptitude Battery(ASVAB): 고등학생용
  www.asvabprogram.com
- 진로 미래^Career Futures(종전의 브릿지스^Bridges): 중학생용
  www.bridges.com/us/prodnserv/cfutures/index.html
- 진로/생활기술 자원^Career/Lifeskills Resources: 모든 수준을 위한 86개 평가도구
  http://career-lifeskills.com/career-assessments-79
- 진로직업선호체제^Career Occupational Preference System(COPS): 중1~성인용
  www.edits.net/cops.html
- 진로지향배치평가검사^Career Orientation Placement Evaluation Survey(COPES): 중1~성인용
  www.edits.net/copes.html
- 진로경로^Career Path(진로 빌더스^Career Builders의 일부): 고등학생용
  www.careerpath.com/career-tests
- 진로플래너^Career Planner: 고등학생용
  www.careerplanner.com
- 디스커버^DISCOVER: 중학생~성인용
  www.act.org/discover
- 익스플로어^EXPLORE: 중학생~고등학생용
  www.exploretheworldofwork.com

- 고등학교 진로경로 플래너^{High School Career Course Planner}: 고등학생용

  www.cfkr.com/productpreviews/hsccp.html

- 쿠더 진로평가^{Kuder Career Assessment}: 유치원~고등학교 3학년용

  www.kuder.com

- 전공 · 부전공 파인더^{Major-Minor Finder}: 고등학생용

  www.cfkr.com/mmf.html

- 미래 맵핑^{Mapping Your Future}: 중학생~고등학생용

  www.mappingyourfuture.org

- 나의 미래^{My Future}: 고등학생용

  www.myfuture.com

- 마이어스-브릭스 유형검사^{Myers-Briggs Type Indicator}: 고등학생용

  www.myersbriggs.org

- 다음단계진로계획^{Next Steps Career Planning}: 중학생~고등학생용

  www.nextsteps.org

- 성격 · 적성 진로검사^{Personality and Aptitude Career Tests}: 고등학생용(다중평가)

  www.personality-and-aptitude-career-tests.com/differential-aptitude-tests.html

- 자기주도 탐색^{self-Directed Search}: 고등학생용

  www.self-directed-search.com/default.aspx

- 시기3^{SIGI 3}: 고등학생용

  www.sigi3.org

- 버지니아 진로전망^{Virginia Career View}: 유치원~고등학교 3학년용

  www.vacareerview.com

학생들을 위한 국가 진로 역량과 기술

5.3. 국가 진로 역량과 기술

국가 진로발달 지침

(National Career Development Association, 2007)

■ 일반 영역 · 목표

  ○ 개인/사회성 발달 영역

    • 자기에 대한 이해 증진을 통해 긍정적인 자기개념을 구축 · 유지한다.

    • 긍정적인 대인관계 기술(존엄성에 대한 존중 포함)을 발달시킨다.

    • 성장과 변화를 진로발달에 통합시킨다.

    • 개인, 레저, 지역사회, 학습자, 가족, 직업 역할의 균형을 유지한다.

  ○ 교육적 성취와 평생학습 영역

    • 개인 · 진로 목표 도달에 필요한 교육적 성취와 수행 수준을 달성한다.

    • 지속적인 평생학습 경험에 참여함으로써, 다양하게 변화하는 경제상황에서 효과적으로 기능하기 위한 능력 향상을 꾀한다.

  ○ 진로 관리 영역

    • 진로목표에 부합되는 진로계획을 수립 · 관리한다.

    • 의사결정 과정을 사용한다.

    • 정확한 현재의 편견 없는 진로정보를 활용한다.

    • 학업, 직업, 일반적인 취업능력 기술을 완전히 익혀서 고용의 획득, 창조, 유지, 진보시킨다.

    • 변화하는 고용 추세, 사회적 요구, 경제 상황을 진로계획에 통합시킨다.

  ○ 지표 및 학습 단계

    • 지식 습득: 지식에 대한 인식을 확대하고 진로에 대한 이해력을 구축한다.

- 지원: 습득한 지식을 상황과 자신에게 적용한다.
- 반영: 지식을 여러 상황에 통합시키고 행동을 적용할 것인지의 여부를 결정한다.

■ 초등학교
  ○ 교실을 업무현장으로 만든다.
  ○ 생산적인 근로습관을 가르치고 강화시킨다.
  ○ 학생들이 잠재적인 진로주제 적용을 이해할 수 있도록 돕는다.
  ○ 지역사회 자원인력을 활용하여 일과 직업을 부각시킨다.
  ○ 직업세계와 진로의식을 강조한다. 단, 진로선택은 고등학교 시기로 미룬다.
  ○ 진로인식에 있어서의 편견과 고정관념을 감소시킨다.

■ 중학교
  ○ 진로탐색을 강조한다.
  ○ 적성, 흥미, 근로 가치관을 탐색한다.
  ○ 직업체험을 권장한다.
  ○ 직업선택을 고려한다.
  ○ 과목 선정과 진로 대안 사이의 연관성을 고려한다.

■ 고등학교
  ○ 진로결정을 강조한다.
  ○ 중등학교 이후의 삶을 위한 계획을 수립한다.
  ○ 고등학교 이후의 모든 대안을 고려한다.
  ○ 진로평가와 검사도구 및 학교기반 진로센터를 활용하여 진로결정을 돕는다.

장관의 필요기술성취위원회 Secretary's Commission on Achieving Necessary Skills (SCANS)
(U.S. Department of Labor, 1991)
고도의 수행력이 요구되는 직장의 유능한 개인들에게는 다음과 같은 기초 기술이 요구된다.
■ 기본 기술
■ 사고 기술

■ 개인적 자질

효과적인 개인들은 다음과 같은 직장 역량을 생산적으로 활용할 수 있다.

■ **자원**: 자원을 할당하는 방법을 숙지한다.

■ **대인관계 기술**: 효과적으로 소통한다.

■ **정보**: 과정 정보

■ **체제**: 체제를 이해 · 사용한다.

■ **테크놀로지**: 테크놀로지를 활용하여 구체적인 직무를 완수한다.

● 참고문헌

National Career Development Association. (2007). *National career development guideline*. Available at http://associationdatabase.com/aws/NCDA/asset_manager/get_file/3384/ncdguideline2007.pdf.

U.S. Department of Labor. (1991). *What work requires*. Available at http://wdr.doleta.gov/SCANS/whatwork/whatwork.pdf.

◆ 읽을거리

National Career Development Association. www.ncda.org.

5.4. 전체 학생들을 위한 진로목표

- 진로에 관한 지식을 향상시킨다.
  - 필수로 요구되는 준비
  - 필수로 요구되는 책임
  - 직업의 보상
  - 선택한 직업분야에 있어서의 기회
  - 직업에서 독립적인 작업 활동
  - 직업에서의 팀워크 활동
  - 직업에 있어서 기회의 위치
  - 직업의 안정성

- 자기이해를 증진시킨다.
  - 능력
  - 기술
  - 재능
  - 경험
  - 한계
  - 가치관
  - 적성
  - 흥미
  - 포부
  - 기회
  - 바라는 생활양식

- 일에 대한 긍정적 태도를 유지한다.
- 일 관련 기술을 습득한다.
- 긍정적인 대인관계 기술을 습득한다.
- 진로 계획과 결정 기술을 개발한다.

■ 교육 · 진로 목표를 향한 탐색 · 진척시킨다.

■ 평생에 걸쳐 계속해서 진로와 기회에 관해 학습한다.

전체 학생들을 위한 진로상담

5.5. 진로발달 프로그램 기획

K-12 진로발달
- 순차적
- 체계적
- 종합적
- 협력적
- 평가적
  - ○ 지속적 평가
  - ○ 지속적 개선

진로발달 프로그램의 준비 방법
- ASCA 국가표준 진로발달 세부목표를 활용하여 프로그램을 개발한다. (**1.3** 참조)
- 학부모, 학교행정가, 상담자, 교사(초등학교, 중학교, 고등학교의 경우), 업체, 기업, 노동, 정부, 그리고 서비스 기관들과 협력한다.
  - ○ 지역 고용주들과 지역사회 구성원을 포함시킨다.
  - ○ 학부모 자원봉사자들을 포함시킨다.

- 운영위원회 또는 학교상담 자문위원회를 구성한다. (**1.11** 참조)
  - ○ 순차적ㆍ체계적ㆍ종합적 K-12 진로발달 프로그램의 이점을 확인한다.
  - ○ 현재의 진로발달 프로그램을 모든 수준에서 평가한다.
  - ○ 지역사회로부터 조언을 도출한다.
  - ○ 진로발달 프로그램을 위한 시간과 자원의 지원 약속을 도출한다.

- 교직원 발달과 개입을 계획한다.
  - ○ 진로 프로그램에 관한 교직원들에 대한 역할진술문을 서면으로 작성한다.

○ 상담자와 교사들에 대한 기회를 계획하여 지역사업체들과 협력한다.
○ 노력과 자료를 조정한다.

■ 프로그램 발달을 위한 결정을 내린다.
　○ 지속적 평가를 위한 계획을 세우고, 진로 · 대학 센터를 위한 최신 자원을 습득한다. (**5.10** 참조)
　○ 고등학생들을 위한 직업체험 기회를 조정한다.

■ 모든 기여자와 참여자들에게 계속해서 정보를 제공한다.
■ 프로그램 평가방법을 결정한다.
　○ 지속적 평가
　○ 진로상담 서비스의 성장과 개선을 위한 데이터 수집과 분석

◆ 읽을거리

Feller, R. (2003). Aligning school counseling, the changing workplace, and career development assumptions. *Professional School Counseling, 6*(4), 262-271.

Lapan, R. T. (2004). *Career development across the K-16 years: Bridging the present to satisfying and successful futures.* Alexandria, VA: American Counseling Association.

Schwallie-Giddis, P., & Kobylarz, L. (2007). Career development: The counselor's role in preparing K-12 students for the 21st century. In J. Witmer & M. A. Clark (Eds.), *Managing your school counseling program: K-12 developmental strategies* (3rd ed., pp. 231-239). Minneapolis, MN: Educational Media.

5.6. 초등학생 진로발달

개인 · 진로 속성 발달
- 학습을 위한 욕구를 발달시킨다.
- 필수적인 학습기술(경청, 읽기, 논의, 쓰기)을 발달시킨다.
- 교사의 지시에 따르는 법을 배운다.
- 규칙을 준수하는 법을 배운다.
- 의사결정 기술을 배운다.
- 목표설정 기술을 습득하고 목표성취를 위해 실행한다. (**4.4** 참조)
- 테크놀로지에 대해 배우고, 테크놀로지를 활용하여 진로 프로그램을 탐색한다.
- 일의 가치를 배운다.
- 집단 · 팀으로 다른 사람들과 함께 작업한다.

교육 · 진로 학습의 관련성
- 학교에서의 경험을 직장에서의 경험과 연관시킨다.
- 학교에서의 좋은 공부습관을 직장에서의 좋은 근로습관과 연관시킨다.
- 학교에서의 개인적 책임을 직장에서의 책임과 연관시킨다.
- 학교에서의 행동과 결과를 직장에서의 행동과 연관시킨다.

진로정보 획득
- 진로와 직업, 그리고 이 두 가지의 차이점에 대해 배운다.
- 지역사회 근로자들에 관해 학습한다.
    - 학교에서 '진로의 날' 또는 '진로의 밤' 행사에 참석한다.
    - 학부모 또는 다른 성인들의 직장을 견학한다.

- 진로발표로부터 배운다.
- 테크놀로지를 통해 초등학교 시기의 학생들과 관련된 진로 프로그램을 탐색한다.

자기이해
- 개인의 강점, 흥미, 능력을 인식하고, 이것들을 진로와 연관시킨다.

■ 진로 포트폴리오에 대해 배운다. (**5.12** 참조)

■ 중등학교 이후의 계획을 준비한다. (**5.11** 참조)

◆ 읽을거리

Auger, R. W., Blackhurst, A. E., & Wahl, K. H. (2005). The development of elementary-aged children's career aspirations and expectations. *Professional School Counseling, 8*(4), 322-329.

5.7. 중학생 진로발달

개인 · 진로 속성 발달
- 학습에 대한 열의를 발달시킨다.
- 학업과 학습에 대한 긍정적 태도를 표출한다.
- 자기주도성을 증진시킨다.
- 행동에 대한 책임을 수용한다.
- 학업의 질에 대한 공감을 발달시킨다.
- 긍정적인 대인관계와 사회적 기술을 발달시킨다.
- 협동적인 작업 기술을 발달시킨다.
- 좋은 결정을 내리는 능력을 강화한다.
- 자신감을 증진시킨다.

학업과 진로학습의 연결
- 학업성취와 진로기회의 관계를 인식한다.
- 학업과 진로 계획에 있어서의 정보를 탐색 · 사용한다.
- 원하는 진로군 또는 흥미와 관련된 선택과목을 선정한다.
- 학업성취와 진로추구 사이를 연결시킨다.

교육 · 진로 정보수집
- 진로 어휘를 발달시킨다.
- 지역사회의 근로자들에 관해 배운다.
  - ○ '진로의 날' 또는 '진로의 밤'에 참석한다.
  - ○ 학부모 또는 다른 성인들의 직장을 견학한다.

- 진로 강사들로부터 배운다.
- 성인들과 이들의 진로에 관해 인터뷰한다. (**5.19** 참조)
- 가능한 진로의 다양성에 대해 인식한다.
- 관심 있는 진로에 대해 연구하고, 발표 또는 보고서를 작성해 본다.
- 테크놀로지와 인터넷 자원을 통해 진로를 탐색한다.

■ 직업탐색, 지원서 작성, 면접 기술에 대해 배운다.

자기이해와 직업과의 연결

■ 능력과 홍미에 관해 더 잘 인식하고 현실적인 입장을 취한다.
  ○ 성취검사 결과, 그리고 검사결과와 교육목표 및 진로목표와의 관계를 이해한다.
  ○ 적절한 홍미검사와 적성검사의 결과를 해석하는 법을 터득한다.
  ○ 개인의 가치관과 이것이 직업과 어떻게 관련이 있는지를 이해하기 시작한다.

■ 홍미를 확인하고 우선순위를 정하기 위한 활동에 참여한다.
■ 의사결정 모델에 관해 배운다.

미래를 위한 계획

■ 진로지향 목표를 세운다.
■ 진로목표를 뒷받침하는 중1~고3의 공부계획을 세운다. (**5.11** 참조)
■ 진로계획 수립에 도움이 될 정보 수집과 유지를 위한 학업/진로 포트폴리오를 만든다. (**5.12** 참조)

◆ 읽을거리

Legum, H. L., & Colbert, R. (2004). Impact of carre intervention on at-risk middle school students' career maturity levels, academic achievement, and self-esteem. *Professional School Counseling, 8*(2), 148−155.

McCutcheon, M. (2007). *Planning today for success tomorrow.* Denver: Outskirts Press.

Trusty, J., Niles, S. G., & Carney, J. V. (2005). Education-career planning for middle school counselors. *Professional School Counseling, 9*(2), 136−143.

5.8. 고등학생 진로발달

개인 · 진로 속성 발달
- 학습 지속을 위한 강한 의욕을 발달시킨다.
- 책임을 지고 진실되게 실행에 옮긴다.
- 독립적 · 상호의존적으로 작업할 수 있는 능력을 개발한다.
- 학교와 직장에서의 편견을 찾아내고, 편견 제거를 위해 노력한다.
   ○ 연령에 대한 편견
   ○ 민족에 대한 고정관념
   ○ 성별에 대한 고정관념

- 진로관련 고정관념을 인식 · 배격한다.
   ○ 연령에 대한 고정관념
   ○ 민족에 대한 고정관념
   ○ 성별에 대한 고정관념

- 일에 대한 긍정적 태도를 유지한다.
- 변화를 긍정적으로 다루고, 유연한 태도를 취한다.
- 의사결정 기술을 활용한다.
- 시장성 있는 기술을 습득한다.
- 가능한 경우, 자원봉사, 근로, 또는 시간제 공익사업에 참여한다.
- 직업 · 진로의 탐색, 평가, 취업, 유지, 변경을 위한 기술을 습득한다.

교육과 진로학습의 연결
- 학과목과 미래의 진로 기회의 관련성을 이해한다.
- 현재의 교육을 직장에서의 수행능력과 연관시킨다.
- 개인의 태도, 적성, 가치관을 진로탐색과 연관시킨다.
- 바라는 생활양식을 진로목표와 연관시킨다.

교육 · 진로 정보수집

- 적절한 진로설명회에 참석한다.
- 적절한 대학의 설명회(대학진학설명회, 학자금 지원설명회 포함)에 참석한다.
- 적절한 군 입대 설명회에 참석한다.
- 적절한 직업 또는 대학 탐방 행사에 참석한다.
- 교육과 진로 정보를 관리 · 정리한다.
- 현재의 전일제 직업에 대해 재탐색한다.
  - ○ 진로정보의 위치를 확인한다.
  - ○ 진로정보를 평가한다.
  - ○ 진로정보를 해석한다.

- 직업의 위치 확인, 취업, 유지, 변경을 위한 기술을 연마한다.
- 구조화된 진로체험 행사에 참석한다. (예, 인턴십, 견습/실습)
- 중등학교 이후의 교육 기회를 탐색한다. (**4.10** 참조)
- 테크놀로지를 활용하여 진로 · 교육 기회에 관해 학습한다.
- 직업, 그리고 직업들 간의 연관성에 관한 지식의 폭과 깊이를 더한다.
- 학부모들과 정보를 공유한다.

자기이해

- 진로흥미검사를 받는다. (**5.2** 참조)
- 성취검사 결과를 고려한 후, 현실적인 대안들을 명료화한다.
- 흥미검사 결과를 고려한 후, 개인의 흥미를 명료화한다.
- 개인의 요구와 욕구를 인식한다.
- 개인의 강점과 기술을 이해한다.
- 변화를 예견하고, 변화를 용인하며, 변화를 다룬다.

미래를 위한 계획

- 개인의 가치관과 우선순위를 진로계획과 연관시킨다.
- 고등학교 및 중등학교 이후의 계획을 세우는 경우, 목표설정 · 의사결정 기술을 활용한다. (**5.14** 참조)
- 고등교육과 진로 기회를 제공하는 고등학교의 학업 프로그램을 택한다. (**4.9** 참조)

- 교육, 진로, 자기에 관해 수집된 데이터를 활용한 현실적인 대안들을 수립한다.
- 인터넷 탐색을 통해 중등학교 이후의 대안을 세운다.
- 시장성 있는 취업이 성사되도록 중등학교 및/또는 그 이상의 교육을 받는다.
- 선정한 진로에서 발전적으로 나아갈 수 있는 방법을 계획한다.
- 생애와 진로역할의 상호관계와 균형 잡힌 생산적 삶의 유지의 중요성을 이해한다.

◆ 읽을거리

Pawley, P. C. (2002). *Career tips for teens*. El Paso, TX: Professional Resources.

Rosenbaum, J., & Person, A. (2003). Beyond college for all: Policies and practices to improve transitions into college and jobs. *Professional School Counseling, 6*(4), 252–261.

Schwab, J. (2008). *It's my life*. Philadelphia: American Friends Service Committee.

5.9. 진로발달 프로그램 실행

■ 교사들을 위한 교직원 발달을 도모한다.
   ○ 교사들에게 교육과정을 통해 진로정보를 통합하도록 권장한다.
   ○ 학업과 진로 발달의 세부목표를 포함시킨다.
   ○ 진로개념을 학습과 관련시키는 학업과 통합시킨다.

■ 상담자들을 위한 교직원 발달을 도모한다.
   ○ 전자 자원을 활용하여 진로, 교육, 학자금 지원에 관한 탐색을 실시한다.
   ○ 진로상담 활동을 교실수업과 연관시킨다.
   ○ 교실에서 진로정보에 관한 팀티칭을 실시한다.
   ○ 현장실습을 돕는다.
     • 중등학교 이후의 교육
     • 중등학교 이후의 직업훈련
     • 취업
     • 군복무
     • 기타 대안

■ 진로 · 대학 센터의 스태프를 위한 훈련을 실시한다.
   ○ 이용 가능한 전자 자원에 친숙해진다.
   ○ 정확하고 편견 없는 최신 진로정보를 중심으로 편성한다.
     • 교육 프로그램
     • 군 입대 관련 프로그램
     • 중등학교 이후의 직업훈련 프로그램
     • 취업 기회

■ 학부모들에게 정보를 제공한다.
   ○ 성취검사 결과의 해석 방법을 알려 준다.
   ○ 흥미검사 결과의 해석 방법을 알려 준다.

○ 최근의 직업과 노동 동향을 알려 준다.

○ 교육, 진로, 학자금 지원 정보 탐색방법을 가르친다.

■ 교직원, 학생, 학부모들에게 이용 가능한 진로교육 서비스에 대해 공지해 주고, 전체 학생들을 대상으로 해야 하는 것의 중요성을 강조한다.

■ 학생들에게 진로상담을 제공한다. (**5.21** 참조)

■ 교사, 학부모, 보호자들에게 학생의 진로결정과 쟁점에 관해 자문해 준다.

■ 진로상담 프로그램의 실행과 성공에 대한 평가를 계속한다.

○ 진로발달에 있어서 학생들의 진척 상황에 대한 추수지도를 실시한다.

○ 진로 프로그램의 효과에 관한 지속적인 데이터를 수집한다.

○ 프로그램을 수정하고, 지속적으로 개선한다.

5.10. 진로 및 대학 센터

성공적인 진로 및 대학 센터의 특징

- 학생, 학부모, 보호자, 교사, 그리고 보다 폭넓은 지역사회가 이용 가능하다.
- 정확한 현재의 완전하고 편견 없는 멀티미디어 자료들
  - 진로 참고문헌
  - 중등학교 이후의 대학과 진로 흥미 탐색을 위한 컴퓨터
  - 군 입대 관련 진로 및 훈련 정보
  - 직업정보
  - 훈련과 실습 정보
  - 직업과 기술 정보
  - 직업 고용과 유지에 관한 정보
  - 대학(교) 정보
  - 학자금 지원 정보
  - 검사에 관한 정보(예, PSAT, SAT, GRE, ASVAB)

- 학생, 상담자, 교사들이 접근 가능한 위치
- 학생, 상담자, 교사들에게 편리한 시간
- 아는 것이 많은 교직원
- 멀티미디어 주제(전자식, 프린트)
  - 교육
  - 진로
  - 직업
  - 실습/견습
  - 군대

- 대학의 학생모집 관련 인사들의 방문
- 군대의 모병관련 인사들의 방문
- 직업목록

- 여름 일자리 및/또는 자원봉사자 기회
- 해외 연수 및 교환 프로그램
- 자원봉사자 프로그램
- 시간제 일자리 기회

5.11. 중등학교 이후의 계획[중1~고3]

많은 주의 교육 및/또는 지역 교육지원청 관련 부서들은 개별 학생들을 위한 중등학교 이후의 계획 발달과 유지를 위한 과정을 개발해 왔다. 이 계획은 학생의 중등학교 진로발달 과정 동안 주기적으로 검토 및 업데이트되어야 한다. 중등학교 이후의 계획에는 다음 사항들이 포함될 수 있다.

- 기입 또는 업데이트할 성명과 날짜
- 졸업의 필수요건(졸업장 수여의 필수요건 및 표준화된 검사 이수율 필수요건)
- 고등교육 및/또는 중등학교 이후의 진로계획
- 중등학교 이후의 포부를 위한 준비에 필수로 요구되는 고등학교 과목
- 선호되는 졸업장과 각각에 대한 필수요건
- 각 학년에 대해 선정된 과목
- 각 학년에 대한 활동 기록
  ○ 진로와 교육 활동
  ○ 학교, 지역사회, 취업, 여름 활동

- 수상, 명예, 경력

◆ 읽을거리

American School Counselor Association [ASCA]. (n.d.). *College preparation/Post-secondary planning*. Available at www.schoolcounselor.org. (ASCA 회원은 웹사이트에서 학생들의 중등학교 이후의 계획을 도울 수 있는 아이디어, 전략, 그리고 예시들에 대한 접속이 가능하다.)

5.12. 학업 또는 진로 포트폴리오

교육 또는 진로 포트폴리오는 진로선택으로 이어지는 학생의 노력, 진척, 성취를 기록으로 남긴 학생이 작업한 내용을 의도적으로 수집해 놓은 것이다. 이 포트폴리오는 출력 및/또는 전자식으로 제작될 수 있다.

학생참여와 진로발달
- 교육과 진로 탐색의 증거
- 자기 지식과 진로탐색에 기초한 진로 결정의 증거
- 진로 목표의 증거
- 포트폴리오 내용 선정
- 자기평가의 증거

학부모 참여
- 학부모는 학생의 자문자 역할을 한다.
- 학부모는 포트폴리오 내용을 설명하는 학생 주도의 학부모 회의에 참석한다.

제안된 포트폴리오의 내용
- 학생의 중등학교 이후의 계획서 사본 (**5.11** 참조)
- 성적증명서 또는 성적표 사본
- 학습방식검사 결과
- 흥미검사 결과
- 학생의 작품 샘플이 포함된 연구 증거
- 직업체험 기록
- 자원봉사자 경험이 포함된 특별활동 참여 기록
- 시장성 있는 기술의 증거
- 의사결정 과정의 증거
- 개인적인 진로목표 선정
  - 강점과 능력에 관한 정확한 정보
  - 제출된 정보와 일관성이 있어야 함

교육 또는 진로 포트폴리오 증진

- 학생의 자기평가와 학습을 증진한다.
- 학생주도의 학부모 회의를 지원한다.
- 학생의 역량을 증명한다.
- 학생의 자신감을 구축한다.
- 고용주에게 학생의 기술과 능력을 입증한다.

5.13. 진로 가치관

진로성취에 있어서의 가치관

- 안전
- 개인의 진실성
- 인식
- 모험
- 경제적 보상
- 자기표현
- 타인 조력
- 관계
- 리더십
- 자율성과 독립성
- 자기효율성
- 다양성
- 창의성
- 일상
- 휴가 또는 보상

학생들의 가능한 생애 가치관

- 성공적인 직업 또는 진로
- 가족 유대
- 만족과 즐거움
- 고액 급여
- 선량한 시민의식
- 종교적 표준
- 지역사회 서비스

5.14. 진로결정 기술

의사결정 단계

- 목표 또는 의사결정 내용을 확인한다.
- 정보를 수집한다.
- 가능한 선택 또는 대안
- 각 선택에 대한 가능한 결과를 명시한다.
- 그 결과를 통해 각각의 선택에 대해 평가한다.
  - 구체화된 목표 성취에 도움이 될까?
  - 장점은 무엇인가?
  - 단점은 무엇인가?
  - 위험요인은 무엇인가?
  - 다른 사람들에게 어떻게 영향을 미치게 될까?
  - 나는 이러한 선택에 대해 어떤 느낌이 들게 될까?
  - 나의 가족들은 이러한 선택에 대해 어떤 느낌이 들게 될까?
  - 지금으로부터 1년이 지나면, 나는 이러한 선택에 대해 어떤 느낌이 들까?
  - 지금으로부터 5년이 지나면, 나는 이러한 선택에 대해 어떤 느낌이 들까?

- 우선순위에 따라 순서를 매긴다.
- 우선순위가 낮은 대안들은 제거함으로써 최상의 대안을 선정한다.
- 결정한 것을 실행에 옮길 계획을 세운다.
- 이 계획을 이행한다.
- 이 결정을 평가한다.
- 필요한 경우, 의사결정 과정을 반복한다.

5.15. 취업면접 기술

면접 전
- 예상되는 질문에 대한 답변을 준비한다.
  - '예' 또는 '아니요' 반응에 대해 상세히 설명한다.
  - 요점을 벗어나지 않는다.

- 성인 또는 친구와 예상되는 질문에 대한 반응을 연습한다.
- 면접 예정인 단체, 회사, 또는 기관에 대해 조사한다.
- 구체적인 직무관련 질문에 대해 준비한다.
  - 최종 결정일
  - 첫 출근일

- 면접 연습을 한다. (동영상 또는 오디오를 통해, 거울을 보며, 또는 동반자와 함께)
- 적절한 의상과 청결한 위생상태로 첫 인상을 좋게 한다.

면접 중
- 일찍 도착한다.
- 친구를 데려오지 않는다.
- 껌을 씹지 않는다.
- 마음의 긴장을 푼다.
- 도착했을 때와 떠날 때 악수를 한다. (굳은 악수)
- 펜과 종이를 지참해서 노트 필기를 한다.
- 곧은 자세로 앉아서 면접관의 눈을 응시한다.
- 질문에 대해 완전한 문장으로 답한다. 정보가 중요한 경우에는 상세히 설명한다.
- 관련 작업, 자원봉사, 또는 특별활동을 부각시키는 포트폴리오를 준비한다.
- 반응의 일부로 포트폴리오를 참조한다.
- 추천서 목록을 준비한다. (서신, 만일 가지고 있다면)

면접 후

- 질문을 받아 적는다.
- 면접 기회를 제공해 준 것에 대해 면접관에게 감사를 표하는 편지 또는 이메일을 보낸다.
- 포기하지 않는다.

5.16. 시장성 있는 기술

바람직한 피고용인의 특질

- 주도성
- 열정
- 정직성
- 공손함
- 신뢰성
- 적응력
- 친화력
- 회복탄력성

고용주들이 원하는 10가지 기술

(National Association of Colleges and Employers, 2005)

1. 의사소통 기술(말하기 · 쓰기)
2. 정직성과 진실성
3. 대인관계 기술(다른 사람들과의 관계를 잘 맺고 유지하기)
4. 강한 직업윤리
5. 팀워크 기술(다른 사람들과 더불어 일하기)
6. 분석 기술
7. 동기와 주도권
8. 유연성과 적응력
9. 컴퓨터 기술
10. 세부사항 지향성

승진을 위한 기술

- 대인관계 기술
- 책임감
- 품질에 대한 헌신

● 참고문헌

National Association of Colleges and Employers. (2005). *Job outlook: 2005* (Student version). Bethlehem, PA: Author. Available at www.naceweb.org.

5.17. 진로 고정관념 · 편견 · 차별

차별적 대우^{differential treatment}란 업무 관련 특징 또는 수행보다는 연령, 장애, 성별, 민족, 사회경제적 지위, 또는 기타 요인들에 따라 범주화된 집단에 속해 있다는 사실에 의해 자행되는 불공정한 대우를 말한다.

직업 차별을 금하는 연방법률
(U.S. Equal Employment Opportunity Commission, 2002)
- 1964 공민권법 VII^{Title VII of the Civil Rights Act of 1964}(타이틀 VII): 인종, 피부색, 종교, 성별, 또는 출신국가에 따른 고용차별을 금하는 법령
- 1963 동일임금법^{Equal Pay Act of 1963}(EPA): 동일한 기관에서 상당히 동일한 업무를 수행하는 남성과 여성을 성별에 따른 임금 차별로부터 보호하기 위한 법률
- 1967 고용상 연령차별에 관한 법률^{Age Discrimination in Employment Act of 1967}(ADEA): 40세 이상의 개인들을 보호하기 위한 법률
- 장애가 있는 미국인들에 관한 법률^{Americans with Disabilities Act of 1990}(ADA)의 타이틀 I, V: 민간부문, 주, 지자체에서 장애가 있는 자격을 갖춘 개인들에 대해 고용차별을 금하는 법률
- 1973 재활법률^{Rehabilitation Act of 1973}의 501/503절: 연방정부에서 근무하는 장애가 있는 자격을 갖춘 개인들에 대한 차별을 금하는 법률
- 1991 공민권법^{Civil Rights Act of 1991}: 다른 것들 중에서도 의도적 고용차별의 경우 금전적인 손해배상을 제공하는 법률

직업차별의 결과
- 기회 감소
  - 경제적 성공
  - 조직상의 성공

- 불평등한 고려사항
  - 승진
  - 자율성과 권력이 있는 지위

○ 리더로서의 지위

■ 동업자 활동으로부터의 배제
■ 멘토의 결여
■ 희롱
　○ 사회적 거부
　○ 조롱
　○ 위협
　○ 제의

■ 성공을 위한 자신의 능력에 있어서 자기효율성 또는 신념 결여

차별적 대우를 초래하는 요인

■ 연령: 너무 어리거나 너무 나이가 많음
■ 장애: 직업과 무관한 신체적 외모 또는 신체적 능력
■ 성별
　○ 남성 또는 여성
　○ 결혼상태
　○ 부양가족
　○ 임신 가능성
　○ 성적 지향성
　○ 매력도

■ 민족 또는 문화: 아프리카계 미국인, 아시아계 미국인, 히스패닉계 미국인, 아랍계 미국인 등등
■ 사회경제적 지위: 보다 낮은 또는 높은 사회계급에 대한 의심

● 참고문헌

U.S. Equal Employment Opportunity Commission. (2002). *Federal laws prohibiting job discrimination: Questions and answers*. Cincinnati, OH: Author. Available at www.eeoc.gov/facts/qanda.html.

◆ 읽을거리

Andersen, P., & Vandehey, M. (2006). Career issues for a diverse workforce. In P. Andersen & M. Vandehey (Eds.), *Career counseling theory and the global economy* (pp. 124-164). Boston: Lahaska/Houghton Mifflin.

Gysbers, N. C., Heppner, M. J., & Johnston, J. A. (2009). *Career counseling: Contexts, processes, and techniques* (3rd ed.). Alexandria, VA: American Counseling Association. (성별, 성적 지향성, 장애, 문화적 시사점과 관련된 진로 쟁점에 관한 구체적인 장들이 수록되어 있음)

5.18. 구조화된 직업체험

구조화된 직업체험의 목표
- 학생들이 학교와 일터에서의 학습 사이를 확실히 연결하도록 한다.
- 학생들을 학교와 일터 사이의 전이를 준비시킨다.

구조화된 직업체험 유형
- 특정 과목과 연결된 인턴십(유급 · 무급 기회 모두 해당됨)
- 학생이 지역사회에 제품 또는 서비스를 제공하는 작업요소가 필수로 요구되는 기술 과목(예, 미용술 또는 자동차 정비)
- 유급 실습/견습 또는 지도감독하의 직업훈련
- 특화된 직무에 있어서의 자격취득을 위한 과목(직업 진입 역량을 갖추었음을 증명함)

구조화된 직업체험 관리
- 학제 간 협력
- 학업과 진로 교육과정의 통합
- 비즈니스 공동체 파트너십, 멘토십, 또는 참여
- 학생, 학부모, 상담자, 교사, 지역사회의 공동 책임

5.19. 진로정보 면접

진로정보 면접은 실생활 경험으로부터 정보를 수집할 수 있는 좋은 방법이다. 학생들은 수업 프로젝트의 일환으로 면접을 통해 혜택을 얻을 수 있다.

- 면접 전에 질문을 준비한다.
- 질문의 예
  ○ 당신은 삶에서 진로를 결정했나요?
  ○ 당신의 진로 결정에 영향을 준 것은 무엇인가요?
  ○ 당신은 진로를 어떻게 준비했나요?
  ○ 당신의 진로에 어떤 특징 또는 적성이 도움이 되고 있나요?
  ○ 당신의 진로에서 성공에 필요한 교육과 훈련은 무엇인가요?
  ○ 진로에서 성공에 도움이 되는 정보를 제공했던 고등학교 과목은 무엇인가요?
  ○ 당신의 직업에 필수로 요구되는 기술은 무엇인가요?
  ○ 현재 직업에서 당신은 어떤 책임을 맡고 있나요?
  ○ 현재의 직업을 어떻게 갖게 되었나요?
  ○ 근무처의 작업환경은 어떠한가요?
  ○ 몇 시간 근무하나요?
  ○ 신입 피고용인은 몇 시간 근무하나요?
  ○ 당신의 진로에서 바람직한 요소는 무엇인가요?
  ○ 당신의 직무에서 가장 만족하고 있는 것은 무엇인가요?
  ○ 미래 기회는 어떤 것이 있나요?
  ○ 이 진로에서 가장 큰 기회를 제공하는 지리적 위치는 무엇인가요?
  ○ 직업에서 가장 큰 도전거리는 무엇인가요?
  ○ 당신의 진로에 입문하는 사람에게 제공하고 싶은 조언은 무엇인가요?

- 질문에 대한 반응을 녹음 또는 노트한다.
- 학부모와 면접, 그리고 면접에 대한 인식에 대해 논의한다.
- 진로와 직무의 바람직한 정도를 평가한다.

5.20. 진로탐색과 생애계획

학생들을 위한 진로탐색의 중요성

- 진로결정이 생활양식에 미치는 영향을 인식한다.
- 개인 · 진로 · 생애 선택을 계획 · 모니터 · 관리하기 위한 기술을 개발한다.
- 자신의 선택에 대한 책임을 수용한다.
- 자원을 관리한다.
- 교육적 책임과 근로 · 개인적 책임의 균형을 유지한다.
  - 일과 학교 특별활동, 관계, 그리고 기타 맡은 일과의 균형을 유지한다.
  - 학교에 다니면서 일하는 것의 이점과 위험성을 인식한다.
  - 일이 너무 많은 시간 또는 에너지를 소모시키는 경우, 경고 징후에 주의를 기울인다.

전 생애 진로기회 탐색 및 계획

- 유연성을 개발한다.
- 변환 가능한 직업기술을 개발한다.
- 변화를 기대한다.
- 취미와 여가활동을 개발한다.
- 미래의 가능성을 시각화한다.
- 교육과 평생학습을 계속한다.
- 직업 또는 진로에 있어서 탐색, 습득, 유지, 승진을 위한 기술 개발을 지속한다.

5.21. 진로상담

학생들의 진로상담에 영향을 미치는 요인

- 부모의 경험과 기대
- 원가족 내에서의 진로 경험
- 진로기회에 관한 지식의 범위
- 사회적 지위와 바라는 생활양식
- 진로평가의 결과 (**5.2** 참조)
- 진로 가치관 (**5.13** 참조)
- 개인적 진로목표 (**5.4** 참조)
- 진로발달의 준비성(진로성숙)
- 자신감
- 모험 감수를 위한 적성
- 유연성
- 인지적 · 경험적 학습에 대한 욕구

진로상담을 위한 제안된 절차

- 전체 학생들과 이들의 학부모들과 개별적으로 만난다. (가능하다면)
  - 표준화된 검사 결과를 해석 · 검토한다.
  - 학생이 잘하는 것에 초점을 맞춘다.
  - 점수가 높은 영역들을 탐색한다.
  - 흥미검사 결과를 검토한다. (**5.2** 참조)
  - 중등학교 이후의 계획을 검토한다. (**5.11** 참조)
  - 장기목표를 인정해 준다. (대학 및/또는 진로)
  - 구체적인 단기목표 설정을 권한다. (대학에 다니면서 일하기 포함)
  - 학생의 학업 또는 진로 포트폴리오를 검토한다. (**5.12** 참조)
  - 모든 교육 · 진로 결정에 학부모를 관여시킨다.

- 학생들을 개인상담과 소집단 형태로 상담한다.

- 학업성적이 저조한 학생들을 상담한다.
- 동기수준이 낮은 학생들을 담당하고 있는 교사들을 자문한다.
- 학업 또는 진로 성공을 위해 노력하고자 동기화되어 있는 학생들을 위한 실행 가능한 해결방법과 목표를 확인한다.

5.22. 소수민족과 소외계층 학생들을 위한 진로상담

이 책의 목적상, 소수민족^{minority}이란 성별, 인종, 민족, 성적지향성, 또는 사회경제적 지위에 따라 지위가 취약해지거나 왜곡될 수 있는 인구를 말한다.

진로탐색 관련 소수민족 학생들에 대한 쟁점
- 성공적인 진로를 계획할 때의 불안
- 다양한 진로 탐색을 위한 가족, 교사, 멘토의 격려 범위
- 중등학교 이후의 기회를 위한 적절한 교육 준비
- 진로기회를 제공하는 체제에의 접근성
- 진로 탐색과 진입을 위한 기회
- 리더십을 위한 기회

진로성공 관련 소수민족에 대한 쟁점
- 진로포부
- 진로 영속성
- 승진 기회
- 기회를 향해 나아가기 위한 유연성
- 동료들과의 작업관계
- 동일한 업무에 대한 동등한 인식과 지위

소수민족 · 소외계층 학생들을 위한 진로상담
- 소수민족과 소외계층 학생들의 진로역할에 대한 자신의 태도를 검토한다.
- 성차별주의자의 기본가정과 문화적 고정관념을 피한다.
- 성별과 소수민족의 공정성에 대한 진로정보와 평가 출판물들을 평가한다.
- 성 평등과 소수민족 공정성에 관한 전문가, 비전통적인 직업을 가진 사람들을 포함한 남녀 역할 모델들을 초빙하여 교직원 발달을 도모하고, 학생들에게 이야기할 기회를 마련한다.
- 소수민족 학생들이 지원체제, 역할모델, 멘토를 찾을 수 있도록 돕는다.
- 전체 학생들에게 과목 엄선의 중요성을 강조한다.

- 자신감, 모험 감수, 인내심을 격려하기 위한 활동을 실시한다.
- 소수민족 학생들에게 진로 결정에 앞서 불공평한 제한의 가능성에 대해 토로하도록 권장한다. (예, '유리 천장'glass ceiling' [*역자 주. 여성이나 다른 집단이 높은 자리에 올라가지 못하게 막는 눈에 보이지 않는 장벽])
- 소수민족 학생들이 현실적인 두려움과 쟁점을 다룰 수 있도록 돕는다.
- 성별제한적인 고정관념과 미디어에서 묘사되는 메시지의 효과에 대해 논의한다.
- 소수민족 학생들이 자신들의 진로 대안과 선택에 대해 부모와 논의해 보도록 권장한다.
- 전체 학생들이 난관을 무릅쓰고 자신들의 흥미와 꿈을 좇을 수 있도록 격려한다.

◆ 읽을거리

Allman-Brissett, A. E., Turner, S. L., & Skovholt, T. M. (2004). Parent support and African American adolescents' self-efficacy. *Professional School Counseling, 7*(3), 124–132.

Gibbons, M. M., & Shoffner, M. F. (2004). Prospective first-generation college students: Meeting their needs through social cognitive career theory. *Professional School Counseling, 8*(1), 91–98.

Hartung, P. J. (2005). Internationalizing career counseling: Emptying our cups and learning from each other. *Career Development Quarterly, 54*, 12–16.

Holcomb-McCoy, C. (2007). *School counseling to close the achievement gap: A social justice framework for success.* Thousand Oaks, CA: Corwin Press.

5.23. 특수 요구가 있는 학생들을 위한 진로상담

- 일상생활에서 도전이 학생에게 미치는 영향을 인정해 준다.
- 학생의 도전 영역에 대한 감정 탐색을 돕는다.
- 학생의 자각을 돕는다.
- 강점과 능력을 인정해 준다.
- 성공을 위한 학생의 계획과 긍정적인 노력을 지지해 준다.
- 학생과 학부모에게 필요한 경우 도움을 제공하는 자원에 대한 정보를 제공한다.
- 학생이 중등학교 이후의 추구에 있어서 자신을 옹호하도록 격려한다.

◆ 읽을거리

Andersen, P., & Vandehey, M. (2006). *Career counseling and development in a global economy.* Boston: Lahaska/Houghton Mifflin.

Durodoye, B. A., Combres, B. H., & Bryant, R. M. (2004). Counselor interventions in the post-secondary planning of African American students with learning disabilities. *Professional School Counseling, 7*(3), 133–140.

Greene, M. J. (2006). Helping build lives: Career and life development of gifted and talented students. *Professional School Counseling, 10*(1), 34–42.

Milsom, A., & Hartley, M. T. (2005). Assisting students with learning disabilities transitioning to college: What school counselors should know. *Professional School Counseling, 8*(5), 436–441.

제 6 편

학교에서의 개인/사회성 상담: 학생발달과 생활기술

개인/사회성 발달

6.1. 전체 학생들을 위한 개인/사회성 목표

- 안전하고 건강한 선택을 한다.
- 의미 있는 관계를 발달시킨다.
- 자각 · 이해한다.
- 문제 대처를 위한 회복탄력성을 발달시킨다.
- 긍정적 태도를 발달시킨다.
- 다른 사람들을 존중한다.
- 개인적 책임을 진다.
- 갈등을 평화적으로 해결한다.
- 효과적인 결정을 내린다.

6.2. 전체 학생들의 욕구

- 좋은 신체건강
- 해로움으로부터의 안전
- 돌봄, 기능적 가족
- 상호 배려하는 교우관계
- 스트레스로부터의 자유
- 편안하고 안전한 가정
- 충분한 음식
- 긍정적 역할모델
- 존중
- 관련 있는 학업적 성공
- 학교 내에서의 긍정적 관계
- 학교 외의 지지적인 조건
- 생활기술 (**6.11** 참조)

6.3. 아동 · 청소년 발달과 관련된 쟁점

■ 빈곤
  ○ 무의탁
  ○ 의료보험 없음(흔히 의학적 돌봄 결여로 이어짐)
  ○ 기아
  ○ 부적절한 의상

■ 학대 또는 방치 (**7.3**, **7.4** 참조)
  ○ 신체적 또는 성적 학대
  ○ 정서적 및/또는 언어적 학대
  ○ 학생의 재능과 잠재력의 평가 절하
  ○ 학생에게 '문제아'라는 꼬리표가 붙여짐

■ 차별 또는 사회적 불공정성
■ 역기능적 또는 차단된 가족
■ 정서문제
■ 섭식장애 (**7.13** 참조)
■ 학교에서 학교로, 가정에서 가정으로의 높은 유동성
■ 불충분한 또는 부적절한 성인의 지도감독
■ 학습 문제
■ 낮은 사회경제적 지위
■ 문화적 혼돈(학생이 반드시 2개의 문화권에서 기능해야 함)
■ 또래압력
■ 좋지 않은 언어 기술
■ 신체적, 정신적, 또는 정서적 도전
■ 좋지 않은 신체건강
■ 학업 무관심(낮은 동기)
■ 빈약한 자기효율성(낮은 자기개념 또는 자신감)

- 신체화 장애
- 물질남용 (**7.15** 참조)
- 자살사고
- 폭력
  - 괴롭힘과 희롱 (**7.7** 참조)
  - 학교에서의 무기 소지
  - 폭력을 통한 친척 또는 친구의 죽음 또는 부상

- 죽음 또는 이혼을 통한 부모/보호자 상실
- 가정에서의 학습자원 부족
  - 가정에서 받는 성취에 대한 보상 없음
  - 가정에서 소통되는 성공을 위한 격려 또는 추동 없음

6.4. 학생들의 두려움 또는 스트레스 요인

■ 지구촌 사건들(Burnham, 2009)

　○ 전쟁(또는 전쟁에서 싸워야 함)

　○ 글로벌 위기

　○ 질병

　○ 재난

　○ 테러리스트 공격

　○ 학교 총격사고

■ 공포증

　○ 학교공포증 (**7.26** 참조)

　○ 죽음에 대한 두려움(자기 또는 학부모)

　○ 자연재해에 대한 두려움 (**7.21** 참조)

■ 경제 문제(예, 학부모의 실직 또는 가정 유실로 인한 이주)
■ 부모의 건강
■ 부모 상실

　○ 죽음 (**7.19** 참조)

　○ 학부모/보호자의 별거 또는 이혼 (**7.30** 참조)

　○ 학부모/보호자의 재혼

　○ 확대가족들과의 동거를 위해 이주할 가능성

■ 관계 상실

　○ 가족 구성원, 친구, 친척의 죽음

　○ 절친한 친구의 상실(초등학교, 중학교, 고등학교)

　○ 남자친구 또는 여자친구 상실(중학교 또는 고등학교)

■ 안전 상실
  ○ 강압에의 두려움
  ○ 학교에서의 소지품 도난에 대한 두려움
  ○ 폭력에 대한 두려움
  ○ 질병 또는 감염된 것에 대한 두려움

■ 사회적 수용 결여
  ○ 또래 집단 수용
  ○ 험담 또는 뜬소문 확산에 대한 두려움
  ○ 기대에 미치지 않는다는 느낌(의상, 헤어, 또는 '멋진cool' 모습)

■ 중등학교 이후의 계획 (**5.11** 참조)
  ○ 대학입학 허가(중학교, 고등학교)
  ○ 대학생활을 위한 재정적 여유(고등학교)
  ○ 고등학교 이후, 대학 재학 중, 대학 이후의 직업
  ○ 부모의 기대에 따라 살지 않기
  ○ 긍정적 미래에 대한 좌절된 기대
  ○ 미래 계획에 대한 통제 결여
  ○ 제한된 선발을 위한 또래집단들과의 경쟁

■ 학부모와의 관계
  ○ 학부모에 대한 수용
  ○ 학생에 대한 학부모의 기대(학교, 스포츠, 활동, 교우관계에 대한)
  ○ 학부모와의 갈등
  ○ 신체적, 언어적, 정서적, 또는 성적 학대

■ 학업 쟁점
  ○ 학교 옮기기
  ○ 학교에서의 경쟁력
  ○ 좋은 성적
  ○ 또래들 앞에서의 수행(말하기, 읽기, 질문하기)

○ 고부담 시험에 대한 압력 (**4.3** 참조)

○ 교사와의 상호작용

■ 성적 쟁점

○ HIV/AIDS와 성적으로 전염되는 질병들 (**7.16** 참조)

○ 임신 (**7.27** 참조)

○ 남자친구 또는 여자친구가 없는 것

○ 발달과 사춘기에 관한 쟁점

○ 성적 정체성 (**7.23** 참조)

○ 성 또는 성에 관한 결정

○ 성적 행동 참여에 대한 압력

○ 성폭행 피해 (**7.6** 참조)

■ 물질남용 (**7.15** 참조)

○ 접근이 용이한 알코올 및/또는 기타 약물들

○ 실험해 보도록 압력을 가하는 감정

○ 약물 및/또는 알코올 중독

○ 음주운전 또는 음주운전 차량의 동승

■ 폭력

○ 괴롭힘에 대한 두려움

○ 약물에 대한 두려움

○ 불량서클에 대한 두려움

○ 총기 또는 무기에 대한 두려움

○ 희롱에 대한 두려움

○ 자기 또는 타인들을 옹호할 수 없을 것에 대한 두려움

● 참고문헌

Burnham, J. J. (2009). Contemporary fears of children and adolescents: Coping and resilience in the 21st century. *Journal of Counseling and Development, 87*(1), 28–35.

◆ 읽을거리

Auger, R. W., Seymour, J. W., & Roberts, W. B. (2004). Responding to terror: The impact of September 11 on K-12 school and schools' responses. *Professional School Counseling, 7*, 222-230.

6.5. 학생들의 민족적 다양성

이 책의 목적상, 민족^ethnicity이라는 용어는 인종 또는 문화를 의미한다. 구체적인 민족적 배경을 가진 학생 상담에 관한 자원은 다음에 제시된 읽을거리를 참조한다.

학생들의 민족적 다양성
- 세계에 대한 인식과 반응을 위한 틀을 구성한다.
- 학생의 개인/사회성 정체성을 조성한다.
- 행동에 대한 가치관, 규범, 기대를 설정한다.
- 학생이 학교에서 어떻게 인식되고 대우 받는지에 영향을 미칠 수 있다.

민족으로 인한 학생 스트레스 요인
- 한 문화의 역할과 가치관은 다른 문화권의 것들과 충돌을 일으킨다.
- 정체성 문제로 고심한다.
- 학부모에 비해 문화동화가 빠르다. (1세대 학생들)
- 편견, 편향, 또는 사회적 고립
- 민족 집단에 대한 일반화
- 이점 또는 특권에 관한 쟁점
- 형평성 · 접근성에 관한 쟁점

◆ 읽을거리
Day-Vines, N. L., Patton, J. M., & Baytops, J. L. (2003). Counseling African American adolescents: The impact of race, culture, and middle-class status. *Professional School Counseling, 7*(1), 40−51.

Hanna, F. J., & Green, A. (2004). Asian shades of spirituality: Implications for multicultural school counseling. *Professional School Counseling, 7*(5), 326−333.

Holcomb-McCoy, C. (2005). Ethnic identity development in early adolescence: Implications and recommendations for middle school counselors. *Professional School Counseling, 9*(2), 120−127.

Rayle, A. D., & Myers, J. E. (2004). Counseling adolescents toward wellness: The roles of ethnic identity, acculturation, and mattering. *Professional School Counseling, 8*(1), 81–90.

Singaravelu, H., & Pope, M. (Eds.). (2007). *A handbook for counseling international students in the United States.* Alexandria, VA: American Counseling Association.

Smith-Adcock, S., Daniels, M., Lee, S., Villalba, J., & Indelicato, N. (2006). Culturally responsive school counseling for Hispanic/Latino students and families: The need for bilingual school counselors. *Professional School Counseling, 10*(1), 92–101.

Suh, S., & Satcher, J. (2005). Understanding at-risk Korean American youth. *Professional School Counseling, 8*(5), 428–435.

Thorn, A. R., & Contreras, S. (2005). Counseling Latino immigrants in middle school. *Professional School Counseling, 9*(2), 167–170.

6.6. 문화적 다양성

학생들의 문화적 다양성
- 사회적 계급 또는 사회경제적 지위
- 성별: 사회적으로 학습된 역할
- 민족: 사회적 · 문화적 유산, 관습, 전통
- 인종: 외모로 분류됨
- 예외성
- 성적 지향성/정체성
- 종교
- 언어
- 연령
- 소속

다양성에 관한 학생들의 관심사
- 수용 결여
- 편견 또는 편향
- 형평성 또는 접근성 결여
- 의사소통에 있어서의 무기력
- 일치성 강요
- 조롱 또는 수모
- 폭력 또는 위협

문화적으로 반응적인 학교
(Lee, 2001, p. 258)
- '도가니^{melting pot}'[*역자 주. 여러 인종과 문화를 녹여 놓은 사회] 관점보다는 '샐러드 그릇^{salad} ^{bowl}'[*역자 주. 다양한 인종, 민족, 문화의 특성을 살려서 모아 놓은 사회]의 관점을 수용한다.
- 문화적 다양성으로부터 공동체 의식을 구축한다.
- 문화적 다양성을 활용하여 전체 학생들에 대한 높은 학업기준을 유지한다.
- 여러 문화의 기여한 바가 공정하고 정확하게 반영된 교육과정을 장려한다.

- 교육과정과 특별활동을 통해 다문화주의와 다양성을 불어넣는다.
- 학생들에게 교실 밖에서의 토론회를 통해 다양한 문화적 배경 출신의 또래들과의 소통과 이들에 관해 더 잘 알 수 있는 기회를 제공한다.
- 학생들 사이에 인종 또는 문화적 갈등의 원인이 되는 쟁점들을 다룬다.
- 지속적인 전문가 발달에 종사하는 교육자들을 고용하여 문화적 역량을 향상시킨다.
- 다양한 교직원들을 고용한다.
- 학부모와 가족들과 상호작용할 때 언어와 문화적 관습을 고려한다.
- 다양성을 보다 넓은 맥락(예, 예외성, 성적 지향성, 성별 등)에 적용하는 경우처럼 정의한다.

문화적으로 민감한 학교상담자 조치

- 신뢰를 구축한다.
- 신뢰할 수 있고 상황에 대해 잘 앎으로써, 신뢰성을 구축한다.
- 상담의 기대에 관해 명확한 정보를 제공한다.
- 학생의 문화에 관한 정보에 대해 물어봄으로써, 불명확할 수 있는 요소들에 관해 명확한 지식을 습득한다.
- 학생의 생활양식, 경험, 문화적 가치관과 일치하는 기법을 사용한다.
- 개별 학생들을 집단의 구성으로서뿐 아니라 독특한 개인으로 인식한다.
- 사회적 불평등의 가능성을 인정한다.
- 학생이 강한 자기개념과 긍정적인 자존감을 형성하도록 돕는다.
- 학생들이 기존의 지원체제를 활용할 수 있도록 격려한다.
- 문화적 관습과 전통을 학생의 정체성의 일부로서 존중한다.
- 전체 학생들을 환영하고 편안한 느낌을 주는 긍정적인 학교환경이 조성·유지되도록 노력한다.
- 학교 방침과 결정이 전체 학생들에게 공정함이 보장되도록 노력한다.
- 교사, 학교행정가, 학부모, 영향력 있는 시민, 그리고 학생들과 함께 노력하여 학교 정책 또는 결정에서 필요로 하는 긍정적인 변화를 모색한다.
- 전체 학생들이 동등한 고등교육 기회를 갖도록 한다.
- 필요한 경우, 특정한 민족적 소수민족과 친숙하고 지지적인 기관에 의뢰한다.

● 참고문헌

Lee, C. C. (2001). Culturally responsive school counselors and program: Addressing the needs of all students. *Professional School Counseling, 4*(4), 257−261.

◆ 읽을거리

Arredondo, P., Toporek, M. S., Brown, S., Jones, J., Locke, D. C., Sanchez, J., & Stadler, H. (1996). *Operationalization of the multicultural counseling competencies.* Alexandria, VA: Association for Multicultural counseling and Development.

Holcomb-McCoy, C. (2004). Assessing the multicultural competence of school counselors: A checklist. *Professional School Counseling, 7*(3), 178−186.

Holcomb-McCoy, C. (2007). *School counseling to close the achievement gap: A social justice framework for success.* Thousand Oaks, CA: Corwin Press.

Pedersen, P. B., & Carey, J. C. (Eds.). (2003). *Multicultural counseling in schools: A practical handbook* (2nd ed.). Boston: Allyn & Bacon.

Rosten, G. K., & Schmidt, E. A. (2009). Using experiential activities with adolescents to promote respect for diversity. *Professional School Counseling, 12*(4), 309−314.

Sue, D. W., Arredondo, P., & McDavis, R. J. (1992). Multicultural counseling competencies and standards: A call to the profession. *Journal of Counseling and Development, 70,* 477−486.

6.7. 문화적으로 반응적인 학교상담자

(American School Counselor Association, 2009)

- 문화적 다양성이 축하받는 학교분위기를 조성한다.
- 다른 사람들의 세계관의 이해를 자각과 결합시킴으로써 자신의 문화적 민감성을 향상시킨다.
- 학생 성공을 촉진하는 문화적으로 유능한 상담, 자문, 프로그램을 제공한다.
- 주요 이해당사자들과 협력하여 문화적으로 수용적인 환경을 조성한다.
- 소외계층에 속한 사람들을 옹호해 주고 학교에서의 불공정성을 다룬다.
- 교육과정, 교과서, 교수법, 학급관리 방법이 포함되어 있는지 확인한다.
- 자원의 홍보, 네트워킹, 활용을 통해 지역사회에 능동적으로 참여한다.
- 전문가 발달을 통해 개인적인 문화적 역량을 신장시킨다.
- 학교와 지역사회에서 문화적 다양성의 인식, 이해, 공감을 촉진한다.

● 참고문헌

American School Counselor Association [ASCA]. (2009). *Position statement: The professional school counselor and cultural diversity.* Alexandria, VA: Author. Available at http://asca2.timberlakepublishing.com//files/CulturalDiversity.pdf.

◆ 읽을거리

Lee, C. C. (2001). Culturally responsive school counselors and program: Addressing the needs of all students. *Professional School Counseling, 4*(4), 257−261.

6.8. 특수 요구가 있는 학생들

교사, 상담자(들), 그리고 다른 학생들의 태도와 행동은 학교에서 특수 요구가 있는 학생들의 성공에 깊은 영향을 준다.

특수 요구가 있는 학생에 관한 정보
- 일상생활과 과업에 제한이 있을 수 있다.
- 도전을 다루게 되는 것에서 파생되는 심리적 쟁점이 있을 수 있다.
- 다른 사람들에 대한 부정적인 태도와 이에 따른 행동이 때로 예외성 자체보다 더 심신을 약화시킨다.
- 또래들로부터 다음과 같은 부정적인 행동을 경험할 수 있다.
  - 두려움
  - 거부/무시
  - 분함/억울함
  - 조롱
  - 이해와 공감 결여

- 긍정적인 수용적 태도와 행동은 특수 요구가 있는 학생들의 다음 사항에 도움을 줄 수 있다.
  - 자기존중과 자신감 성취
  - 좋은 대인관계 기술 발달
  - 독립적 · 생산적인 삶을 향해 나아감

특수 요구가 있는 학생 상담의 경우에 필요한 학교상담자 조치
- 자신감과 자기개념 향상에 초점을 맞춘다. (**6.26** 참조)
  - 정서적 지원을 제공한다.
  - 다른 동년배 학생들처럼 이해되고 싶어 하는 욕구를 수용한다.

- 다음과 같은 특수 요구를 다룰 수 있도록 조력한다.
  - 장애에의 적응

ㅇ 학생이 발달함에 따른 장애의 변화

ㅇ 사회의 기대와 자각

ㅇ 관계 구축

ㅇ 다른 사람들의 의견과 반응에의 대처

ㅇ 특수 요구가 있음에 대한 발달적 반응

ㅇ 또래 수용

ㅇ 심리적 독립에 대한 욕구(가능하다면, 신체적 독립)

ㅇ 성생활

ㅇ 미래 교육과 진로 대안

■ 교육 또는 진로 배치를 돕는다.

전문적 학교상담자의 역할

(American School Counselor Association, 2004)

■ 전체 학생들에게 제공되는 것과 일치하는 협력적 서비스를 제공한다.

■ 학교의 다영역팀 운영을 통해 특수요구 결정을 위한 평가를 필요로 할 수 있는 학생들을 확인한다.

■ 서비스 전달에 있어서 다른 학생지원 전문가들과 협력한다.

■ 집단상담과 개인상담을 제공한다.

■ 학교와 지역사회에서 특수 요구가 있는 학생들을 옹호한다.

■ 편의 제공과 수정을 위한 계획 수립과 실행을 돕는다.

■ 중등학교 이후의 대안뿐 아니라 학년 진급을 돕는다.

■ 교직원과 학부모들과의 자문 및 협력을 통해 학생들의 특수 요구를 이해한다.

■ 학교 체제와 지역사회 내의 적절한 전문가에게 의뢰한다.

■ 예외성에 관한 자신의 불안, 신념, 편견을 검토한다.

■ 역할모델로 활동하면서 이해, 수용, 공감을 보여 준다.

■ 특수 요구가 있는 학생들에 관해 정통한 상태를 유지한다.

ㅇ 특수 요구가 있는 학생들이 경험하는 잠재적 문제들을 파악한다.

ㅇ 특수 요구가 있는 학생들의 특징을 파악한다.

ㅇ 예외성에 관한 정보를 제공한다.

- 교사들에게 특수 장애에 관한 정보를 제공한다.
- 특수 요구가 있는 학생들과의 작업에 있어서 자신의 민감성, 저항, 역량을 검토하도록 교사들을 격려한다.
  - ○ 예외성이 있는 사람들을 가르쳐 본 경험의 결여는 두려움과 편견의 원인이 될 수 있다.
  - ○ 교사의 태도는 특수 요구가 있는 학생들의 지능, 사회성, 정서 발달에 유의한 영향을 줄 수 있다.

- 학생 옹호자로서의 활동을 통해 장애가 있는 학생들을 고립시킬 수 있는 학교 정책, 교과서, 또는 교실 활동을 통해 차별을 예방한다.
- 프로그램 개발과 실행을 통해 장애가 있는 학생들에 대한 긍정적 태도를 길러 준다.
  - ○ 구조화된 접근의 상담을 실시한다.
    - 일상화
    - 정례화
    - 반복

  - ○ 구체적 · 활동지향적 상담(예, 미술치료 또는 놀이치료)
  - ○ 민감성 신장을 위한 교실 생활교육 수업
    - 이야기 · 꼭두각시
    - 동영상 또는 DVD
    - 강사 초청
    - 진솔한 논의

  - ○ 집단상담
    - 장애가 있는 학생들과 장애가 없는 학생들
    - 사회적 기술 또는 관계 기술
    - 역할연습
    - 시뮬레이션

  - ○ 교사 자문
  - ○ 학부모 자문

■ 전체 학생들 사이의 긍정적 상호작용 활성화
　○ 특수 요구가 있는 학생들이 다르기보다는 더 비슷하다는 시각을 갖도록 학생들
　　을 돕는다.
　○ 학교에 있는 동안 발생할 수 있는 감정과 어려움을 확인하도록 학생들을 돕는다.

● **참고문헌**

American School Counselor Association [ASCA]. (2004). *Position statement: The professional school counselor and students with special needs.* Alexandria, VA: Author. Available at http://asca2.timberlakepublishing.com//files/Special%20Needs.pdf.

◆ **읽을거리**

Baumberger, J., & Harper, R. E. (2007). *Assisting students with disabilities: A handbook for school counselors.* Thousand Oaks, CA: Corwin Press.

Thomas, V., & Ray, K. E. (2006). Counseling exceptional individuals and their families: A systems perspective. *Professional School Counseling, 10*(1), 58−65.

Milsom, A. (2006). Creating positive school experiences for students with disabilities. *Professional School Counseling, 10*(1), 66−72.

6.9. 위험군 학생들

위험군 학생들의 공통 요인

- 개인적 요인
  - 생리적 요인
  - 조기 및 지속적 품행문제
  - 소외와 반항성
  - 약물사용 및/또는 범죄행위의 조기 발생

- 가족 요인
  - 좋지 않은 비일관적 가족 관리
  - 가정불화와 갈등
  - 가족구성원들의 약물 행동과 물질남용
  - 학부모의 범죄 연루
  - 가족들과의 유대 결여
  - 가정에서 적절한 지도감독 결여
  - 숙제에 대한 책임 또는 조력 결핍 또는 결여

- 또래 및 사회적 상호작용
  - 또래 거부
  - 약물사용 또는 비행 성향을 보이는 또래들과의 연계성
  - 또래압력에 대한 부정적 반응

- 학교 경험
  - 학업 실패
  - 낮은 수준의 학업수행
  - 교직원들의 수행에 대한 낮은 기대
  - 권위 있는 인물 또는 규칙에 대한 존중 결여

- 지역사회 요인
    - 법과 규범이 문제행동을 다룰 수 없음
    - 약물 또는 기타 부정적인 영향력에의 접근성(예, 불량서클)
    - 이웃에서의 제한된 자원(이웃 박탈^{neighborhood deprivation})
    - 이웃 와해
    - 이웃에서의 좋지 않은 지도감독

위험군 학생들의 특징

- 충동성
- 분노감 고조
- 삶의 존엄성에 대한 존중 결여
- 다른 사람들에 대한 존중 결여 및 무관심
- 비행 또는 범죄 행동에의 관여
- 희롱 또는 괴롭힘의 표적이 될 가능성이 높음
- 희롱 또는 괴롭힘을 주도할 가능성이 높음
- 좋지 않은 사회적 기술
- 도움 요청 거부
- 또래 인정에 대한 염려
- 쉽게 싫증을 내거나 산만해짐
- 학업적 성공에 대해 동기화 결여
- 수업 방해
- 학교에서의 무관심
- 권위 무시

위험군 학생들에게 도달하기 위한 학교상담자 조치

- 전체 교직원 및 지역사회 단체들과 협력하여 예방 및 개입 프로그램을 계획한다.
- 전체 교직원들과 협의하여 위험군 학생들의 요구를 파악한다.
- 학업과 행동 추이와 관련 학교 데이터를 분석하고 프로그램을 계획하여 쟁점을 다룬다.
- 초등학교와 중학교에서 폭력예방 프로그램과 멘토링 프로그램을 실행한다. (**3.30**, **3.34** 참조)

- 집단상담에 학생들을 참여시킨다.
  - ○ 구조화한다.
  - ○ 적극적이고 직접적인 리더십을 발휘한다.
  - ○ 학생들의 변화 능력을 신뢰하고 있음을 보여 준다.
  - ○ 신뢰 · 배려 분위기를 조성하여 기꺼이 공유할 수 있도록 한다.
  - ○ 학생의 강점을 찾아 준다.
  - ○ 포기하지 않는다.

- 역할연습으로 인지행동기술을 가르친다. (**2.18** 참조)
- 필요한 경우, 추가 지원을 받는다.
- 진척에 대해 강화해 준다.
- 데이터 수집과 분석을 통해 개입효과를 평가한다.

◆ 읽을거리

Capuzzi, D., & Gross, D. R. (2008). *Youth at risk: A prevention resource for counselors, teachers, and parents* (5th ed.). Alexandria, VA: American Counseling Association.

Erford, B. T., Newsome, D. W., & Rock, E. (2007). Counseling youth at risk. In B. T. Erford (Ed.), *Transforming the school counseling profession* (2nd ed., pp. 279-303). Upper Saddle River, NJ: Pearson.

Ungar, M. (2006). *Strengths-based counseling with youth at-risk* (2nd ed.). Thousand Oaks, CA: Corwin Press.

6.10. 가족관계

일부 학생들은 학습을 저해하는 행동문제가 점차 증가하기도 한다. 학교상담자는 판단·평가하거나 가족상담을 제공하지 않지만, 학생들의 요구에 반응하여 최적의 학습이 일어나도록 반응해야 한다.

가족의 일시적 역기능을 초래할 수 있는 문제
- 학부모의 주요 신체적 또는 정신질환 진단
- 학부모 또는 확대가족구성원의 입원
- 학부모 또는 형제자매의 물질남용
- 잦은 이사
- 가족구성의 변화(예, 새로운 남자친구, 여자친구, 또는 의붓부모)
- 학생, 형제자매, 또는 부/모에 대한 신체적, 정서적, 또는 성적 학대
- 학부모 또는 형제자매의 자살 또는 자살시도
- 학생에게 암묵적으로 부과된 가족 내 성인들에 대한 책임
- 무의탁
- 실직 또는 수입원 상실

가족관계 문제를 야기할 수 있는 환경
- 화난 부모로부터의 신체적, 언어적, 또는 정서적 학대 경험
- 알코올 중독 또는 약물 중독 학부모와의 생활
- 부/모의 투옥
- 생물학적 부모와의 첫 만남
- 금지명령이 무엇인지 이해한다.
- 새로운 의붓부모, 여자친구, 또는 부모의 남자친구
- 새로운 사람들이 집으로 이사 옴으로 인해 초래되는 변화에의 적응(예, 여자친구 또는 남자친구가 자신의 자녀와 애완견과 함께 이사 옴)
- 학부모의 행동에 따른 당혹감
- 부모의 잦은 결혼 또는 불륜 경험
- 부모의 부재 또는 만날 수 없음

- 손아래 형제자매들의 돌봄에 대한 과도한 책임을 지고 있을 것으로 추정되는 상황
- 자녀에게 자신의 편을 들게 하거나 상대편(부/모)을 비판하는 부모(모/부)
- 필수적인 부모의 방문에 대한 두려움 또는 몹시 무서워함
- 일련의 보호소 또는 위탁가정 생활에의 적응
- 가정에서 거듭되는 분노 또는 폭력 관찰

학교상담자 조치
- 긍정적인 학교 · 가족 · 지역사회 파트너십을 발달시킨다.
- 가족이 안정감을 느끼고 학교에서 소중히 여겨지도록 돕는다(Bryan & Henry, 2008).
- 어려움에 처한 가족을 지원하기 위한 파트너십 프로그램을 탐색한다.
- 가족이 고통을 겪고 있는 학생들의 기본욕구를 충족시키기 위해 노력한다.
- 학부모와 가족구성원들에게 도움의 손길을 뻗는다.
- 어려운 가족 상황에 처한 학생들에게 지지집단 또는 개인상담을 제공한다.

● 참고문헌
Bryan, J., & Henry, L. (2008). Strengths-based partnerships: A school-family-community partnership approach to empowering students. *Professional School Counseling, 12*(2), 149–156.

◆ 읽을거리
Bryan, J., & Holcomb-McCoy, C. (2004). School counselors' perceptions of their involvement in school-family-community partnerships. *Professional School Counseling, 7*(3), 162–171.

Bryan, J., & Holcomb-McCoy, C. (2007). An examination of school counselor involvement in school-family-community partnerships. *Professional School Counseling, 10*(5), 441–454.

Dykeman, C. (2007). The impact of dysfunctional family dynamics on children and adolescents. In D. Capuzzi & D. Gross (Eds.), *Youth at risk: A prevention resource for counselors, teachers, and parents* (5th ed., pp. 71–96). Alexandria, VA: American Counseling Association.

개인/사회성 상담: 전체 학생들을 위한 생활기술

6.11. 생활기술

- 의사소통 기술
  - 경청
  - 언어적
  - 비언어적
  - 자기주장
    - 요구 · 욕구 표현
    - 또래압력 거부기술
    - 피해 예방 기술

- 인지적 기술
  - 의사결정
  - 문제해결
  - 자기통제

- 갈등해결 기술
  - 분노 관리
  - 갈등 중재

- 건강한 생활양식 기술
  - 영양
  - 활동 · 운동
  - 대처 · 회복탄력성
  - 담배, 알코올, 그리고 기타 약물 거부

○ 스트레스 관리

■ 사회적 기술
　○ 의미 있는 관계 형성과 유지
　○ 장기적인 교우관계 발달
　○ 성인들과 경의를 표하는 관계 입증
　○ 효과적인 의사소통 기술과 예의범절 표현

학교상담자 조치
■ 다른 사람들에게 기술을 가르친다.
　○ 또래도우미 (**3.32** 참조)
　○ 또래중재자 (**3.31** 참조)
　○ 학부모
　○ 교사

6.12. 생활기술 교육 프로그램

미래문제 예방을 위한 전체학생 대상 예방 프로그램

- 미래에 문제 발생률을 감소시켜야 한다.
- 초등학교와 중학교에서 요구된다.
- 누적 및 전이 가능한 생활기술이 포함된다.
- 학생들의 긍정적인 상호작용 증진 및 상호조력을 고취시킨다.
- 교실 생활교육, 집단상담, 또는 개인상담을 통해 가르칠 수 있다.
- 학교 전체 예방 프로그램의 일부가 될 수 있다
- 다양한 인구의 요구에 부합되도록 설계될 수 있다.
- 다른 학교 교직원들과 협력적으로 가르칠 수 있다.
- 한 가지 이상의 상황에 적용할 수 있다.
- 학생들에게 권한을 부여하여 문제를 감소시킨다.

문제 또는 위기의 영향 감소를 위한 개입 프로그램

- 문제의 단계적 악화를 예방해야 한다.
- 초등학교, 중학교, 고등학교에서 초점화된 주제 중심의 상담집단이 포함된다.
- 필요에 따라 개인상담이 포함된다.
- 문제해결을 위해 자원과 지원을 제공한다. (**3.31** 참조)
- 행동 통제를 위해 학생들에게 지원을 제공한다.
- 학생들이 특정 문제를 해결하도록 돕는다.
- 인성교육을 통해 인성적 특질을 개선한다. (**3.33** 참조)

재입학을 돕기 위한 학교상담자 조치

- 학부모가 재입학에 참여할 기회를 제공한다.
- 학생과 개별작업을 통해 문제가 다시 발생하지 않게 할 방법에 대해 논의한다.
- 자존감 재구축을 돕는다.
- 학생의 성공할 수 있는 능력에 대한 신념을 소통한다.

6.13. 의사소통 기술

- 적극적 경청 (**6.20** 참조)
- 의사소통에 영향을 미치는 학생 행동 (**6.14** 참조)
- 비언어적 의사소통 (**6.15** 참조)
- 감정 어휘 (**6.22** 참조)
- 언어적 초대 또는 의사소통 촉진자 (**6.16** 참조)
- 인식 또는 피해야 할 언어적으로 무시하는 말 또는 의사소통 장애물 (**6.17** 참조)
- 나 메시지 (**6.18** 참조)
- 사람들의 묘사 재구성 (**6.19** 참조)
- 주장적 의사소통의 효과적인 사용 (**6.23** 참조)

6.14. 의사소통에 영향을 미치는 학생 행동

의사소통을 저해하는 행동
- 논쟁
- 비난
- 무시
- 비판
- 모욕
- 별명 부르기
- 끼어들기
- 판단
- 조소
- 빈정대는 말 사용
- 조롱
- 의견을 사실처럼 진술하기

의사소통을 촉진하는 행동
- 시선접촉
- 상대에게 정면으로 대하기
- 적극적 경청
- 방해 없는 경청
- 다른 일을 동시에 하지 않기
- 나 메시지 사용 (**6.18** 참조)
- 상대방 쪽으로 기울여 앉기
- 개방적 자세 유지
- 상대방 격려
- 질문을 통해 상대방의 메시지 명료화
- 상대방이 사용한 단어 반복
- 상대방의 메시지를 자신의 말로 반영해 주기
- 상대방의 메시지 요약

6.15. 비언어적 의사소통

학생들을 위한 비언어적 메시지
- 얼굴표정
- 기력 수준
- 자세
- 행동 패턴의 변화
  - 손으로 하는 제스처
  - 고개 · 시선 떨구기
  - 머리 끄덕이기
  - 발 구르기
  - 하품

학생들을 위한 비언어적 행동
- 정중한 태도
- 솔직한 태도
- 시간 엄수
- 축하해 주기
- 시선 접촉
- 얼굴 대하기
- 반응을 위해 '기다려 주는 시간$^{wait\ time}$' 제공하기
- 몸을 앞으로 기울이기
- 조심스럽게 경청하기
- 웃음 공유
- 미소
- 기다려 주기
- 예의 지키기

◆ 읽을거리

Ivey, A. E., & Ivey, M. B. (2007). *Intentional interviewing and counseling: Facilitating client development in a multicultural society.* Belmont, CA: Thompson/Brooks Cole.

6.16. 의사소통을 촉진시키는 언어적 초대 인식

다음은 언어적 초대의 예시다.

곧 다시 오거라.

축하한다!

멋진데.

쾌유를 빌어요!

안녕하세요!

좋은 제안이구나!

생일 축하합니다!

요즘 어떠세요?

어떻게 지내니?

내가 인정한단다.

도와줘서 고맙다.

뭔가 기쁜 일이 있나 보구나.

너한테 마음이 가는구나.

우리가 시간을 함께 해서 정말 즐겁구나.

너와 함께해 줘서 정말 즐거웠단다.

네가 한 일이 정말 마음에 든다.

내가 할 수 있다는 생각이 드는구나.

이해한다.

내가 돕고 싶구나!

네 의견을 듣고 싶구나.

노력해 볼게.

네가 들러 줘서 반갑다.

정말 멋진데!

네가 자랑스럽구나.

너에 대해 생각하고 있었단다.

다 모입시다!

우리 얘기 좀 할까?

우리 함께 해 보자꾸나.

무엇을 도와드릴까요?

어서 들어오너라.

그것에 대해 말해 볼래?

고맙습니다(또는 고마워).

그거 좋은 의견이에요.

그게 더 좋구나!

괜찮아요.

이것 참 멋있어 보이는구나!

보고 싶었단다.

환영한다!

그것 참 좋은 생각이구나!

내가 어떻게 도우면 될까?

넌 어떻게 생각하니?

넌 정말 그것을 잘하는구나.

넌 특별해!

6.17. 상대를 격하시키는 언어 인식

학생들이 인식하고 피해야 할 상대를 격하시키는 언어

나이답게 행동해야지!	유치하기는!
그건 누구라도 할 수 있어.	그건 내 거야!
내가 그렇게 말했잖아.	그건 네 생각이 아냐, 그렇지?
내가 말하는 대로 해라.	그건 바보 같은 짓이야!
어리석은 짓 하지 마라.	이것이 널 의미하는 거야!
나한테 말대답하지 마라.	네 머리 좀 써라!
잊어버려.	누가 네 편을 들고 싶어 하겠니!
꺼져!	이번엔 또 어떤 변명을 늘어놓을 거니?
내 앞에서 사라져 버려!	네가 좀 더 나이가 들면, 너도 웃을 거야.
가서 앉아!	넌 네가 누구라고 생각하니?
야, 너!	왜 집에 붙어 있지 않는 거니?
네가 어떻게 그럴 수 있어?	오는 게 왜 그렇게 신경 쓰여?
넌 빠져!	여자 운전자라고는!
신경 쓸 필요도 없어.	너 그렇게 멍청해서는 안 돼!
내가 여기 처음 왔거든!	넌 그걸 할 수 없어.
난 네가 무얼 하든 상관하지 않아.	넌 그걸 가질 수 없어.
시간이 없구나.	넌 우리랑 놀 수 없어.
네 말에 귀 기울이지 않고 있었구나.	넌 좀 고집스러운 데가 있어.
안 될 거야.	넌 더 잘 알아야 해!
자, 시간이 거의 됐다.	네가 다시 엉망으로 만들었어.
여자아이한테 나쁜 것은 없어.	넌 그렇게 느끼면 안 돼!
닥쳐!	넌 절대 하지 못할 거야.
입 닥치고 앉아!	네가 꼴찌야!
그래서 어쩔 건데?	넌 노력하지 않고 있어.
어리석기는!	네가 잘못한 거야!
그건 완전히 틀렸네.	넌 극복할 거야.

6.18. 나 메시지

나 메시지 I Messages 의 구성요소
- 사건 또는 행동의 묘사: "네가 오늘 이른 시간에 네 목소리를 높였을 때…"
- 사건발생 시간에 말하는 사람의 감정: "난 …가 무서웠어요."
- 말하는 사람이 특정 감정이 들게 된 이유: "난 당신이 내게 화가 났다고 생각했기 때문에…"
- 미래에 구체적으로 바라는 행위: "앞으로는 나에게 말할 때 목소리 크기를 좀 더 낮추면 좋을 것 같아요."

나 메시지를 사용한 의사소통
- 말하는 사람의 감정을 표현하게 한다.
- 말하는 사람이 자신에게 영향을 미친 상대방의 행동을 묘사할 수 있게 한다.
- 비난하지 않는다.
- 말하는 사람이 앞으로 상대방의 바람직한 행동을 기술할 수 있게 한다.

필요한 후속조치
- 상대방의 반응을 적극적으로 경청한다. (**6.20** 참조)
- 상대방의 감정을 고려한다.
- 향후 조치에 동의한다.

나 메시지의 예
- "당신이 ~할 때, 나는 ~한 느낌이 들어요. 왜냐하면 ~(하)기 때문이지요. 앞으로는 ~게 해 주시면 고맙겠습니다."
- "나는 ~라고 믿습니다."
- "나는 ~라고 생각합니다."
- "나는 당신이 ~할 때가 좋습니다."
- "나는 ~하고 싶습니다."
- "나는 당신이 ~할 때는 동의하지 않습니다. 왜냐하면 ~(하)기 때문이지요."
- "나는 의견이 다릅니다. 나는 ~라고 생각합니다."

6.19. 사람들의 표현방식 비교

비판적 표현방식	(재구성된) 보다 긍정적인 표현방식
개방을 두려워함	명확하고 객관적임
오만함	자신감이 있음
독재적임	목표지향적임
지나치게 동정적임	연민 어림
우두머리 행세를 함	독립적임
통제적임	안전함을 제공함
차갑고, 냉담하며, 냉정함	차분하여, 쉽게 마구 떠들어 대지 않음
비판적 또는 흠을 잡음	필요한 영역을 볼 수 있음
규칙을 무시함	자유를 사랑함
사람들을 배려하지 않음	과업 지향적임
현실을 직면하지 않음	선견지명이 있음
따분하거나 지루함	전통적 또는 안정됨
쉽게 사기를 당하거나 잘 속아 넘어감	사람을 신뢰함
특이하거나 이상함	색다르거나 남다름
정서적으로 통제됨	객관적임
아첨함	사람들을 즐겁게 하기를 좋아함
신뢰할 수 없음	자발적임
너무 빈둥거림	근심 걱정이 없거나 자유분방함
비정함	강함
우유부단함	모든 대안을 고려함
지적 속물	탁월한 지성
무책임함	즐거움을 좇음
비판적임	결단력이 있거나 자기 의견을 내세움
무자비하거나 불공평함	공정함
거짓말을 일삼음	상상력이 풍부하거나 창의적임
교묘하게 조종함	잘 관리함

지나치게 감상적임	낭만적임
팀 작업을 잘 못함	독립적임
과업에 집중하지 못함	다양한 흥미를 가지고 있음
믿을 수가 없음	유연함
독선적임	주장적임
지나치게 감정적임	민감함 또는 배려심이 있음
만만함	화합을 원하며, 협조적임
결정 또는 마무리를 짓지 못함	혼란스러운 상황을 잘 다룸
경직됨	안정적임
정신이 산만함	동시에 많은 일을 처리함
질식할 것 같이 답답함	돌봄이
부드러움	동정적임
칭찬에 인색함	실행을 주저함
고집이 셈	지속적인
체제 중심적임	현실적임
너무 말을 많이 함	자기 의사를 능숙하게 전달함
과도하게 친절함	공감적임
과도하게 인정이 많음	기꺼이 지칠 줄 모르게 일함
너무 감정적이고 과민함	정서적 또는 다정함
너무 잘 믿음	믿음을 가짐
다른 사람에게 감사할 줄 모름	태도가 확고함
통제할 수 없음	자유로운 영혼
상상력이 없음	단호함
비현실적임	이상적임
자의식이 강함	관심 있어 함

6.20. 적극적 경청기술

학생들을 위한 적극적 경청기술

■ 격려

■ 명료화

■ 재진술

■ 반영

■ 요약

■ 타당화

■ 관심 · 주의 기울이기

ㅇ 말하는 사람과 시선접촉을 유지한다.

ㅇ 주의를 산만하게 하는 것을 무시한다.

ㅇ 들어야 할 것에 집중한다.

ㅇ 말할 차례가 올 때까지 기다린다.

ㅇ 생각과 의견에 관해 질문한다.

ㅇ 개방질문을 하거나 "…에 관해 좀 더 말해 보세요."라고 요구한다.

■ 끈기 있는 경청

ㅇ 말하는 사람의 주요 아이디어에 경청한다.

ㅇ 방해하지 않는다.

ㅇ 말하는 사람이 말을 마치기 전에 자신의 의견을 나누지 않는다.

ㅇ 말하는 사람이 말을 마치기 전에 그의 말을 바로잡지 않는다.

ㅇ 말하는 사람이 말을 마치기 전까지 판단을 피한다.

ㅇ 비판적이 되지 않고자 노력한다.

■ 감정 반영

ㅇ 감정을 재차 말해 준다restate.

ㅇ 감정을 자신의 말로 바꾸어 재진술rephrase해 준다.

- 말하는 사람의 감정 이해를 위한 노력
  - ○ 말하는 사람이 어떻게 말하는가에 집중한다.
  - ○ 말하는 사람의 관점에서 대상을 보고자 한다.

◆ 읽을거리

Shapiro, L. (2008). *Learning to listen, learning to care.* Oakland, CA: Instant Help Books.

6.21. 학생들의 자신과 타인의 감정 이해 돕기

학생들을 위한 자신의 감정 인식 방법

- 두려워하거나 화날 때의 신체 신호를 인식한다.
  - ○ 심계항진/심장 박동수 증가
  - ○ 숨이 막히거나 호흡이 가빠짐
  - ○ 덥거나 추운 느낌이 듦
  - ○ 위가 조여지거나 경련이 일어남
  - ○ 등이 뻣뻣해질 수 있음
  - ○ 얼굴이 뜨거워지는 느낌이 듦
  - ○ 주먹을 꽉 쥐거나 조여질 수 있음

- 이러한 감정의 원인을 확인한다.
- 어떤 조치를 취할 것인지 결정한다.

학생들의 개인적 감정표현을 위한 제안

- 자신의 감정을 나타낼 단어를 선택한다. (**6.22** 참조)
- 이 감정을 공유해야 하는 지의 여부를 결정한다.
- 이 감정을 표현할 좋은 시간과 장소를 결정한다.
- 나 메시지를 활용하여 이 감정을 표현한다. (**6.18** 참조)
- 다른 사람의 반응에 경청한다.

학생들의 감정다루기를 위한 제안

- 두려움을 다룬다.
  - ○ 신체 신호를 인식한다.
  - ○ 두려움의 원천을 확인한다.
  - ○ 두려움이 현실적인지의 여부를 결정한다.
  - ○ 두려움을 생각해 보고 두려움 감소를 위한 조치를 취한다.
    - • 두려움을 유발하는 장소 또는 상황으로부터 벗어난다.
    - • 함께할 친구들을 찾는다.

- 자신의 두려움에 대해 이해심이 많은 성인에게 이야기한다.
- 향후 해당 장소 또는 상황을 피한다.

■ 분노를 다룬다.
  ○ 신체 신호를 인식한다.
  ○ 분노 감정에 앞서 발생한 사건을 확인한다.
  ○ 반응에 앞서 분노통제 방법에 대해 생각한다.
   - 긍정적인 혼잣말을 되뇐다. (**6.26** 참조)
   - 다른 것에 대해 생각한다.
   - 산책한다.
   - 목록을 작성한 다음 이해심이 깊은 사람과 이에 대해 이야기한다.
   - 펀칭 백 또는 베개를 활용한다.
   - 게임을 계획해서 주의를 딴 데로 돌린다.
   - 재빨리 반응하지 않도록 하는 동시에 이에 대해 생각하고 나중에 이에 관한 다른 일을 한다.
   - 눈을 감고 자신이 좋아하는 장소에 있다고 상상한다.
   - 20까지 센다.
   - 심호흡을 3차례 한다.
   - 물을 마시고 신선한 공기를 마신다.

  ○ 분노 통제를 위한 최선의 방법을 택해서 실행에 옮긴다.
  ○ 완전히 이완되었을 때, 앞으로 동일한 것에 대한 분노 예방을 위해 취할 조치를 결정한다.
  ○ 이해심이 있는 성인에게 자신의 분노에 관해 말한다.
  ○ 나 메시지를 활용하여 자신의 감정을 자극하는 사람에게 감정을 표현한다. (**6.18** 참조)
  ○ 갈등관리 기술을 고려한다. (**6.28** 참조)
  ○ 건강한 방법으로 자신의 분노를 통제한 경우, 자신에게 보상해 준다. (**6.27** 참조)

■ 당혹감을 다룬다.
  ○ 당혹감을 느끼는 때를 인식한다.

○ 당혹감을 초래하는 사건을 확인한다.

○ 당혹감을 통제할 방법을 결정한다.

○ 당혹스러운 상황에 대해 반응할 최선의 방법을 정하여 실행에 옮긴다.

■ 실패를 다룬다.

○ 실제로 자신의 문제로 인해 실패했는지의 여부를 결정한다.

○ 실패에 대한 가능한 이유에 관해 생각해본다.

• 공부 또는 준비 미비

• 충분한 시간 할애 결여(서두름)

• 충분한 노력 결여

• 실제적인 관심 결여

○ 추후에 유사한 상황이 발생하는 경우, 성공하기 위해 자신이 할 수 있는 것을 고려한다.

○ 다시 시도하고 싶은지의 여부를 결정한다.

○ 성공을 위한 자신의 아이디어 사용을 시도한다.

○ 만일 실패를 극복했다면, 스스로에게 보상해 준다.

타인의 감정 이해 · 수용을 위한 제안된 방법

■ 상대방의 말에 능동적으로 경청한다. (**6.20** 참조)

■ 상대방의 행동을 관찰한다.

■ 상대방의 비언어적 메시지에 주목한다. (**6.15** 참조)

■ 초대 또는 깎아내리는 말에 귀 기울인다. (**6.16**, **6.17** 참조)

■ 상대방이 사람들에 대해 묘사하는 말에 귀 기울인다. (**6.19** 참조)

■ 상대방의 감정을 나타내는 신체 신호를 관찰한다.

■ 상대방이 항상 자신과 같은 느낌을 갖는다고 기대하지 않는다.

■ 상대방이 자신의 방식과 다르게 느낄 수 있는 권리를 존중하는 법을 배운다. (**6.25** 참조)

관계 기술과 사회적 기술에 관한 정보는 **6.30**, **6.31**을 참조한다.

6.22. 감정 어휘

기쁨/Glad

인정받는	운 좋은	즐거운
존경받는	자유로운	기쁜
활기 넘치는	우호적인	자랑스러운
재미있어하는	너그러운	여유 있는
고마워하는	고맙게 여기는	마음이 놓이는
더없이 행복한	행복한	정중한
침착한	명예로운	보상을 받은
쾌활한	희망적	만족스러운
편안한	감동받은	안전한
유능한	기쁨을 주는	지지받는
자신 있는	의기양양한	놀란
만족해하는	호감이 가는	훌륭한
흐뭇한	생기 넘치는	감사하는
열렬한	귀염을 받는	황홀해하는
황홀해하는	다정한	신임받는
신이 난	낙천적인	소중하게 여겨지는
들뜬	매우 기뻐하는	환영받는
환상적인	참을성 있는	아주 멋진
매료된	평화로운	

분노/Mad

짜증나게 만드는	좌절감을 느끼는	반발심이 생기는
화난	격노한	역겨운
약 오르는	미운	억울한
쓰라린	지긋지긋한	어안이 벙벙한

신경 쓰이는	적개심이 드는	아픈
불쾌한	참을 수 없는	고집이 센
분통 터지게 하는	귀찮은	의심스러운
속았다는 느낌이 드는	분노에 찬	위협감이 드는
감정에 사로잡힌	짜증나는	위선적인
궁지에 몰린	질투하는	추한
방어적인	거짓된	감사할 줄 모르는
혐오감이 드는	몹시 화가 난	이용당한
환멸을 느끼는	조작된	복수심에 불타는
심란한	비열한	억울한
지배를 당하는	기분이 상하는	앙심을 품은
격분하는	격분한	폭력적인
부러워하는	짜증이 난	
화가 치미는	동요된	
지긋지긋한	퇴짜 맞은	

슬픔/Sad

불쾌한	침울한	궁핍한
배신감이 드는	풀이 죽은	무시당하는
부담감이 드는	부러운	짜증스러워하는
걱정하는	고독한	박해받는
으깨진	음울한	비관적인
패배당한	불평이 많은	후회하는
실의에 빠진	짜증나는	심각한
우울한	향수에 잠긴	업신여김을 당하는
불우한	절망적인	슬픈
적막한	아픈	안쓰러운
낙담하는	슬픔을 가눌 수 없는	끔찍한
엄청난 충격을 받은	고립된	걱정이 많은

실망스러운	소외감이 드는	흥미를 잃게 만드는
낙심한	고독한	불편한
불만족스러운	저조한	불행한
심란한	구슬픈	사랑받지 못하는
고통스러운	비참한	싫증나는
대단히 불행한	오해를 받는	눈물 나게 하는

힘/Powerful

정신이 초롱초롱한	진실된	올바른
대담한	유익한	안전한
용감한	중요한	안심이 되는
능력이 있는	통제하에 있는	자립적인
도전을 받는	탁월한	견고한
열성적인	강렬한	변함없는
관심을 갖는	흥미 있어 하는	강한
자신 있는	관여하는	성공적인
호기심 있는	충실한	지지적인
단호한	필요로 하는	확신하는
헌신적인	개방적인	관대한
정력적인	긍정적	강인한
열정적인	강력한	활기찬
명랑한	보호적인	활력이 넘치는
확고한	들뜬	
단호한	책임이 있는	

약함/Weak

무관심한	공허한	열등한
간담이 서늘한	소진된	기를 못 펴는
부끄러운	허약한	불안정한

어색한	죄책감이 드는	불성실한
억제된	배짱이 없는	게으른
지루한	무기력한	죽은 듯한
비겁한	절망적인	상실감이 드는
무방비의	무시된	무감각한
필사적인	부적절한	겉치레의
당혹스러운	무능한	힘이 없는
조용한	무력한	쓸모없는
불확실한	좌절된	취약한
얄팍한	소심한	미온적인
수줍어하는	피곤한	고달픈

두려움/Afraid

두려워하는	겁에 질린	무서워하는
불안해하는	몸이 굳어 버린	놀란
걱정되는	겁을 내는	정신이 멍한
경외감에 휩싸인	초조한	긴장한
신경이 날카로운	조마조마한	무서워하는
무시무시한	공황상태에 빠진	협박받는
미친 듯이 서두는	겁에 질린	
겁먹은		

혼란/Confused

애증이 엇갈리는	얼버무리는	충격받은
당황하게 하는	가만히 못 있는	꼼짝 못하는
갈팡질팡하는	허둥지둥하는	놀란
옴짝달싹 못하는	분열된	찢어진
오리무중의	조심스러운	함정에 빠진
갑갑한	우유부단한	걱정하는

미친 듯이 화가 난	흥미를 느끼는	불확실한
호기심이 있는	뒤죽박죽인	불편한
멍한	마비된	불안한
무질서한	당혹스러운	불안정한
방향감각을 잃은	압력을 받는	확신하지 못하는
산만한	어리둥절해하는	
의심스러운	안절부절못하는	

걱정/Worried

신경 쓰이게 하는	짜증을 내는	뇌리를 사로잡는
몹시 지친	초조해하는	스트레스를 받는
짜증난	압도된	긴장한

6.23. 자기주장 기술

자기주장^{assertiveness}이란 직접적이고 솔직하며 적절한 방식으로 사고, 감정, 의견, 지각, 신념을 표현하고, 다른 사람들의 권리 침해 없이 자신의 권리를 위해 나서는 것을 말한다. 이는 자신과 타인들의 욕구와 권리를 존중하는 개방적이고 솔직한 소통이다.

자기를 위한 주도권 쥐기

■ 자신의 최상의 이익을 위해 행동한다.

  ○ 의미 있는 목표를 세우고, 이를 위해 노력한다. (**4.4** 참조)

  ○ 생활양식을 결정한다.

  ○ 자신의 복지를 위한 스스로의 판단을 믿는다.

  ○ 필요한 경우, 도움을 청한다.

  ○ 필요한 경우, 사회적 참여를 한다.

  ○ 대화를 시작한다.

■ 자신을 위해 일어선다.

  ○ 바람직하지 않은 행동 참여는 거부한다. (**6.24** 참조)

  ○ 활동의 우선순위를 정하고, 시간과 활동에 한계를 정한다.

  ○ 다른 사람들의 비판 · 비하하는 말에 적절히 반응한다.

  ○ 비하하는 말의 사용 없이 개인적 의견을 방어한다.

■ 효과적으로 감정을 표현한다. (**6.22** 참조)

  ○ 솔직하게 동의와 지지를 나타낸다.

  ○ 다른 사람들과 의견을 달리하면서도 친구관계를 유지한다.

  ○ 분노를 적절하게 표현한다.

  ○ 우정과 애정을 적절하게 나타낸다.

  ○ 두려움 또는 불안을 솔직하게 인정한다.

  ○ 자발적이지만 조절을 하며 행동한다.

타인의 권리 존중

- 다른 사람들을 다치게 하지 않으면서 자신을 위한 주도권을 쥔다.
- 다른 사람의 별명을 부르거나, 꼬리표를 사용하거나 깎아내리는 말은 삼간다.
- 다른 사람들을 위협하는 일은 삼간다.
- 다른 사람들을 조종하는 일은 삼간다.
- 다른 사람들을 통제하는 일은 삼간다.
- 빈정대는 말의 사용을 삼간다.
- 과거의 일을 끄집어내는 일은 삼간다.
- 싸잡아 비난하는 일, 즉 전반적인 비판을 삼간다.
- 다른 사람에게 자신의 불만을 덮어씌우는 일을 하지 않는다.

학교상담자 조치

- 명확한 차이점을 보여 줌으로써 공격성, 자기주장, 그리고 자기주장이 아닌 것을 정의한다.
- 공격적 행동과 반응의 예를 제시한다.
  - 이글거리는 눈빛, 몸을 앞으로 기울이기, 삿대질하기, 시끄러운 목소리 음조, 낄낄거리며 웃음
  - 위협(예, "~하는 게 좋을 걸." "너 조심하지 않으면" "너 지금 농담하고 있니?" "~해야 돼." "나쁜", 성차별주의자 또는 인종차별주의자들의 용어)
  - 다른 사람들에게 부담을 주는 행동, 다른 사람들을 지배하려는 듯한 행동
  - 자신의 의견과 다른 사람에게 또는 이들에 관한 빈정대는 발언

- 주장적 행동과 반응의 예를 제시한다.
  - 시선접촉을 유지하고, 편안한 자세로 서서, 두 손은 느슨한 상태로, 강하고 침착한 어조로 말한다.
  - 나 메시지를 사용한다. (**6.18** 참조)
  - 다른 사람들의 아이디어를 도출해 낸다. (예, "이것을 어떻게 해결할 수 있을까?" "넌 어떻게 생각하니?" "넌 무엇이 문제로 여겨지니?")
  - 자신과 타인에 대한 존중을 통해 윈윈 상호작용을 장려한다. (**6.25** 참조)

■ 주장적 행동과 반응이 아닌 예를 제시한다.
- 내리뜬 시선, 체중 이동, 구부정한 자세, 손 꼼지락거리기, 징징대거나 주저하거나 부드럽거나 피식 웃는 말투
- 말투 (예, "아마" "~인 것 같아." "~한지 궁금해." "난 못해." "그렇게 생각하지 않니?" "글쎄, 음" "그거 있잖아." "실제로는 중요하지 않아." "신경 쓰지 마.")
- 자신의 감정, 사고, 신념 표현을 하지 못함
- 다른 사람들에게 자신을 '함부로 대하게'walk all over' 내버려 두기
- 자기 스스로 사과하고 자기비하적인 방식으로 표현하기
- 다른 사람들을 기쁘게 해서 갈등을 피하고자 함으로써 승-패 또는 상호 패배적인 상호작용을 초래함

■ 주장적 행동을 위한 구체적인 기법을 가르친다.
- 자신이 원하고, 생각하고, 느끼는 것에 관해 가능한 한 구체적이고 명확하게 표현한다.
- 자신이 의미하고 의미하지 않는 것을 정확하게 설명한다.
- 다른 사람들이 자신의 의견에 동의하도록 요구하지 않거나 자신이 다른 사람들이 하기를 원하는 것을 한다.
- 제3자가 아니라 관련이 있는 사람과 직접 문제에 관해 이야기한다.
- 다른 사람들이 공유하지 않는 경우에도 자신의 신념, 지각, 의견, 감정, 욕구를 인정한다.
- 다른 사람들에게 자신의 신념과 의견을 피드백으로 명확하고 직접적으로 표현하도록 당부한다.
- 다른 사람의 피드백에 동의하지 않는 경우에도 경청한다. (**6.20** 참조)
- 피드백을 제공하는 사람의 말을 방해하지 않는다.

■ 현실적인 역할연습 상황에서 학생들에게 주장적 반응을 연습할 수 있는 기회를 제공한다.
■ 주장적 반응을 증진시킬 수 있는 건설적인 방식을 도출한다.
■ 주장적 반응을 지속적으로 증진시킬 수 있도록 학생들을 코치한다.
■ 학생들이 수업 또는 집단 밖의 현실적인 상황에 주장적 기술을 전이시킬 수 있도록 격려한다.

■ 학생들이 주장적 기술의 증진을 계속해서 서로 도울 수 있도록 격려한다.
■ 주장적 행동을 사용할 상황을 인식하도록 학생들을 가르친다.
  ○ 또래압력 또는 과도한 설득에 대한 반응 (**6.24** 참조)
  ○ 다른 사람에 의한 공격적 행동에 대한 반응
  ○ 자신의 권리와 존엄성을 위해 맞서기
  ○ 친구 또는 다른 사람의 권리와 존엄성을 위해 맞서기
  ○ 비판에 대한 반응
  ○ 다른 사람의 분노 다루기
  ○ 불만사항 표현과 변화 요구
  ○ 요청하기와 요청 거절하기
  ○ 자신의 개인적 시간 보호
  ○ 바람직한 타협을 위한 협상
  ○ 찬사 · 칭찬하기 또는 받기
  ○ 보다 공정한 결정을 내리도록 다른 사람들을 설득하기

관계기술과 사회적 기술에 관한 정보는 **6.30**과 **6.31**을 참조한다.

◆ 읽을거리

Schab, L. M. (2009). *Cool, calm, confident: A workbook to help kids learn assertiveness skills.* Oakland, CA: Instant Help Books.

6.24. 또래압력 거부기술

잘못된 일을 하라는 또래압력의 예

- 시험에서 부정행위 또는 숙제 베껴 쓰기
- '한계를 넘는^{off limits}' 또는 불법적인 일의 종용
- 학부모, 보호자, 또는 교사들이 하지 말라고 말한 일의 종용
- 다른 아이들의 집단과 어울리기 위해 그들의 문제행동을 함께하기
- '한계를 넘는' 또는 불법적인 곳에 가기
- 다른 학생을 무시하거나, 골리거나, 비하하는 것(또는 다른 사람들이 이러한 일을 자행할 때 아무 일도 하지 않는 것)
- 실제로 재미있지 않은 일에 대해 웃는 것
- 학교 빼먹기
- 알코올과 다른 약물 사용

또래압력 거부기술

- 자신의 감정을 안다.
- 자신의 감정을 표현한다.
- 자신과 다른 사람들의 권리를 위해 맞선다.
- 싸움을 멀리한다.
- 만일 특정한 상황을 떠나는 것이 자신에게 가장 큰 이익이 되고 안전하다면, 그 상황을 떠난다.
- 다른 사람들에게 대안적인 계획을 하도록 설득한다.
- 비난을 다룬다.
- 집단압력을 다룬다.
- 다른 사람들의 분노를 다룬다.
- 두려움을 다룬다.
- 놀림을 다룬다.
- 당혹감을 다룬다.
- 소외감을 다룬다.
- 문제를 해결한다.

- 도움을 요청한다.
- 누군가에게 불만사항을 말하거나 사건에 대해 보고한다.

또래압력 거부기술의 사용과 평가

- 주장적 기술 사용 (**6.23** 참조)
- 안전하게 상황을 벗어나는 능력
- 자신의 가치관과 존엄성 유지 능력
- 또래압력을 견디는 능력
- 반향 회피 능력
- 논의 종결 또는 상황을 떠나는 능력

6.25. 학생들에게 타인존중 방법 가르치기

학생들에게 평화롭게 어울리는 법 가르치기
- 긍정적 의사소통에 영향을 미치는 행동을 격려한다. (**6.13** 참조)
- 언어적 초대를 격려한다. (**6.16** 참조)
- 비하하는 말을 인식 · 저항하도록 가르친다. (**6.17** 참조)
- 사람들에 대한 정의를 재구성하도록 격려한다. (**6.19** 참조)
- 자기주장과 갈등관리 기술을 가르쳐서 자신과 타인들에 대한 불공정한 대우를 다룰 수 있도록 한다. (**6.23**, **6.28** 참조)
- 장애가 있는 사람들을 존중하도록 격려한다. (**6.25** 참조)
- 인종, 성별, 또는 문화에 관계없이 전체 학생들을 존중하도록 격려한다. (**6.5**, **6.6** 참조)
- 개인의 외모 또는 수행에 대해 부정적인 말을 삼가도록 가르친다.
- 개인의 배경, 가족, 또는 인종에 대해 부정적인 말을 삼가도록 가르친다.
- 개인의 종교 또는 종교적 준수에 대해 부정적인 말을 삼가도록 가르친다.
- 자신들의 방식이 유일한 또는 '올바른right' 방식이라고 가정하지 않도록 학생들을 가르친다.
- 다른 사람이 변해야 할 사람이라고 가정하지 않도록 가르친다.
- 다른 사람이 자신들을 좋아하지 않는다고 가정하지 않도록 가르친다.
- 다른 사람이 자신들 또는 자신들의 감정을 상하게 하고 싶다고 가정하지 않도록 가르친다.
- 명확한 행동지침을 설정함으로써 학교 내에서 권위 있는 교직원들을 포함해서 자기 자신과 다른 사람들에 대한 존중을 강화한다.

존중하는 행동을 가르치기 위한 학교상담자 조치
- 학생들과 교사의 편견이 섞인 진술과 행위를 인식하는 법에 대해 교직원들을 교육한다.
- 별명 부르기와 불공정한 대우에 대한 인식 · 직면하는 방법에 대해 교직원들을 교육한다.
- 모든 사람에게 수용 분위기를 조성한다.
- 특정 집단에 대한 고정관념에 대응하는 방법에 대해 교직원들을 교육한다.

■ 또래촉진자와 기타 학생들에게 존중이라는 주제로 교실 생활교육 수업을 실시한다.

◆ 읽을거리

Clark, M. A., & Wittmer, J. (2007). Teaching children to respect and care for others: A character education program to support academic achievement. In M. A. Clark & J. Wittmer (Eds.), *Managing your school counseling program: K-12 developmental strategies* (3rd ed., pp. 284-291). Minneapolis, MN: Educational Media.

6.26. 학생들의 자신감 발달시키기

학생들의 자신감을 발달시켜야 하는 이유
- 개인적 능력을 인식한다.
- 학교, 가족, 지역사회에서 자신의 개인적 중요성을 인식한다.
- 자신의 삶에 영향을 주는 능력을 신뢰한다.
- 개인내적 기술을 개발한다.
    - 자신의 감정을 확인 · 표현한다. (**6.22** 참조)
    - 자기통제력과 자제력을 연습한다.

- 대인관계 기술을 개발한다.
    - 의사소통 기술을 발달시킨다. (**6.13** 참조)
    - 관계 기술을 발달시킨다. (**6.30** 참조)

- 자신을 위해 달성 가능하고 현실적인 목표를 세운다. (**4.4** 참조)
- 개인적 결정과 행위를 결과와 결부시킨다.

학생들의 자신감 발달을 돕기 위한 방법
- 판단 없이 학생의 말에 경청한다.
    - 사고와 감정에 대한 존중하고 있음을 보여 준다.
    - 최소의 격려의 말과 비언어적 단서를 사용하여 의사소통을 강화한다.

- 생각과 지각의 표현을 격려한다.
- 학생들의 기본가정을 확인한다.
- 성공을 축하해 준다.
    - 실행 전의 의사결정
    - 개인적 통제와 자기훈육

학교상담자 조치
- 학생들에게 생활기술을 가르친다.

ㅇ 교실 생활교육 제공

ㅇ 소집단상담 제공

ㅇ 학교 튜터링 또는 멘토링 프로그램 제공

ㅇ 또래관련 프로그램 제공

■ 학생들에게 자존감과 긍정적 자기개념에 대한 정보를 제공한다.

■ 학생들이 좋은 건강과 안전에 관한 결정을 내리는 경우, 정적강화를 제공한다.

■ 학생들이 자신들의 문제를 해결하는 경우, 정적강화를 제공한다.

ㅇ 갈등을 평화적으로 해결한다.

ㅇ 분노를 적절하게 표현한다.

ㅇ 교사 또는 다른 사람들에게 적절하게 도움을 요청한다.

■ 학생들에게 의사결정에 대해 가르치고 참여시킨다.

■ 학생들에게 의미 있는 문제해결에 대해 가르치고 참여시킨다. (**3.3** 참조)

■ 학생들에게 다음과 같은 긍정적인 혼잣말을 가르친다.

ㅇ "나는 가치 있는 사람이야."

ㅇ "나는 존중받을 가치가 있어."

ㅇ "나는 문제를 해결할 수 있어."

ㅇ "나는 결정을 잘 내릴 수 있어."

■ 학생들에게 스스로 보상을 할 수 있도록 가르친다.

ㅇ 상황을 확인한다.

ㅇ 취한 조치를 확인한다.

ㅇ 상황과 조치에 대해 신임받는 성인에게 말한다.

ㅇ 그 성인으로부터 칭찬을 받는다.

위축된 학생 상담

■ 적극적 경청기술을 사용한다.

■ 학생을 미술, 작문, 또는 놀이 기법에 참여시킨다.

■ 학생을 다른 학생들과의 프로젝트에 참여시킨다.

■ 학생에게 완결에 있어서의 성공 경험을 할 수 있는 책임을 부여한다.

- 학생에게 자신의 강점을 확인하는 한편, 자신이 잘할 수 있기를 희망하는 것의 목록을 작성하도록 돕는다.
- 학생이 이 목록으로부터 시도해 보고 싶은 한 가지 현실적인 목표를 선택하도록 돕는다.
- 학생이 목표를 달성할 수 있도록 돕는다.
- 학생의 완수를 인정·보상해 주는 동시에 이 사실을 다른 사람들과 공유할 수 있도록 격려한다.

자기개념이 좋지 않은 학생 상담

- 학생과 신뢰관계를 형성한다.
- 개인 및/또는 집단 상담을 제공한다.
- 학생이 집단 활동에 참여하도록 격려한다.
- 학생이 불편 또는 어렵다고 여기는 것을 표현하도록 학생을 격려한다.
- 학생의 사고와 감정에 대해 공감적으로 반응해 준다.
- 학생이 현실적인 목표를 세우도록 돕는다.
- 학생의 새로운 행동의 실연과 상담 외의 상황에서 사용해 보도록 돕는다.
- 긍정적 사고를 격려하고, 강점과 능력을 찾아 준다.
- 교사들과의 협의를 통해 교실에서 학생의 긍정적 행동을 위한 모델 역할을 수행하고 이러한 행동을 주목하게 한다.
- 그럴 만한 이유가 있을 때, 진정성 있는 칭찬을 해 주고, 학생을 멘토 또는 역할모델로 사용하도록 교사들에게 권장한다.
- 학부모들과 협력하여 긍정적 자기개념 형성을 촉진하는 효과적인 양육기술을 제공하게 한다.
  - 자신들의 자녀들의 긍정적인 속성과 강점을 인식한다.
  - 아동의 감정에 귀 기울이고 반응해 준다.
  - 자녀를 수용하고 있고 자랑스러워하고 있다는 사실을 보여 준다.
  - 자녀들을 성공을 촉진하는 흥미로운 프로젝트에 참여시키게 한다.

◆ **읽을거리**

Meggert, S. S. (2008). "Who cares what I think?": Problems of low self-esteem. In D. Capuzzi & D. Gross (Eds.), *Youth at risk: A prevention resource for counselors, teachers, and parents* (5th ed., pp. 97-126). Alexandria, VA: American Counseling Association.

6.27. 분노관리 기술

분노표출

■ 낮은 충동 통제

○ 분노폭발

○ 다른 사람들에 대한 신체적 학대

○ 자해 또는 자신에 대한 신체적 학대

○ 다른 사람들에 대한 위협

■ 분노 부인

○ 분노를 억압하고자 함

○ 분노를 부적절한 방식으로 표현함

분노통제 기법

■ 분노에 대한 개인적인 신호를 확인한다.

○ 신체 신호 (**6.13** 참조)

○ 사고

○ 행동

■ 특정 상황에서 분노의 강도를 10점 척도로 평가해 본다.

■ 분노를 분석한다.

○ 분노를 유발한 상황을 검토한다. (선행사건은 무엇인가?)

○ 선행사건에 관한 사고 또는 신념을 검토한다.

○ 분노와 동반되는 감정을 검토한다.

○ 분노를 동반하는 혼잣말을 확인한다.

○ 화날 때 취한 조치를 검토한다.

○ 분노표현의 결과를 검토한다.

■ 분노와 동반되는 다음과 같은 혼잣말을 묘사한다.

○ "걔가 나에 대해 어떻게 그런 말을 하고 다닐 수 있어?" "이 자식이 정말 안 되겠

네.” “그 녀석이 내 험담을 하고 다닌다니?”
  ○ “난 정말 잘하는 게 없어.”

- 자신의 분노와 그 결과에 대해 책임진다.
- 변화를 위해 성실히 노력한다.
- 신념과 감정을 구분한다.
- 자기주장 기술을 다듬는다. (**6.23** 참조)
- 의사소통 기술을 다듬는다. (**6.13** 참조)
- 분노폭발 또는 충동적인 반응의 대안적인 행동을 모색한다.
- 대안적인 행동을 연습한다.
- 건강한 분노표현 방법을 연습한다.
- 새로운 혼잣말을 연습한다.
  ○ “걔가 나에 대해 그런 말을 하면 안 되지. 그렇다고 해서 내가 그렇게 되는지는 않지.”
  ○ “걔가 나한테 무시하는 행동을 하면 안 되지. 그래도 난 여전히 존엄성을 가지고 있지.”
  ○ “걔가 나한테 그렇게 하면 안 되지. 그렇지만 난 나 자신에 대해서만 책임을 질 수 있지.”
  ○ “난 존중을 받을 만하고 가치 있는 사람이야.”

- 건설적인 비판은 수용함으로써 분노 통제력을 향상시킨다.
- 정말 화가 날 때는 새로운 통제방법을 시도한다.
- 정말 화가 날 때는 통제력 향상을 위한 노력을 계속한다.
- 빈약한 분노 통제력으로 손상된 관계를 치유한다.
- 건강한 분노 배출구를 정한다.
  ○ 분노 목록 또는 화를 돋울 수 있는 상황을 목록을 작성한다.
  ○ 감정을 확인·구별한다.
  ○ 화가 날 때의 행동 통제를 책임진다.

- 싸움에 대한 대안적 방법을 습득한다.
- 공정하게 싸우는 법을 배운다.

공정한 싸움을 위한 지침

- 화가 날 때는 현재 자신이 신경 쓰이게 하는 구체적인 행동에 대한 말만 하되, 상대방과 있었던 다른 문제 또는 과거사를 끄집어내지 않는다.
- 상대방의 외모 또는 신념을 공격하지 않는다.
- 상대방에게 그에 대해 생각하는 것을 말하지 않는다.
- 문제에 대해 상대방을 비난하지 않는다.
- 자신의 감정 표현을 위한 언급만 한다.
- 나 메시지를 사용한다. (**6.18** 참조)
- '항상' '단 한번도' 같은 절대적 의미를 지닌 단어를 사용하지 않는다.
- 비하하는 말을 사용하지 않는다. (**6.17** 참조)
- 신경 쓰이게 하는 행동에 대해서는 구체적으로 기술한다.
- 신체적으로 공격하지 않는다.
- 위협하지 않는다.
- 자기주장 기술을 사용한다. (**6.23** 참조)
- 의견이 서로 다르더라도, 상대방의 말에 경청하려고 노력한다. (**6.20** 참조)
- 상대방이 감정을 기술하는 동안에는 방해하지 않는다.
- 가능하다면, 상대방에게 언어적으로 분노표현을 하기 전에 미리 연습해 본다.

싸움에 대한 대안적 방법

- 화가 난 이유에 대해 생각해 본다.
- 싸움 또는 위협 없이 자신의 분노를 분출할 수 있는 방법에 대해 생각해 본다.
- 바람직하지 않은 결과 없이 자신의 분노를 분출할 수 있는 가장 좋은 방법을 모색한다.
- 궁극적으로 일어나기를 원하는 것을 정한다.
- 싸움을 피하기 위한 조치를 취한다.

◆ 읽을거리

Canfield, B. S., Ballard, M. B., Osmon, B. C., & McCune, C. (2004). School and family counselors work together to reduce fighting at school. *Professional School Counseling, 8*(1), 40-46.

Carr, T. (2001). *131 creative strategies for reaching children with anger problems*. Chapin,

SC: Youthlight.

Huebner, D. (2008). *What to do when your temper flares: A kid's guide to overcoming problems with anger.* Washington, DC: Magination Press.

Larson, J., & Lochman, J. (2002). *Helping school children cope with anger.* New York: Guilford.

MARCO Products.www.marcoproducts.com. (분노·폭력을 다루기 위한 자원 제공)

Simmonds, J. (2003). *Seeing red: An anger management and peacemaking curriculum for kids.* Gabriola Island, BC: New Society.

Wilde, J. (2003). *Peace in the halls: Stories and activities to manage anger and prevent school violence.* Richmond, IN: LGR.

6.28. 갈등관리 및 갈등해결 기술

학생들을 위한 갈등관리 기술

■ 다른 사람의 분노 다루기
  ○ 화난 사람의 말을 경청 · 관찰한다.
  ○ 화난 사람의 감정을 이해해 주려고 노력한다.
    • 그의 말을 들은 것을 재진술한다.
    • 그의 감정이라고 생각되는 것을 명료하게 정리해 준다.
    • 그가 어떻게 느끼고 있고, 그런 느낌이 드는 이유를 요약해 준다.

■ 자신과 다른 사람 사이의 문제 해결하기
  ○ 상대방에게 자신의 의견을 말한다.
  ○ 상대방의 관점에 대해 열린 마음으로 경청한다. (**6.20** 참조)
  ○ 상대방이 왜 그런 느낌이 드는지 그 이유를 고려해 본다.
  ○ 문제해결 방법을 생각해 본다.
  ○ 타협안 또는 문제해결 방안을 제안한다.

■ 자신의 행동에 관한 불만에 반응하기
  ○ 불만사항을 경청한다. (**6.20** 참조)
  ○ 이해하지 못한 것에 대해 설명해 달라고 상대방에게 요청한다.
  ○ 일어난 일에 관한 자신의 생각을 말해 준다.
  ○ 적절한 경우, 문제에 대한 책임을 수용한다.
  ○ 문제해결 방안을 제시한다.
  ○ 만일 상대방이 문제해결을 거부한다면, 이 사안을 중재 또는 조력 업무를 담당하는 성인에게 의뢰할 것을 제안한다.

■ 비난 다루기
  ○ 비난의 내용을 경청한다.
  ○ 비난에 반응하는 방법을 고려한다.
  ○ 비난의 내용이 사실이라면, 사과를 고려한다.

○ 다시 동일한 실수를 범하지 않도록 한다.

○ 만일 비난의 내용이 사실이 아니라면, 해결을 위해 중재 또는 조력업무 담당성인에게 이 상황을 의뢰한다.

■ 어려운 대화 준비하기

○ 상대방에 대한 비난 없이 주제에 관해 어떻게 이야기할 것인지에 대해 생각해 본다.

○ 대화를 나누는 동안 자신이 어떤 느낌이 들 것인지에 대해 생각해 본다.

○ 상대방은 어떤 느낌이 들 것인지 고려해 본다.

○ 상대방이 어떤 반응을 보일 수 있을지에 대해 생각해 본다.

○ 대화를 나누는 동안 발생할 수 있는 다른 일들에 관해 생각해 본다.

  • 말 가로막기

  • 일어난 일에 대해 자신을 비난하는 사람

  • 자신을 믿지 않는 사람

  • 일어난 일에 대해 다른 사람들을 비난하는 사람

  • 몹시 화를 내거나 과도하게 감정적으로 되는 사람

○ 조력 담당 성인과 자신이 말할 필요가 있는 것을 말하는 연습을 해 본다.

○ 그 성인이 말해 주는 제안에 경청한다.

○ 상대방에게 말할 수 있는 최선의 방법을 선택한다.

○ 대화를 위해 적절한 시간과 장소를 정한다.

○ 어려운 상황에 관한 자신의 말에 경청해 주면 고맙겠다는 말을 상대방에게 전달한다.

○ 혹시 실수한 것이 있으면 이를 고치도록 노력하고, 다시는 그런 실수를 하지 않을 것이라는 말로 상대방을 안심시킨다.

○ 어려운 상황에 잘 대처한 자신을 보상해 준다.

■ 상황에 대한 불만을 토로하기

○ 불만사항과 관련이 있는 사람 또는 성인과 논의할 만큼 중요한 사안인지를 결정한다.

○ 누구에게 불만을 토로해야 할지를 결정한다.

○ 대상자에게 불만사항을 말하고 감정을 기술한다. (**6.20** 참조)
○ 자신이 불만을 토로한 사람의 조언에 경청한다.

갈등해결 및 또래중재 프로그램에 관한 정보는 **3.31**을 참조한다.

6.29. 대처 및 회복탄력성 기술

회복탄력성의 특징
- 문제해결 능력
- 자신감과 지각된 효율성
- 확인된 강점과 개인적 자산
- 희망감과 포부
- 내적 통제소재와 책임감
- 유능한 역할모델 식별

상실에의 대처
- 가족과 친구들로부터의 지원을 탐색한다.
- 슬픔 또는 스트레스에 관해 이야기를 나눈다.
- 조력담당 성인에게 자신의 감정을 털어놓는다.
- 자신이 변화시킬 수 없는 현실을 수용하기 위해 노력한다.
- 스스로를 돌본다.
- 가능한 한 정상적인 활동을 계속한다.
- 일부 친구들이 무슨 말을 해야 할지 잘 모를 수 있음을 수용한다.
- 그 사람의 추억에 관한 이야기를 나눈다.
- 만일 슬픔 또는 스트레스가 지속된다면, 전문가에게 도움을 구한다.

실망에의 대처
- 이기는 것이 항상 가능한 것은 아니라는 사실을 인식하고 받아들인다.
- 어떤 결정은 기회의 거부를 초래할 수 있다는 사실을 인식한다.
- 개인적으로 거부된 경우, 신뢰에는 모험이 포함되어 있다는 사실을 인식한다.
- 예기치 않게 낮은 성적에 대해서는 교사와 상의한다.

회복탄력성 증진을 위한 학교상담자 조치
- 전체 교직원들과 협력하여 학생들이 상실과 실망을 긍정적인 방법으로 다룰 수 있도록 돕기 위한 프로젝트를 계획한다.

- 교직원들에게 학생들의 스트레스 징후를 인식하는 법을 가르친다.
- 상담 프로그램과 서비스를 통해 학생들과 접촉한다.
- 학생들이 어려운 시간을 통해 활용할 수 있는 자신들의 내적 강점과 외부 자원들을 확인할 수 있도록 돕는다.
- 지속적인 상담집단 운영을 통해 상실과 실망을 다룬다.
- 학생들이 자신들의 사고와 감정을 소통·공유하도록 격려한다.
- 학생들이 즉각적인 보상을 기대하기보다는 지연된 만족과 장기적인 혜택에 적응하는 방법을 가르친다.
- 협력적 학습경험을 계획하도록 교직원들을 격려함으로써 경쟁력 있는 프로젝트들이 균형을 이루도록 한다.
- 학생들이 능동적인 방식으로 삶의 문제에 접근할 수 있도록 도움으로써, 변화시킬 수 있는 것들을 결정하고, 변화시킬 수 없는 것들은 받아들일 수 있게 한다.
- 가족들에 의해 권장된 대처 패턴을 고려해 본다.
- 학생들이 가족과 지역사회 지원체제에 연락을 취하도록 격려한다.
- 학생과 교직원들이 좌절, 부정적 경험, 고통을 건설적으로 지각할 수 있도록 돕는다.
- 고통 속에 있는 학생들이 다른 사람들로부터 긍정적인 주의를 집중시킬 수 있게 돕는다.
- 학생의 능력을 강화해 줌으로써 삶에서 어려움에 대처할 수 있도록 한다.
- 학생들이 학교에서 계속해서 유능할 필요가 있음을 직시할 수 있도록 돕는다.
- 학부모와 보호자들이 가정에서 안정된 돌봄과 지원을 제공하고 있음을 확인한다.

◆ 읽을거리

Chen, J., & George, R. (2005). Cultivating resilience in children from divorced families. *The Family Journal: Counseling and Therapy for Couples and Families, 13*(4), 452-455.

Davis, T. E. (2008). *Fostering resilience and strength* (ASCA Resource Series). Alexandria, VA: American School Counselor Association.

Morrison, G. M., & Redding Allen, M. (2007). Promoting student resilience in school contexts. *Theory into Practice, 46*(2), 162-169.

Reivich, K., & Shatte, A. (2002). *The resilience factor: 7 keys to finding your inner strength and overcoming life's hurdles.* New York: Broadway Books.

Seligman, M. E. P. (1996). *The optimistic child: A proven program to safeguard children against depression and build lifelong resilience.* New York: Knopf.

6.30. 관계 기술

학생들을 위한 관계기술

- 다른 사람들과의 대화를 시작한다.
- 활동에서 다른 사람들과 함께한다.
- 대화를 유지한다.
- 자기를 소개한다.
- 다른 사람들을 소개한다.
- 다른 사람들의 감정을 이해한다. (**6.21** 참조)
- 우정을 표현한다.
- 다른 사람들을 돕는다.
- 버려진 또는 소외된 감정을 다룬다.
- 모순된 메시지를 다룬다.
- 놀림에 대해 반응한다.
- 품위 있게 대화를 마친다.
- 적절한 경우, 바람직한 행동을 요청한다.
- 필요한 경우, 도움/지원을 요청한다.
- 적절한 경우, 나 메시지를 사용한다. (**6.18** 참조)
- 적절한 경우, 한계를 정한다.

성인들과의 관계기술

- 도움을 요청한다.
- 허락을 요청한다.
- 책임과 훌륭한 인성을 나타낸다.
- 특권을 절충한다.
- 재고를 요청한다.

학생들의 교우관계를 위한 개인적 자질

사려 깊다	경청을 잘한다	공손하다
헌신적이다	행복하다	민감하다
믿을 수 있다	유용하다	가끔은 진지하다
공정하다	정직하다	강하다
너그럽다	겸손하다	생각이 깊다
함께하기 즐겁다	친절하다	진실하다
재미있다	충실하다	이해
관대하다	인내심 있다	위트가 있다

사람들의 기술 재구성에 관한 정보는 **6.19**를 참조한다.

6.31. 사회적 기술

학생들을 위한 사회적 기술

- 적극적으로 경청한다. (**6.20** 참조)
- 자기 자신을 소개한다.
- 대화를 시작한다.
- 대화를 유지한다.
- 다른 사람들에게 공손함을 보인다.
- 질문을 한다.
- 지시사항을 전달한다.
- 칭찬을 해 준다.
- 칭찬을 수용한다.
- 지시사항에 따른다.
- 무언가를 함께 나눈다.
- 사과한다.
- 사과를 수용한다.

◆ 읽을거리

Leber, N. J. (2002). *Dozens of effective classroom strategies and activities to teach cooperation and communication, manners and respect, positive behavior and more!* New York: Scholastic.

Ollhoff, J., & Ollhoff, L. (2004). *Getting along: Teaching social skills to children and youth.* Eden Prairie, MN: Sparrow Media Group.

6.32. 스트레스 관리 기술

학생들의 스트레스 대처 돕기
- 문제를 무시하기보다는 해결을 시도한다.
- 문제에 관한 사고방식을 바꾼다.
- 문제해결 기술을 사용한다.
  - 문제를 확인한다.
  - 대안을 생성한다.
  - 각 대안의 결과를 고려한다.
  - 한 가지 대안 또는 해결방안을 택한다.
  - 해결방안을 실행한다.
  - 해결방안의 효과를 평가한다.

- 의사결정 기술을 사용한다.
- 조력담당 성인으로부터 도움과 지원을 구한다.

학교상담자 조치
- 교직원들과 협력하여 모든 사람의 안전을 공고히 하고, 가능한 경우 학생들의 취약성을 최소화시킨다.
- 학생들의 스트레스를 인식하고, 스트레스 요인을 감소시키도록 교직원들을 교육한다.
- 모든 수업에서 스트레스 감소와 대처를 통합시키도록 교직원들을 교육한다.
- 장기 계획을 가르치고 격려함으로써 예상하지 못한 마감시간과 응급상황 발생에 따른 스트레스를 감소시킨다.
- 회복탄력성을 위한 대처기술을 가르친다. (**6.29** 참조)
- 학생들이 스트레스 증상을 나타내는 경우, 스트레스를 인식하고, 필요한 지원과 이해를 제공하도록 또래촉진자들을 가르친다.
- 협동적 학습활동을 통합시킴으로써 교실에서 경쟁력의 균형을 유지한다.
- 교직원들에게 수업에서 시간 압력과 굴욕감으로 인한 학생들의 스트레스에 대한 정보를 제공한다.

■ 약점보다는 학생들의 능력을 찾아 주도록 교직원들을 격려한다.
■ 좋은 건강습관을 권장한다.
  ○ 영양
  ○ 운동
  ○ 마음과 신체 이완

■ 문제해결을 위한 시도 또는 문제에 관한 사고방식을 바꾸도록 격려한다.
■ 학생들이 상황에 대한 신체적 · 정서적 안전 상태를 평가하도록 격려한다.
■ 학생들에게 긍정적 사고를 위해 혼잣말을 사용하는 방법을 가르친다.
■ 스트레스와 공존할 수 있는 조건을 인식한다. (예, 자기파괴적 행동)
■ 학생들에게 집중적인 스트레스 감소에 대해 알아보도록 한다.

◆ 읽을거리

Capuzzi, D., & Gross, D. (Eds.). (2008). *Youth at risk: A prevention resource for counselors, teachers, and parents* (5th ed., pp. 97−126). Alexandria, VA: American Counseling Association.

Schab, L. M. (2008). *The anxiety workbook for teens: Activities to help you deal with anxiety and worry.* Oakland, CA: Instant Help Books.

Shapiro, L. E., & Sprague, R. K. (2009). *The relaxaton and stress reduction workbook for kids.* Oakland, CA: Instant Help Books.

제 **7** 편

학교에서의 개인/사회성 상담:
예방과 효과적인 개입

7.1. 학생의 안전 증진을 위한 프로그램

학부모와 교직원 위원회에 대한 권장사항
- 학교폭력 또는 학생의 안전을 위협하는 사건들에 관한 학교 데이터를 검토한다.
- 희롱과 학대로부터 학생보호 상태를 평가한다.
- 학생들을 위해 정보제공, 자신감, 안전감의 필요성에 초점을 맞춘다.
- 안전을 위한 예방 프로그램을 계획한다.
- 교직원, 학생, 학부모들을 위한 정보를 포함시킨다.
- 지속적인 학교 환경 조사를 통해 안전을 공고히 한다.

학생 안전의 필요성에 관한 전체 교직원에 대한 공지사항
- 교직원들에게 정보제공을 위한 자체적인 직무연수를 실시한다.
  - 주 법과 교육지원청 절차
  - 학대 또는 방치된 아동들의 특징 (**7.3**, **7.4** 참조)
  - 자녀에 대한 부모의 지도감독 지침(각 주마다 다름)
  - 아동 · 청소년 학대와 방치 신고에 관한 정보 (**7.5** 참조)

- 학대 또는 방치가 의심되는 경우에 교사, 상담자(들), 학교행정가(들)를 위한 절차에 관한 정보를 교사들에게 제공한다.
- 교직원들에게 성희롱에 관한 정보를 제공한다. (**7.10** 참조)

학생들에게 안전의 권리에 대한 정보 제공 (**7.2** 참조)
- 학교에서의 안전
- 가정과 학교 사이에서의 안전
- 가정과 지역사회에서의 안전

학부모들에게 학생 안전에 관한 정보 제공
- 학교에서 학생 안전 확보를 위한 조치
- 학대/희롱에 관한 정보 (**7.9** 참조)
- 자녀들에 대한 지도감독 지침

- 학생들의 안전에 대한 권리에 관한 정보 (**7.2** 참조)
- 학부모 조력을 위한 학부모 훈련과 상담집단
  - 아동 발달에 관한 정보
  - 청소년 전기, 청소년기, 자녀양육 기술에 관한 정보
  - 합리적인 훈육과 그 결과에 관한 정보

- 학부모 지지집단
  - 자녀양육 네트워크 설치
  - 자녀양육의 어려움과 즐거움에 대한 논의
  - 자녀에 대한 기대와 한계 공유
  - 적절한 훈육방법 공유

- 학부모들에게 이용 가능한 자원
- 학생 안전에 관한 염려를 하는 학부모들을 위한 이용 가능한 자문
- 학생안전위원회에 대한 학부모 제안에 대해 후속조치를 취한다.

◆ 읽을거리

American School Counselor Association [ASCA]. (1994). *Position statement: The professional school counselor and promotion of safe school.* Available at http://asca2.timberlakepublishing.com//files/Safe%20Schools.pdf.

7.2. 학생의 안전에 대한 권리에 관한 정보

"학교상담자는 전체 학생들이 안전한, 질서 정연한, 배려가 있는 환경에서 학교에 출석할 필요가 있음을 인정한다."(American School Counselor Association, 2005, p. 1) 학생들에게 정보를 제공하는 목적은 상황을 다루고 이들의 안전을 보도함에 있어서 이들의 자신감을 증진시키기 위함이다.

학교에서의 안전
■ 학교에서의 학생 안전을 공고히 하기 위한 모든 것에 대한 목록을 작성·홍보한다. (**7.1** 참조)
■ 학생들에게 골림, 괴롭힘, 또는 희롱의 인식 시점에 대해 가르친다. (**7.7** 참조)
■ 괴롭힘과 관련된 교육지원청 방침에 관한 정보를 제공한다.
■ 다른 사람들을 존중할 필요성을 강조한다. (**6.25** 참조)
■ 학생들 또는 다른 사람들이 괴롭힘을 당하고 있는 경우에 따라야 할 절차에 대한 목록을 만든다.

가정과 학교 사이의 안전
■ 학생들에게 버스정류장, 위험한 교차로, 보도상에서 지켜야 할 행동에 관한 정보를 제공한다.
■ 학생들에게 다른 사람들 또는 믿을 만한 성인과 함께 길을 걷도록 권장한다.
■ 학생들과 등하교를 위해 길을 걷거나 버스를 탈 때 필요한 예방조치에 관해 브레인스토밍한다.
■ 가정과 학교 사이에서 안전을 위협하는 사건이 발생하는 경우, 학생들에게 따라야 할 절차에 관해 알려 준다.

가정에서의 안전
■ 지도감독을 받지 않는 아동들을 고려할 때, 자신이 거주하는 도시 또는 지역의 지도감독 지침을 따른다.
■ 학생들이 집에 홀로 있는 경우, 안전한 행동에 관해 학생들에게 말해 준다.
  ○ 낮선 사람에게 함부로 문을 열어 주거나 모르는 번호로 걸려 온 전화는 받지 않

는다.
  ○ 불안해지는 경우를 대비해서 사전에 연락을 취할 사람을 정해 놓는다.
  ○ 잠재적으로 해를 입힐 수 있는 기기를 작동시키지 않는다.
  ○ 위급한 경우에는 항상 911로 신고한다. [*역자 주. 한국의 경우, 119]

■ 아동의 신체 또는 다른 사람의 신체접촉에 관한 아동의 권리에 대해 논의한다.
  ○ '좋은/나쁜' 접촉의 예에 대해 이야기를 나눈다. (이 논의에 대해서는 보건교사와 협력할 수 있음)
  ○ 학생들에게 부적절한 신체접촉에 대해 "안 돼요No"라고 말할 수 있는 방법을 가르친다.
  ○ 학생에게 불편한 느낌을 주는 일에 관해 학부모, 교사, 또는 상담자에게 알리는 일의 중요성에 대해 이야기를 나눈다.
  ○ 학생이 비난받지 않을 것이고 개인의 안전을 위한 권리가 있다는 사실을 학생들에게 재확인시켜 준다.
  ○ 괴롭힘 또는 학대 피해자로 의심되는 학생에게 상담을 제공한다.

■ 학생들에게 지역사회에서 노는 경우에 학부모/보호자의 지시에 따를 것을 상기시켜 준다.
■ 학생들에게 놀 수 있는 장소와 지도감독을 받아야 할지의 여부에 관한 명시적인 규칙에 따를 것을 상기시켜 준다.
■ 한 학년 내내 안전의 필요성을 지속적으로 강조한다.

● 참고문헌

American School Counselor Association [ASCA]. (2005). *The professional school counselor and bullying, harassment, and violence-prevention programs: Supporting safe and respectful school.* Available at http://asca2.timberlakepublishing.com//files/PS_bullying.pdf.

◆ 읽을거리

Capuzzi, D. (2008). *Youth at risk: A prevention resource for counselors, teacher, and parents* (5th ed.). Alexandria, VA: American Counseling Association.

7.3. 아동학대

학교상담자는 의심되는 아동학대^{child abuse}를 신고할 윤리적 · 법적 · 도덕적 의무가 있는 법적으로 위임된 신고자다.

정서적 학대

정서적 학대^{emotional abuse}는 말 또는 행위를 통해 개인의 자기가치를 파괴하려는 체계적 시도다. 지속적인 희롱은 정서적 학대다.

- 정서적 학대의 예
  - 만성적 비하
  - 창피 주기
  - 거부
  - 조롱
  - 정서적 욕구 무시
  - 지배
  - 무시
  - 위협
  - 소외
  - 공포 분위기 조성
  - 위협

- 신체적 지표
  - 말장애^{speech disorders}
  - 신체적 발달 지연
  - 식욕감퇴
  - 물질남용
  - 위궤양 또는 기타 신체적 증거

- 행동적 지표
  - 습관 장애(물어뜯기, 빨기, 또는 흔들기)
  - 반사회적 또는 파괴적 행동(자신 또는 타인에 대한 파괴적 행동)
  - 신경증적 특질(수면장애, 놀이 억제, 접촉에 대한 두려움)
  - 극단적 행동(순응적, 수동적, 요구가 많지 않거나, 또는 공격적, 요구가 많거나, 격노함)
  - 부적절한 발달적 행동(부모처럼 행동하거나 부적절하게 유치한 행동을 함)
  - 거짓말 및/또는 도벽
  - 우울

- 가능한 영향
  - 심각한 정서문제
  - 행동장애
  - 부적절한 방식으로 주의 끌기
  - 빈약한 사회적 상호작용

신체적 학대

신체적 학대physical abuse는 신체적 해를 가하거나 가하려는 의도가 있는 일체의 행위를 말한다.

- 신체적 학대의 예
  - 아동 또는 청소년에 대한 상해 위협
  - 신체적 부상
  - 설명되지 않는 멍 또는 멍 패턴
  - 패턴화된 부상(벨트 버클, 철사, 옷걸이, 또는 불에 데인 자국)
  - 설명되지 않는 불에 데인 자국(담배, 다리미, 뜨거운 용액에의 담금 또는 튄 자국)
  - 설명되지 않는 골절, 열상, 또는 찰과상
  - 제공된 정보와 불일치되는 부상

- 신체적 지표(복합적인 부상은 신체적 학대의 지표가 될 수 있음)
  - 불에 데인 자국, 긁힌 자국, 골절
  - 멍 또는 멍든 눈

○ 부은 자국, 찰과상
○ 체내 부상을 초래하는 흔들기
○ 머리가 빠진 부분 또는 머리털이 뽑힌 증거

■ 행동적 지표
○ 위축 또는 공격성 같은 극단적 행동
○ 신체적 접촉에 대해 불편해함
○ 쓰라림에 대한 호소 또는 불편한 움직임
○ 마치 집에 있는 것을 두려워하는 것처럼 학교에 일찍 오거나 늦게까지 남아 있음
○ 조력자를 두려워하는 것처럼 보이거나 집에 가고 싶어 하지 않음
○ 만성 가출(또는 가출하겠다고 위협함)
○ 성인들이 접근하는 경우, 몸을 움츠림
○ 다른 사람들과 접촉하는 경우, 접촉을 회피하거나 움찔할 수 있음
○ 상처를 숨기기 위해 계절에 맞지 않는 의상을 착용함
○ 체육 시간에 옷을 갈아입는 것을 회피함
○ 행동 및/또는 학업성적의 갑작스러운 변화
○ 설명되지 않는 정서(격노, 분노폭발)
○ 우울 징후

■ 가능한 영향
○ 교실 행동문제 빈도 증가
○ 낮은 교육적 포부(무동기)
○ 자존감 저하
○ 반사회적 행동
○ 학업중단
○ 무단결석
○ 물질남용
○ 십대 임신
○ 다른 사람들에 대한 공격적 경향성
○ 범불안
○ 만성 불안과 우울

○ 극도의 적응문제
○ 정서 및 사고 장해
○ 정신의학적 문제
○ 비행
○ 무기력, 의존성
○ 무망감, 위축
○ 자살 경향성
○ 자상
○ 부모가 되었을 때, 학대의 악순환이 지속될 수 있음

성적 학대

성적 학대^{sexual abuse}는 상대방의 동의 없이 강요된 제반 성적 활동을 말한다. 성적 학대의 증거는 보통 신체적 학대의 증거처럼 눈에 띄지 않기 때문에 발견해 내기가 더 어렵다.

■ 성적 학대의 예
  ○ 성폭행 행위
  ○ 미성년자에 대한 성적 착취 행위
  ○ 말, 제스처, 또는 접촉
  ○ 쓰다듬기
  ○ 노출증
  ○ 성적 착취
  ○ 성이 아닌 힘과 통제 행위
  ○ 보통 단일 사건이 아님
  ○ 흔히 피해자가 신고하거나 학대가 발생하는 상황을 떠날 때까지 계속됨
  ○ 피해자가 다른 사람에게 알린다면, 해를 입을 것이라고 위협함

■ 신체적 지표
  ○ 걷기 또는 앉기 어려워함
  ○ 찢겨진 또는 얼룩진 하의
  ○ 성기부위의 통증 또는 가려움

○ 성기부위의 멍 또는 피 흘린 자국

○ 성적으로 감염된 질병(들)

○ 빈번한 요로 또는 효모균 감염

○ 임신

■ 행동적 지표

○ 위축, 만성 우울, 또는 유치한 행동

○ 역할 전환, 지나치게 형제자매들을 염려함

○ 낮은 자존감, 자기비하, 자신감 결여

○ 또래 문제, 참여 결여

○ 체육시간에 옷 갈아입기를 꺼림

○ 극도의 체중 변화(증가 또는 상실)

○ 설명되지 않는 돈 또는 '선물'

○ 히스테리, 정서적 통제 결여

○ 갑작스러운 학업곤란, 행동, 수행, 또는 출석

○ 부적절한 성적 행동, 혼음, 또는 성에 대한 조숙한 이해

○ 신체적 접촉과 밀착에 의해 위협을 느낌

○ 퇴행 또는 의사성숙^{pseudo-mature} 행동

○ 제한된 사회생활

○ 특정 장소 또는 인물에 대한 공포증적 회피

○ 자기파괴적 행동(또는 자상)

○ 자살시도

■ 가능한 영향

○ 극도의 죄책감

○ 결과에 대한 극도의 두려움

○ 과도한 망각, 환상, 백일몽

○ 극도의 양가성^{ambivalence}

○ 성격장애

○ 낮은 자기개념

○ 우울

○ 장기적인 정신의학적 및/또는 행동 문제
○ 신체화 증상, 악몽, 공포증, 불면증
○ 성인들에 대한 불신
○ 모든 사람은 예측할 수 없고 적대적이라는 신념
○ 가출
○ 비행
○ 섭식장애
○ 매춘
○ 불안장애
○ 조기 성적 행동, 임신, 그리고 성적으로 전염되는 질병 위험
○ 거짓말, 절도, 품행장애(예, 거짓말, 도벽, 공공기물 파손, 또는 다른 아동 폭행
○ 갑작스러운 의존성

학교상담자의 역할
(American School Counselor Association, 2003)

- 아동학대 증상을 인식 · 이해한다.
- 신고절차를 숙지한다.
- 아동학대 예방정보 프로그램과 훈련에 참여한다.
- 학대의 악순환을 차단에 도움이 되는 전략을 제공한다.
- 학대받아 온 학생들을 지원한다.
- 아동을 대신하여 팀의 노력을 조정한다.
- 학대 쟁점에 있어서 교직원과 다른 학교 교직원들을 지원한다.
- 신고가 접수된 이후, 학생들과 성인들과의 신뢰 회복을 위해 노력한다.
- 추수상담을 제공하거나 학교 밖의 지속적인 상담서비스에 의뢰한다.
- 발달적 워크숍 및/또는 지지집단을 제공함으로써 자녀양육 기술을 향상시킨다.
- 아동학대 예방을 돕기 위해 고안된 프로그램과 자체적인 직무연수를 조정 또는 제공한다.

● 참고문헌

American School Counselor Association [ASCA]. (2003). *Position statement: The professional school counselor and child abuse and neglect prevention.* Available at http://asca2.timberlakepublishing.com//files/PS_Child%20Abuse.pdf.

◆ 읽을거리

American School Counselor Association [ASCA]. (2009). *School counseling principles: Ethics and law* (2nd ed.). Alexandria, VA: Author.

Capuzzi, D., & Gross, D. R. (2008). *Youth at risk: A prevention resource for counselors, teachers, and parents* (5th ed.). Alexandria, VA: American Counseling Association.

Thompson, C. L., & Henderson, D. A. (2007). *Counseling children* (7th ed.). Florence, KY: Cengage.

White, J., & Flynt, M. (2007). The school counselor's role in prevention and remediation of child abuse. In J. Witmer & M. A. Clark, *Managing your school counseling program* (3rd ed., pp. 158−168). Minneapolis, MN: Educational Media.

7.4. 신체적 방치

신체적 방치physical neglect란 아동들에게 건강하고 안전할 필요가 있는 적절한 돌봄과 지도감독 제공의 실패 또는 거부를 말한다.

■ 신체적 지표
　○ 유기 또는 집에서 쫓아냄
　○ 의학적 요구 방치
　○ 지속적인 지도감독 결여
　○ 지속적인 배고픔, 부적절한 의상, 빈약한 위생상태
　○ 이lice, 복부 팽창, 수척해짐
　○ 영양실조, 더러움, 적절한 주거지 없음
　○ 가출 이후, 집에 돌아갈 수 없음
　○ 정신질환이 있는 학부모
　○ 학교에 등록이 안 됨
　○ 학부모에 의해 양해를 얻은 만성 무단결석
　○ 학부모에 의해 용납된 물질남용

■ 행동적 지표
　○ 주기적인 피로 또는 탈력, 수업시간에 잠이 듦
　○ 음식을 훔침, 급우들에게 구걸함
　○ 집에 돌봐 주는 사람이 없다는 보고
　○ 잦은 결석 또는 지각
　○ 자기파괴적
　○ 착취, 혹사
　○ 집 밖에서 배회하는 시간 증가
　○ 공격적인 행동화 또는 극도로 다정함
　○ 수줍음, 친구를 사귀지 못함
　○ 사고를 잘 당함, 불에 데임, 중독, 넘어짐

- 가능한 영향
  - 학업 실패, 학교 학업중단
  - 가출
  - 무단결석

7.5. 아동학대와 아동방치: 학교상담자 개입

학대 또는 방치된 아동 · 청소년의 특징

- 슬픔, 두려움, 우울, 또는 불안
- 공격적 적대행위 또는 수동적 순응
- 소외 또는 위축, 수줍음, 친구를 사귀지 못함
- 충동을 조절하지 못하는 것으로 보임
- 자주 아프거나 결석함
- 무기력감을 느낌
- 자기개념이 낮음
- 어린 형제자매들의 부모 역할을 담당하는 경향이 있음
- 버려지는 것을 두려워함
- 물질남용, 성적 행동화, 또는 가출 위험이 있음
- 사랑을 분노 또는 행동화와 동일시 할 수 있음
- 다른 학생들에 비해 말수가 적거나 가장에 관한 이야기하기를 주저함
- 신뢰 · 안전 · 아동기 상실
- 양가감정과 감정들 간의 갈등
- 방어 유발
    - 부인
    - 억압
    - 해리
    - 섭식장애(통제)
    - 싸움
    - 물질남용
    - 우울
    - 자해
    - 가족, 사회, 현실로부터의 도피
    - 자살

학대 또는 방치가 의심되는 경우의 학교상담자 조치

- 구체적인 사항을 숙지한다.
  - 각 주의 아동학대와 방치에 관한 법률
  - 의심스러운 경우의 신고에 대한 교육지원청의 방침과 절차
  - 곤경에 처한 가족들을 돕기 위한 지역사회 서비스

- 학대 및 방치된 아동들의 특징을 인식한다.
- 학대 및 방치된 아동들과 그 가족들과의 작업을 위한 적절한 기법을 갖춘다.
- 학대 및 방치된 아동들과 그 가족들을 돕는 단체들과 밀접한 작업관계를 형성한다.
- 아동이 위험에 처할 수 있는 경우, 사건을 신고한다.
  - 만일 의심스럽다면, 아동에게 유리한 쪽으로 해결한다.
  - 만일 신고되지 않는다면, 재차 부상이 발생할 수 있다.
- 학대를 당한 아동을 위한 옹호자 역할을 한다.
- 자신의 감정을 인식하고 판단적이 되지 않는다.
- 확고함을 유지한다.
  - 가족의 고통을 이해할 수 있다.
  - 학대를 용인 또는 변명해서는 안 된다.
  - 어떤 의심되는 학대라도 신고해야 할 학교의 법적 의무를 강조한다.
  - 어떤 의심되는 학대라도 신고해야 할 전문가의 윤리적 의무를 강조한다.
  - 정중하고 공손한 태도를 취한다.
  - 학교의 개입에 대해 논쟁하지 않는다.
  - 주의 깊게 경청하고 들은 것을 인정한다.

- 행정적 지원을 구한다.
- 신체적 또는 성적 학대가 의심되는 경우에는 보건교사를 참여시킨다.
- 사전에 정해진 한계 내에서 비밀유지를 공고히 한다.
- 지각된 공격에 대해 분노로 반응하지 않는다.
- 사건을 신고한 사람이 자신이라는 사실을 드러내어야 한다는 느낌을 갖지 않는다.
- 지역사회 지원 프로그램에 관한 정보를 확보한다.
  - 핫라인
  - 정신건강센터 또는 상담기관

     ○ 자녀양육 프로그램
     ○ 학부모 집단
     ○ 가족의 기본 욕구를 도울 수 있는 학교와 지역사회 내의 자원

■ 이러한 경험을 통해 지원을 계속할 아동/청소년들을 안심시킨다.
■ 모든 상황이 유쾌하게 해결되지 않을 수 있다는 사실을 인식한다.
■ 신고의 결과로 감정이 고조될 수 있음을 인식한다.

의심스러운 학대 보고절차

아동학대와 방치 신고에 관한 법률은 주 또는 지역구 정책에 따라 다를 수 있다. 자신이 속한 교육지원청의 법률과 정책에 대해 잘 알고 있는지 확인할 필요가 있다.

■ 학대 또는 방치가 의심스러운 이유가 있는 경우에는 즉각적으로 학교당국에 알리고 협의한다.
■ 학교행정가 또는 상담자가 신고할 것인지 결정한다.
■ 전화를 걸어 학대 의혹을 신고한다.
■ 아동 보호 서비스 또는 사회적 서비스 부서의 행동강령을 따른다. (또는 지역단체가 학대 또는 방치를 다루는 방식대로)
■ 학생 정보(학생의 부상, 학대, 또는 방치의 성격과 범위 등)를 이용 가능하게 한다.
■ 만일 아무런 반응을 얻지 못하면, 계속해서 신고한다.
■ 자신에게 의심되는 학대 및/또는 방치를 신고할 윤리적 · 법적 의무가 있다는 사실을 기억한다. (조사 의무는 아님)
■ 신고가 이루어진 날짜와 시간을 기록으로 남긴다.
■ 만일 해당 기관에서 사람을 보내 아동을 조사한다면, 만남을 위해 방해받지 않는 장소를 마련한다.
■ 학생을 안심시켜서 어떤 일이 발생했는지 솔직하게 그 사람에게 말하도록 한다.
■ 조사 기간 내내 지속적으로 학생을 지지해 준다.
■ 만일 신고한 기관이 취한 조치 또는 결정에 대해 신속하게 통보받지 못하더라도 인내한다.

학대받은 학생 조력에 있어서 학교상담자의 역할

■ 용기를 내서 성인에게 말한 것은 옳은 일이라고 학생을 안심시킨다.

■ 학대는 결코 학생의 잘못이 아니라고 학생을 안심시킨다.

■ 학생들에게 학교상담자의 주요 임무는 아무도 학생들을 해칠 권리가 없기 때문에 학생들이 안전한 것을 확인하는 것이라는 사실을 상기시킨다.

■ 학생들에게 학교상담자가 학생들을 다시는 해치지 못하도록 하는 방법을 알고 있는 다른 사람들에게 말함으로써 학생들을 도울 거라는 사실을 알려 준다.

■ 학생들에게 학교상담자가 발생하는 모든 일을 통해 학생들을 지원할 것임을 상기시켜 준다.

■ 다음과 같이 지지적인 진술을 한다.

  ○ "네가 그러한 비밀을 유지하느라 그동안 정말 힘들었겠구나."

  ○ "이번 일로 네가 정말 슬펐겠구나/몹시 화났겠구나/무서웠겠구나."

  ○ "너로서는 나한테 말하기가 힘들었을 것 같은데, 네가 말해 줘서 기쁘구나."

  ○ "이런 일이 너한테 일어나다니 참 마음이 아프구나. 네가 상처를 받을 이유가 없는데."

◆ 읽을거리

American School Counselor Association [ASCA]. (2003). *Position statement: The professional school counselor and child abuse and neglect prevention.* Available at http://asca2.timberlakepublishing.com//files/PS_Child%20Abuse.pdf.

American School Counselor Association [ASCA]. (2009). *School counseling principles: Ethics and law* (2nd ed.). Alexandria, VA: Author.

7.6. 지인 성폭행과 데이트 성폭행

데이트 성폭행^{date rape}은 성적 학대이면서 심각한 결과를 동반하는 폭력 범죄다.

데이트 성폭행 가능성을 줄이는 행동에 관한 학생 교육

- 가치관을 공유하는 사람들과 어울린다.
- 비슷한 연배의 사람들을 골라 데이트한다.
- 안전한 느낌이 드는 장소에만 간다.
- 부모 또는 다른 책임 있는 성인이 없는 집에는 들어가지 않는다.
- 성적 한계를 정한다.
- 혼합된 메시지를 보내지 않는다. 분명한 소통을 한다.
- 언어적·비언어적 메시지를 일치시킨다.
- 단호하고 확고한 태도를 취한다.
- 독립적·의식적인 태도를 취한다.
- 단지 상황을 모면하기 위해 원치 않는 것들을 하는 것에 동의하지 않는다.
- 통제하에 있는 느낌이 들지 않는 상황을 인식한다.
- 직관 수준의 감정을 신뢰한다.
- 다른 사람들이 항상 주변에 있는 '집단' 데이트를 고려한다.
- 압력받는 일은 피한다.
- 알코올과 기타 약물은 흔히 성폭행과 관련이 있다는 사실을 인식한다.

두려울 이유가 있는 경우에의 조치

- 침착함을 유지하면서 생각해 본다.
- 강한 어조로 싫다고 말하고, 웃거나 놀리듯이 행동하지 않는다.
- 저항하는 것이 안전한지의 여부를 고려한다.
- 그 자리를 뜰 수 있는 방법을 강구한다.
- 신속하게 행동한다.
- 큰 소리로 항의하고, 그 자리를 떠서 도움을 청한다.

성폭행을 당한 경우에의 조치사항

- 그 자리를 피해서 도움을 구한다.
- 치료를 받는다.
- 성폭행 당한 사실을 경찰 또는 다른 권력기관에 신고한다.
- 법적 조치를 고려한다.
- 지원을 받는다. (상담 포함)
- 자기 자신을 비난하지 않는다.

데이트 성폭행이 미치는 가능한 영향

- 치료가 필요한 신체적 증거(예, 멍 자국)
- 정신적 외상
  ○ 다시 데이트하는 것에 대한 두려움
  ○ 혼자 있는 것에 대한 두려움
  ○ 성 문제
  ○ 보복에의 두려움
  ○ 신뢰에의 두려움
  ○ 분노감, 무기력감, 또는 고통

- 우울
- 낮은 자기개념
- 자기비난

◆ 읽을거리

Gray, J. (2006). Rape myth beliefs and prejudiced instructions: Effects on decisions of guilt in a case of date rape. *Legal and Criminological Psychology, 11*(1), 75–80.

National Crime Prevention Council. (n.d.). *Date rape: A power trip* [brochure]. Washington, DC: Author. Available at www.ncpc.org/cms-upload/ncpc/File/daterap2.pdf.

O'Byrne, R., Hansen, S., & Rapley, M. (2008). If a girl doesn't say no…: Young men, rape, and claims of "insufficient knowledge." *Journal of Community and Applied Social Psychology, 18*(3), 168–193.

7.7. 학생 괴롭힘과 희롱

학생 괴롭힘^{bullying}과 희롱^{harassment}은 언어적, 신체적, 정서적 및/또는 성적으로 자행될 수 있다. 이는 공공연하게(눈에 띄고 귀에 들리게) 또는 은밀하게(다른 사람들에게 드러나지 않게) 이루어질 수 있다.

학생 괴롭힘과 희롱의 유형

■ 공공연한 행동
- 놀림
- 별명 부르기
- 조롱
- 못살게 굴기
- 신체적 행위(밀치기, 다리 걸기, 손가락질하기)
- 제스처(비하 또는 성적)
- 위협

■ 은밀한 행동
- 사이버 폭력 (**7.11** 참조)
- 소문
- 학생에 관한 편지 또는 쪽지
- 학생을 무시 또는 희롱하는 은밀한 언어적 '협약'
- 분명하지 않은 제스처(예, 동공 굴리기 또는 표정 짓기)

학교에서 희롱이 발생할 수 있는 장소

■ 복도, 학생식당, 화장실
■ 휴식, 중간휴식, 체육수업
■ 버스정류장, 등하교길
■ 교실
■ 학교주차장
■ 컴퓨터실(학교 내부 또는 외부)

괴롭힘과 희롱을 촉발시킬 수 있는 교직원들의 행동

- 희롱 신고 및 희롱의 결과에 관한 규정 교육 및 정보제공 실패
- 학생들의 긍정적 성공과 인정을 받을 수 있는 방법 제한
- 문화적 다양성의 가치를 보여 주는 방법 제한
- 성 평등 의식 함양 방법 제한
- 학생들의 기여 방법 제한
- 학생의 기여 무시
- 학생의 개인 문제에 대한 표현 제한
- 학생의 희롱 신고 무시
- 학생 문제 무시
- 학생의 희롱 신고에 대한 적절한 · 즉각적 반응 실패
- 비행을 저지르는 학생 또는 공부 잘하는 학생들에게만 주의집중
- 학생에 대해 폄하하는 말을 함
- 차별 또는 문화적 편견을 가지고 행동함
- 공공연하게 학생들을 비판 · 조롱함

희롱이 피해자에게 미치는 영향

- 학교에 대한 미움이 형성됨
- 복통, 두통, 구토 같은 신체적 증상이 나타남
- 행동화(수업 중 광대 짓 또는 방해)
- 두려움 또는 위협에 의한 위축
- 만성 결석 또는 등교거부
- 학업수행 악화
- 낮아진 자기개념 노출
- 불안 증가
- 외로움과 또래들에 의해 버려짐
- 수면 장애 또는 장해(악몽, 불면증)
- 지속적인 활동 회피
- 사회적 활동에 대한 흥미 감소
- 집중곤란
- 우울 징후 노출

- 자해
- 자살충동의 징후 노출 (**7.22** 참조)

◆ 읽을거리

Bernes, K. B., & Bardick, A. D. (2007). Conducting adolescent violence risk assessments: A framework for school counselors. *Professional School Counseling, 10*(4), 419-427.

Crothers, L. M., & Levinson, E. M. (2004). Assessment of bullying: A review of methods and instruments. *Journal of Counseling and Development, 82*(4), 496-503.

Davis, S., & Davis, J. (2007). *School where everyone belongs: Practical strategies for reducing bullying.* Champaign, IL: Research Press.

Olweus, D., & Limber, S. (2007). *Olweus bullying prevention program.* Center City, MN: Hazelden. Available at www.clemson.edu/olweus.

Shore, K. (2005). *The ABCs of bullying prevention: A comprehensive schoolwide approach.* Port Chester, NY: Dude.

Smokowski, P. R., & Kopasz, K. H. (2005). Bullying in school: An overview of types, effects of family characteristics, and intervention strategies. *Children & Schools, 27*(2), 101-110.

Swearer, S. M., Espelage, D. L., & Napolitano, S. A. (2009). *Bullying prevention and intervention: Realistic strategies for schools.* New York: Guilford Press.

7.8. 학생 괴롭힘과 희롱 예방 및 방지를 위한 학교행정가와 교사의 조치

■ 희롱사건 신고에 관한 데이터(사건 유형, 발생률, 취해진 조치 등)를 검토한다.

■ 학생들에게 등교 또는 학교에 있을 때의 안전감에 관한 설문조사를 실시한다.

■ 학교 내에서 학생들이 불안 또는 두려움을 느끼는 곳에 대한 지도를 강화한다.

■ 학교 내에서의 범죄행위를 정의하는 법률을 숙지한다.

■ 희롱에 관한 교육지원청의 방침을 숙지한다.

■ 성격상 차별 또는 희롱에 해당될 수 있는 자신의 행동을 인식한다.

■ 괴롭힘 예방을 위한 학급규칙을 개발, 공지, 실행한다.

■ 학생의 학생에 대한 희롱을 용납하지 않거나 용납하는 듯한 모습을 보이지 않는다.

■ 희롱 신고에 대해 즉각 반응한다.

■ 다른 학생을 희롱 또는 괴롭힌 학생을 조용하면서도 엄중히 책망한다.

■ 수용 가능한 행동과 결과, 그리고 수용할 수 없는 행동과 결과의 정의를 내려 주고 논의한다.

■ 이야기, 동영상, 문헌을 활용하여 적절한 행동을 모델링할 수 있도록 한다.

■ 정기적인 학급모임을 갖는다. (**3.16** 참조)

■ 협조적·우호적 행동에 대해 칭찬·강화해 준다.

■ 전체 학생들에게 긍정적인 주의를 끌 수 있는 활동과 과업을 장려한다.

■ 학교상담자와 협력하여 교실 내에서 괴롭힘/희롱 예방활동을 창안·실행한다.

■ 괴롭힘 또는 희롱 사건을 학교당국에 의뢰한다.

◆ 읽을거리

Bauman, S., Rigby, K., & Hoppa, K. (2008). U.S. teachers' and school counselors' strategies for handling school bullying incidents. *Educational Psychology, 28*(7), 837.

Bradshaw, C. P., O'Brennan, L. M., & Sawyer, A. L. (2008). Examining variation in attitudes toward aggressive retaliation and perceptions of safety among bullies, victims, and bully/victims. *Professional School Counseling, 12*(1), 10−21.

Brady, J. (2007). *101 bully prevention activities: A year's worth of activities to help kids prevent bullying*. Madison, VA: Robinette Resources.

7.9. 괴롭힘과 희롱 예방 및 방지를 위한 학교상담자의 조치

"학교상담자는 교사, 학교행정가, 학부모, 지역사회와 협력하여 학생의 성장과 성취를 고무시키는 폭력예방 프로그램을 실행에 옮긴다."(American School Counselor Association, 2005, p. 1)

괴롭힘과 희롱 예방에 있어서 학교상담자의 역할

(American School Counselor Association, 2005)

- 안전한 학교환경을 지원하는 정책 개발을 지지한다.
- 학교 전체 폭력예방 활동 및 프로그램의 설계와 실행을 돕는다.
- 데이터 기반 의사결정을 활용하여 예방 프로그램의 조정, 교수학습, 평가한다.
- 학교 교육과정에 괴롭힘과 폭력예방 프로그램을 통합한다.
- 다음 영역에 있어서의 훈련을 제공한다.
  - 의사소통 기술 (**6.13** 참조)
  - 갈등해결 기술 (**6.28** 참조)
  - 의사결정 기술
  - 문화적 민감성 발달 (**6.6** 참조)
  - 차이 수용
  - 괴롭힘, 희롱, 또는 잠재적 폭력의 조기 징후 인식
  - 테크놀로지의 적절한 사용 (**7.11** 참조)
  - 지역사회 참여
  - 학부모 교육
  - 관계 구축

학교상담자 조치

- 학대, 방치, 괴롭힘, 희롱에 관한 법률과 교육지원청의 방침에 대해 숙지한다.
- 희롱 사건 신고에 관한 데이터(사건 유형, 발생률, 조치사항)를 검토한다.
- 괴롭힘 또는 희롱 혐의에 대한 조사와 후속조치를 다루는 학교 절차 개발을 돕는다.
- 조롱, 신체적 위협, 사회적 배척이 심각한 범죄라는 사실을 인식하도록 교직원들을 교육한다.

■ 괴롭힘 · 희롱 예방과 대응을 위해 교직원 발달, 교실 생활교육, 집단 · 개인 상담을 실시한다.

■ 괴롭힘 · 희롱 인식과 대응방법에 대해 전체 교직원들을 교육한다.

■ 학생들에게 괴롭힘 · 희롱을 감소시킬 수 있는 예방 · 개입 기술에 관한 교실 생활교육 수업을 실시한다.

    ○ 자각

    ○ 건강한 · 안전한 선택

    ○ 타인 존중 (**6.25** 참조)

    ○ 관계기술 발달 (**6.30** 참조)

    ○ 갈등해결 (**6.28** 참조)

    ○ 책임 있는 행동

    ○ 희롱 인식 (**7.7** 참조)

    ○ 학생들에게 방관자로서의 책임이 있음을 알려 줌

    ○ 학생들에게 학생(가해자, 피해자, 및/또는 방관자) 지지를 위해 이용 가능한 상담 서비스에 대한 정보 제공

■ 데이터 수집을 통해 괴롭힘 · 희롱 예방 및 개입 노력의 효율성을 평가한다.

    ○ 집단상담에 있어서 사전 · 사후 설문조사 데이터

    ○ 신고 접수된 괴롭힘 사건 수를 가리키는 사전 · 사후 개입 데이터

    ○ 교사 · 교직원의 괴롭힘 행동에 대한 관찰

    ○ 괴롭힘 사건이 증가했다고 해서 개입효과가 없었다고 가정하지 않는다. 증가된 인식 역시 신고를 증가시킬 수 있기 때문이다.

괴롭힘 또는 희롱 피해자 상담

■ 피해를 당한 학생들을 지원한다.

■ 감정 어휘를 검토한다. (**6.22** 참조)

■ 다양한 기법과 자료를 활용하여 학생의 표현을 촉진한다.

    ○ 이야기 또는 서적

    ○ 시뮬레이션

    ○ 꼭두각시(어린 아동 대상)

    ○ 논의

○ 역할연습

○ 반응 행동 연습

- 학생들의 안전에 대한 권리를 강화한다. (**7.2** 참조)
- 사건 신고에 의해 옳은 일을 했다는 사실을 학생에게 재확인시켜 준다.
- 사회적 기술과 또래관계에 있어서 학생의 자신감 향상을 위해 집단상담을 고려한다.

가해 학생 또는 희롱 학생 상담

- 괴롭힘의 효과를 논의하기 위한 적절한 자료를 제공한다.
- 수용 가능한 갈등해결 기술을 가르친다. (**6.28** 참조)
- 다른 사람들에 대한 수용 가능한 행동과 존중에 대해 논의한다. (**6.25** 참조)
- 소집단상담을 제공한다.
  ○ 가해학생이 아닌 행동 역할 모델이 될 만한 학생들을 포함시킨다.
  ○ 대안적 결말이 있는 상황을 역할 연습한다.
  ○ 행동이 다른 사람들에게 어떤 영향을 미치는지를 보여 주기 위해 역할을 바꾸어 연습한다.
  ○ 집단구성원들에게 괴롭힘을 당하는 느낌에 대해 이야기를 나누도록 한다.
  ○ 새로운 수용 가능한 행동을 연습·사용한다.
  ○ 괴롭힘이 아닌 행동의 증거에 대해 보상해 준다.

- 상담실에 의뢰된 괴롭힘에 대한 데이터를 검토함으로써 괴롭힘에 대한 학생 의뢰가 감소되었는지의 여부를 확인한다.

방관자 개입 격려

- 학생들에게 괴롭힘과 희롱에 대한 학교 방침을 알려 준다.
- 학생들에게 괴롭힘당하는 사람을 목격하는 경우, 선한 시민으로서의 역할을 강조한다.
- 학생이 괴롭힘당하는 사람을 목격하는 경우에 취해야 할 가능한 조치에 대해 논의한다.
- 방관자가 할 일을 정해야 하는 상황에서의 시나리오를 역할 연습한다.
- 괴롭힘 피해자를 돕는 선택의 이점을 보여 준다.

■ 피해자를 돕는 선택의 가능한 결과에 대해 논의한다.

■ 개입이 모든 사람에게 가장 큰 혜택을 줄 것이라고 학생들에게 재확인시켜 준다.

■ 만일 학생들이 사건을 신고한다면, 신분에 대한 비밀이 보장될 것이라는 사실을 학생들에게 재확인시켜 준다.

■ 괴롭힘과 희롱에 대해 어떤 일을 하는 것은 모든 사람을 위해 선한 일이 될 것이라는 사실을 강조한다.

● 참고문헌

American School Counselor Association [ASCA]. (2005). *The professional school counselor and bullying, harassment, and violence-prevention program: Supporting safe and respectful schools*. Available at http://asca2.timberlakepublishing.com//files/PS_Bullying.pdf.

◆ 읽을거리

Davis, S., & Davis, J. (2007). *Empowering bystanders in bullying prevention*. Champaign, IL: Research Press.

Jacobsen, K. E., & Bauman, S. (2007). Bullying in schools: School counselors' responses to three types of bullying incidents. *Professional School Counseling, 11*(1), 1-8.

Hall, K. R. (2006). Solving problems together: A psychoeducational group model for victims of bullies. *Journal for Specialists in Group Work, 31*(3), 201-208.

McAdams, C. R., & Schmidt, C. D. (2007). How to help a bully: Recommendatons for counseling the proactive aggressor. *Professional School Counseling, 11*(2), 120-128.

Roberts, W. (2008). *Working with parents of bullying and victims*. Thousand Oaks, CA: Corwin Press.

Young, A., Hardy, V., Hamilton, C., & Biernesser, K. (2009). Empowering students: Using data to transform a bullying prevention and intervention program. *Professional School Counseling, 12*(6), 413-420.

7.10. 성희롱

성희롱^{sexual harassment}이란 반기지 않는 성적 접근, 발언, 제스처 및/또는 신체적 접촉을 말한다. 성희롱에는 성격상 성적인 언어적 또는 신체적 행위가 포함되고 성별 편견과 밀접하게 연관되어 있다.

전체 학생들에게 성희롱에 관한 정보 제공
- 성희롱에 관한 교육지원청 방침을 숙지 · 이행한다.
- 학생들에게 성희롱이 되는 것으로 여겨지는 행동(예, 언어적 · 서면 진술, 제스처, 그림, 표정)에 관한 정보를 제공한다.
- 성희롱에 대해서는 관용이 없을 것임을 분명히 한다.
- 학생들에게 성희롱 신고 절차에 대해 교육한다.
- 학생들에게 희롱의 결과가 심각하다는 사실을 공지한다.

학생들에게 자신들의 권리에 대한 정보 제공
- 안전한 학교환경에서 학습할 권리
- 정중한 대우를 받을 권리
- 신체에 대해 놀림을 받지 않을 권리
- 놀림으로 인한 감정 표현과 가해자에게 중단을 요청할 권리
- 호소 및 심각하게 받아들일 권리
- 신고 및 당해 상황에 대해 조사 요청을 할 권리
- 학교 당국으로부터의 지원을 기대할 권리

피해자에게 미치는 영향
- 당혹감, 자기의식, 수치감
- 자신에 관한 부정적 인식
- 아동기와 청소년기의 즐거움과 자유 상실
- 또래들과의 상호작용으로부터 고립 또는 철수
- 분노와 혼돈
- 무력감과 피해의식

- 깊은 정서적 고통
- 피해자가 신고했지만 아무런 결과가 없는 경우, 성인들에 대한 불신
- 다른 유형의 희롱(공공연한/은밀한 희롱)을 초래할 수 있음
- 갑작스러운 성적 하락
- 잦은 결석 또는 등교거부
- 우울
- 자살사고

학교상담자 조치

- 성희롱과 관련된 예방 및 개입 활동에 참여한다.
- 성희롱 피해자를 지원한다.
- 성희롱 방침에 관한 전체 학생들 대상의 교육에 참여한다.
- 성희롱 인식과 근절을 위해 교직원들과 협력한다.
- 피해자에 대해 후속조치를 하고, 학교에서 지원을 제공한다.

◆ 읽을거리

Lipson, J. (Ed.). (2001). *Hostile hallways: bullying, teasing, and sexual harassment in school.* Washington, DC: American Association of University Women Foundation.

Stone, C. B. (2000). Advocacy for sexual harassment victims: Legal support and ethical aspects. *Professional School Counseling, 4*(1), 23-30.

Schwartz, W. (2000). *Preventing student sexual harassment.* New York: ERIC Clearinghouse on Urban Education. ERIC Digest No. 160 (ERIC Document Reproduction Service No. ED448 248). Available at www.ericdigests.org/2001-3/preventing.htm.

7.11. 사이버 폭력

"사이버 폭력^{cyberbullying}은 의도적으로 전자 테크놀로지가 포함된 정보 · 통신을 사용하여 기술적인 수단을 활용한 잔인한 텍스트 및/또는 그래픽을 보내거나 올림으로써, 다른 개인 또는 집단에 대해 고의적 · 반복적 희롱 또는 위협을 촉진시키는 개인 또는 집단으로 정의된다."(Mason, 2008, p. 323)

사이버 폭력의 유형
(Willard, 2006)
- 직접적 = 희롱, 배제, 명예훼손
- 간접적 = 격렬함(두 사람이 논쟁하면서 거친 언어, 모욕, 위협이 난무하는 경우)

학교에서의 사이버 폭력 대처
- 교육지원청은 사이버 폭력에 관한 분명한 방침을 반드시 마련해야 한다.
- 교육지원청은 사이버 폭력이 학교 안팎에서 일어날 수 있음을 인식해야 한다.
- 학생들은 사이버 폭력의 정의와 그 결과에 대해 교육을 받아야 한다.
- 학교 방침에는 사이버 폭력 신고에 대한 분명한 개요가 명시되어 있어야 한다.
- 학교 내에서 사이버 폭력이 발생할 가능성이 높은 곳에 대한 지도감독을 확대한다.

학생들을 위한 팁
- 사이버 폭력 가해자에게 중단하라고 말한다.
- 보복하지 않는다. 성인에게 사이버 폭력에 대해 말한다.
- 올려놓은 자료를 하드 카피한다. 성인이 읽고 기록으로 남기기 전까지 삭제하지 않는다.
- 향후 사이버 폭력 가해자로부터의 통신은 차단하고, 즉각적인 메신저 목록을 삭제한다.
- 직접 말하지 않으려거나 하지 않으려는 것을 온라인상에서 말하거나 실행에 옮기지 않는다(Feinberg & Robey, 2007).

학교상담자 조치

- 학생, 학부모, 교직원들에게 사이버 폭력에 대한 인식을 드높인다.
- 사이버 폭력 피해자들을 위한 상담 지원을 제공한다(Chibarro, 2007).
  - ○ 자기주장 기술 향상
  - ○ 긍정적 자기개념 발달
  - ○ 긍정적 행동 연습

- 사이버 폭력 가해자에 대한 상담 서비스를 제공한다(Chibarro, 2007).
  - ○ 사이버 폭력의 법적 · 개인적 결과를 인식한다.
  - ○ 피해자에 대해 공감수준을 높인다.
  - ○ 사회적 문제해결력을 높여 준다.

- 사이버 폭력에 관한 학부모 교육을 제공하면서 가정에서 학생의 테크놀로지 사용에 대한 멘토링을 권장한다.

● 참고문헌

Chibarro, J. (2007). School counselors and the cyberbully: Interventions and implications. *Professional School Counseling, 11*(1), 65–68.

Feinberg, T., & Robey, N. (2009). Cyberbullying. *Principal Leadership, 74*(7), 26–31.

Mason, K. L. (2008). Cyberbullying: A preliminary assessment for school personnel. *Psychology in the Schools, 45*(4), 323–348.

Willard, N. E. (2006). *Cyberbullying and cyberthreats: Responding to the challenge of online social cruelty, threats, and distress.* Eugene, OR: Center for Safe and Responsible Internet Use.

◆ 읽을거리

Center for Safe and Responsible Internet Use. www.cyberbullying.org.

IKeepSafe Internet Safety Coalition. www.ikeepsafe.org.

Stop Cyberbullying. www.stopcyberbullying.org.

Willard, N. E. (2007). *Cyber-safe kids, cyber-savvy teens: Helping young people learn to use the Internet safely and responsibly.* San Francisco: Jossey-Bass.

7.12. 성 평등

"학교상담자는 성 평등^{gender equity}에 대한 포괄적으로 언어적·긍정적인 모범을 보이기 위해 노력해야 하며, 전체 학생들의 동등한 기회와 지위의 장벽을 낮추고 동등한 기회와 지위를 제공함으로써, 각 개인의 발달을 촉진·진작시켜야 한다."(American School Counselor Association, 2008, p. 1)

학교·직장에서의 성차별 관련 법률
- 1963 동일임금법^{Equal Pay Act of 1963}
- 1964 공민권법^{Civil Rights Act of 1964}
- 1976 직업개정법^{Vocational Amendments of 1976}
- 1974 여성교육평등법^{Women's Educational Equity Act of 1974}
- 차별철폐조치^{Affirmative Action}
- 타이틀 IX^{Title IX}

성 편견 또는 고정관념을 피하기 위한 최선의 실행방안
- 남성과 여성의 능력에 대한 자신의 태도와 행동을 확인한다.
- 전통적인 성 편견 사례들을 인식한다.
- 비편견적인 행동과 언어에 있어서 모범을 보인다.
- 준비와 규약을 통해 동등한 힘에 있어서 모범을 보인다.
- 포괄적, 평행적, 또는 성별 동등성을 민감하게 고려한 언어를 사용한다.
- 학생들에게 학교에서 관찰하는 편견과 불평등성을 인식·제거하도록 교육한다.
- 전체 학생들로 하여금 상급과정 이수를 장려한다.
- 다양한 교수학습 전략을 사용한다.
  - 협동적이고 경쟁력 있는 활동
  - 소집단 활동
  - 지식과 기술을 통합할 수 있는 기회
  - 남녀가 함께 작업할 수 있는 기회

- 여러 관점을 탐색할 수 있는 수업을 설계한다.
  - 다른 정보 자원을 사용한다.
  - 남성과 여성 전문가들에게 역할모델을 의뢰한다.

- 흥미와 생애 경험과 관련된 자료를 마련한다.
  - 남성과 여성의 경험을 고려한다.
  - 자료의 사회적 측면을 강조한다.
  - 활동, 기술, 지식의 유용성을 강조한다.
  - 전체 학생들에게 진로 기회를 제공한다.

- 분석뿐 아니라 통합적 사고를 장려·보상해 준다.
  - 사실뿐 아니라 상황
  - 결정 또는 사건의 사회적·도덕적·환경적 영향

- 성별 관련 부정적 또는 제한적 메시지에 대해 반박한다(American School Counselor Association, 2008).
- "전체 학생들과 또래들을 위한 자원의 기회와 접근에 있어서 형평성을 갖춘 정책, 절차, 태도를 적극 권장한다."(American School Counselor Association, 2008, p. 1)

● 참고문헌

American School Counselor Association [ASCA]. (2008). *Position statement: The professional school counselor and gender equity.* Alexandria, VA: Author. Available at http://asca2.timberlakepublishing.com//files/PS_Gender%20Equity.pdf.

◆ 읽을거리

Holcomb-McCoy, C. (2007). *School counseling to close the achievement gap: A social justice framework for success.* Thousand Oaks, CA: Corwin Press.

7.13. 섭식장애

섭식장애eating disorders(예, 식욕부진증anorexia, 폭식증bulimia 등)가 있는 학생들은 학교 밖 의사와 치료자의 돌봄을 받아야 한다. 학교상담자는 학교생활에서 필요한 경우, 학생들에게 건강한 신체상을 갖도록 격려함으로써 섭식장애를 예방하고, 섭식장애가 있는 학생들을 지원한다.

섭식장애의 유형
- 식욕부진증
- 폭식증
- 비만

학교상담자 조치: 예방
- 청소년기 내내 학생들의 자존감 유지를 돕는다.
- 다이어트와 체중조절에 대해서는 거의 강조하지 않는다. 대신, 건강한 식습관을 권장한다.
- 음식을 위안 또는 보상의 수단으로 거의 강조점을 두지 않는다.
- 교사, 특히 체육교사와 협력하여 섭식장애 징후를 보이는 학생들을 모니터한다.
- 가족들 간의 의사소통을 개방한다.
  - 자율성 증진을 위한 정상적인 발달적 욕구를 수용한다.
  - 독립성과 책임감 성장을 기대한다.
  - 자녀에게 성장할 자유를 부여한다.
  - 자신과 자녀의 실수에 대해 관용을 베푸는 모범을 보인다.
  - 용모에 있어서 불완전성을 수용하는 모범을 보인다.
  - 분노 또는 다른 깊은 정서 표현에 대해 논의한다.
  - 우울 또는 알코올 중독 같은 가족문제에 대한 외부 상담을 제안한다.

- 섭식장애의 위험요인을 숙지하고, 증상들을 인식한다.
- 교직원들에게 위험요인에 대한 정보를 제공한다.
- 교육 및 예방 프로그램을 제공한다.

○ 좋은 영양과 절제의 필요성을 강조한다.

○ 극도의 다이어트의 위험성을 강조한다.

○ 완벽주의와 절제의 필요성에 대해 논의한다.

학교상담자 조치: 개입

■ 개인상담을 제공한다.

■ 신뢰와 지지 관계를 형성한다.

■ 학생들의 감정 소통을 돕는다.

■ 학생들이 모호성에 대해 인내하는 법을 습득하도록 돕는다.

■ 학생들이 섭식장애를 촉발시킬 수 있는 요인들을 확인할 수 있도록 돕는다.

■ 학생의 가족들과 협력한다.

○ 의학적 치료를 제안한다. (특히 섭식장애 전문상담자)

○ 가족상담을 제안한다.

○ 외부의 치료자/상담자와 이야기를 나누어 보게 한다.

○ 학교에서 학생 지원을 위해 가족들과 협력한다.

■ 교사들과 협력하여 필요한 경우 학생이 상담을 받도록 한다.

■ 섭식이 초점이 되는 상황에서 학생을 모니터하고, 필요에 따라 지원한다.

◆ 읽을거리

Akos, P., & Levitt, D. H. (2002). Promoting healty body image in middle school. *Professional School Counseling, 6*(2), 138−145.

Barkick, A. D., Bernes, K. B., McCulloch, A.R.M., Witko, K. D., Spriddle, J., & Roest, A. R. (2004). Eating disorder intervention, prevention, and treatment: Recommendations for school counselors. *Professional School Counseling, 8*(2), 168−175.

Choate, L. H. (2007). Counseling adolescent girls for body image resilience: Strategies for school counselors. *Professional School Counseling, 11*(3), 317−326.

Ray, S. L. (2004). Eating disorders in adolescent males. *Professional School Counseling, 8*(1), 98−101.

Stout, E. J., & Frame, M. W. (2004). Body image disorder in adolescent males: Strategies for school counselors. *Professional School Counseling, 8*(2), 176−181.

Wright, K., & Banks, E. E. (2008). The secret and all-consuming obsessions: Eating disorders. In D. Capuzzi & D. R. Gross (Eds.), *Youth at risk: A prevention resource for counselors, teachers, and parents* (5th ed., pp. 203−248). Alexandria, VA: American Counseling Association.

7.14. 불량서클

불량서클^{gangs}이란 공통 목적에 대한 충성으로 형성되어 불법 또는 범죄행위에 관여할 수 있는 집단들을 의미한다. 학생들은 초등학교에 들어가면서 불량서클에 모집되거나 가입한다.

불량서클 가입의 이유
- 정체성, 수용
- 흥분감, 존재감
- 자유, 성인의 통제 상실
- 힘과 통제
- 보호와 안전
- 가족의식, 소속감, 동료애
- 경제, 물질 소유

불량서클 가입에 관한 문제
- 구성원들과 자신의 삶을 위태롭게 한다.
- 가족구성원들의 삶을 위태롭게 한다.
- 무고한 방관자들의 삶을 위태롭게 한다.
- 심각한 범죄와 폭력 행위를 유발시킨다.
- 인종 간 긴장상태를 유발한다.

불량서클 식별자 또는 동맹단체
- 불량서클 의상 및/또는 색상
- 불량서클 그래피티^{graffiti}[*역자 주. 건물 벽, 담벼락, 경기장, 지하철역 같은 공공장소에 스프레이 페인트로 그려 놓은 낙서]
- 수신호
- 문신 또는 다른 휘장
- 상징을 동반한 이발
- 불량서클 신호 또는 휘장을 나타내는 사진

- 암호 용어 또는 불량서클 '말'
- 자신 또는 타인들에 의한 불량서클 구성원 신분 노출

불량서클의 특징
- 압도적으로 남성이 많음
- 눈에 띄는 의상과 색상
- 이웃과 영역에의 충실성
- 약물과 무기 밀매
- 인종과 민족 계열에 따라 형성될 수 있음
- 극단적 충실성
- 서로 다른 불량서클의 세부사항은 다르고 변화됨

불량서클 가입 예방 · 다루기 위한 학교 전체의 노력
- 학생들이 존재감을 느낄 수 있는 학교분위기를 조성한다.
- 지역사회와 종교 단체들과 협력하여 아동 · 청소년들을 위한 대안적 활동을 제공한다.
  - ○ 불량서클 가입에 대한 실행 가능한 대안 제공을 위한 전략을 개발한다.
  - ○ 학생들의 무력감을 다룬다.

- 전체 교직원들(보조원 포함)에게 불량서클이 어떻게 만들어지고 어떻게 대처해야 하는지에 대해 교육한다.
- 학생들에게 불량서클과 가입을 피할 수 있는 방법에 관한 교육 프로그램을 제공한다.
- 학부모들을 위한 불량서클과 학부모로서의 대처방안에 관한 프로그램을 제공한다.
  - ○ 지역사회의 다양성을 반영한다.
  - ○ 다양한 언어로 제공한다.
  - ○ 불량서클 참여에 관한 특별 강사 또는 법 집행관(예, 경찰)을 초청한다.
  - ○ 불량서클 구성원, 그래피티, 수신호 등에 관한 정보를 제공한다.

- 교정 또는 학교 근처를 배회하는 학생이 아닌 사람들을 모니터한다.
- 그래피티를 발견한 즉시 신고 · 제거한다.

- 교육과정과 학교를 통해 갈등해결 기술을 갖춘다.
- 학생 복장 규정을 유지한다.

불량서클 가입 예방 및 대처를 위한 학교상담자 조치

- 불량서클 가입에 취약한 학생들을 확인한다.
- 학생들에게 조력을 제공한다.
  - 또래촉진자
  - 멘토링 또는 튜터링
  - 갈등해결 프로그램
  - 자기주장 관리
  - 집단상담
  - 불량서클 식별과 예방 전문와의 특별 프로그램

- 불량서클 참여의 결과에 대해 논의한다.
- 학교 활동 참여를 권장한다. (특히 방과 후 활동)
- 위험군 학생 개개인에 대해 관심을 보여 주도록 교사들을 격려한다.
- 교사와 학교행정가와 협력하여 위험군 학생들을 지원한다.
- 위험군 학생들과 이들의 학업 프로그램에 대해 관심을 보인다.

◆ 읽을거리

Aasheim, L. L., & Burnham, S. C. (2008). "I am somebody": Gang membership. In D. Capuzzi & D. R. Gross (Eds.), *Youth at risk: A prevention resource for counselors, teachers, and parents* (5th ed., pp. 317-346). Alexandria, VA: American Counseling Association.

Clay, D. A., & Aquila, F. D. (2005). Gangs and America's schools: Assessing the threat of gang activity in public schools. *Phi Delta Kappan, 76*(1), 65-68.

Dishion, T., Nelson, S., & Yasui, M. (2005). Predicting early adolescent gang involvement from middle school adaptation. *Journal of Clinical Child and Adolescent Psychology, 34*(1), 62-73.

Garot, R. (2010). *Who you claim: Performing gang identity in school and on the streets.* New York: NYU Press.

Hernandez, L. (2007). *Gangs and school violence in the K-12 classrooms and the community.* Bloomington, IN: Trafford.

Koffman, S., Ray, A., Berg, S., & Covington, L., Albarran, N. M., & Vasquez, M. (2009). Impact of comprehensive whole child intervention and prevention program among adolescents at risk of gang involvement and other forms of delinquency. *Children & Schools, 31*(4), 239-245.

7.15. 물질남용

물질남용^{substance abuse}이란 불리한 결과에도 불구하고 알코올 및/또는 기타 약물들을 지속적으로 사용하는 것을 말한다. 청소년들에게 있어서의 물질남용은 건강, 학교, 가족, 또래관계에 문제를 초래할 수 있다.

흔히 남용되는 약물
- 알코올
- 니코틴
- 마리화나
- 코카인('프리베이스^{freebase}[**역자 주**. 코카인과 에테르의 혼합물로, 순화된 코카인]' 또는 '크랙^{crack}')
- 흡입제
- 환각제(예, LSD, PCP)
- 스테로이드
- 헤로인

알코올과 기타 물질 사용 학생들의 특징
- 신체적 특징
  - 확장된 동공, 핏발선 눈
  - 극도의 움직임 저하 또는 느리고 불분명한 말
  - 비정상적 기아 또는 목마름
  - 알코올 또는 기타 화학약품 냄새
  - 안면 색조 또는 정동 변화

- 학교활동에의 불참
- 때로 반항적임
- 또래들에 의해 쉽게 영향을 받음
- 무단결석
- 반항적 또는 방어적
- 학교에서 문제를 일으킬 수 있음

- 정서 결여 또는 과도하게 정서적임
- 성적 불량 또는 성적 하락
- 다음 사항에서의 갑작스러운 변화
    ○ 기분
    ○ 태도
    ○ 성적
    ○ 또래 집단
    ○ 특별활동
    ○ 성인들과의 상호작용(교사와 학부모)

- 다음 사항에서의 예외적으로 강한 욕구
    ○ 성인들로부터의 독립성
    ○ 인기 또는 또래들의 인정
    ○ 사회생활에의 포함
    ○ 흥분과 실험

성공적인 물질남용 예방 프로그램
- 초등학교 시기에 시작해서 학창시절 내내 학생들을 위해 실시됨
- 학교기반 또래압력 거부기술 훈련 프로그램
- 교우관계를 유지하는 동안 약물사용에 대한 또래압력에 저항하는 기술
- '누구나 다 약물을 한다'는 학생들의 오해 바로잡기
- 동년배 또는 나이가 더 많은 또래 리더에 의한 구체적인 거부기술 훈련
    ○ 위험군 학생들이 존중하는 훌륭한 역할모델
    ○ 다양한 리더를 포함시킨다.
    ○ 좋은 의사소통 기술 (**6.13** 참조)

- 상담자, 교사, 또래 리더에 의한 훈련
- 훈련을 받은 학부모와 또래 리더들에 의한 훈련
- 학생조력 프로그램
- 물질남용 상담을 제공하는 지역서비스 부서
- 집단상담과 가족상담

효과적인 예방 전략

■ 직접적인 취득에 저항하는 방법을 강조한다.
  ○ 구체적인 자기주장 기술을 교육한다.
  ○ 또래압력에 저항하는 구체적인 기술 연습의 기회를 제공한다.

■ 대안적인 사회적 활동을 제공한다.
  ○ 자신감을 갖기 위한 사회적 역량을 구축한다.
  ○ 사회적 경험의 확대를 돕는다.

■ 학교 내에서 학생들 사이에 약물사용에 관한 정확한 정보를 제공한다(이를 통해 누구나 약물을 사용하고 있는 것이 아니라는 사실을 알 수 있게 한다).
■ 구체적인 또래압력 거부훈련을 제공한다.
  ○ 또래압력에 저항하는 방법에 대해 논의한다. (**6.24** 참조)
  ○ 상황 인식, 조절, 회피 방법을 교육한다.
  ○ 불안을 효과적으로 다룰 수 있도록 돕는다.
  ○ 약물사용 강요에 대해 구체적인 반응 방법을 교육한다.
  ○ 거부 메시지의 내용을 교육한다.
  ○ 거부 메시지 전달법을 교육한다.
  ○ 거부기술을 역할 연습 또는 연습한다.
  ○ 동년배 또는 연상의 또래 리더들에 의한 또래코칭과 또래피드백을 권장한다.

■ 다양한 현실 상황에 일반화해서 사용할 수 있는 기술을 교육한다.
■ 사용 이유와 사용 중단 이유에 관한 정확한 정보를 제공한다.
■ 물질남용이 건강, 관계, 미래에 미치는 영향에 관한 정보를 제공한다.
■ 학생의 건강과 안전에 대한 솔직한 염려를 보여 준다.

성공적인 물질남용 개입 프로그램

■ 물질남용 교육수업에의 필수 참석
■ 대안적인 사회적 활동에의 참여
  ○ 자신감 향상을 위한 사회적 역량을 구축한다. (**6.26** 참조)
  ○ 적절한 사회적 경험을 확대한다.

- 입증된 책임 있는 행동에 기반한 강화 프로그램
- 물질남용 회복기간 동안 가능한 대안적 교육 배치
- '깨끗한^clean' 상태 유지를 지원하는 개인상담과 집단상담

물질남용에 연루된 학생들에 대한 학교상담자 조치

- 경청한다.
- 물질 사용 또는 남용 중인 학생들을 식별한다.
- 문제가 있는 학생들에게 지지적이고 수용적인 태도를 취한다.
- 인지적 · 정동적 전략을 사용한다.
  ○ 사용 중단의 이유에 대한 정확한 정보를 제공한다.
  ○ 건강과 안전에 관한 정확한 정보를 제공하고 관심을 나타낸다.

- 사실을 알려 주되, 공포분위기를 조성하는 전략은 사용하지 않는다.
- 학생들의 염려를 소통하고 도움을 얻을 수 있도록 지원한다.
- 학생 및 학부모들에게 이 쟁점에 대한 논의 기회를 제공함으로써 학생을 옹호하고 학부모들이 도움을 얻을 수 있도록 조력한다.
- 알코올 중독자 익명집단^Alcoholics Anonymous 또는 마약중독자 익명집단^Narcotics Anonymous 에의 참여를 권장한다.
- 학생들에게 물질의 영향을 받고 있는 상태에서 운전의 위험성을 상기시켜 준다.
- 미성년자 음주와 약물 사용이 심각한 결과를 초래할 수 있음을 상기시켜 준다.
- 물질에 관한 정보와 이와 관련된 속어에 관한 정보를 지속적으로 업데이트한다.
- 학부모들에게 가정에서 미성년자인 십대들에게 술을 주지 않도록, 또는 음주를 허락하지 않도록 권장한다.
- 학부모 지지집단에게 규칙과 기대 공유를 권장한다.
- 가능한 물질남용에 직면하기 위한 학부모들의 노력을 지원한다.
- 약물사용이 의심되는 가족구성원의 알 아논^Al-Anon[***역자 주**. 'Alcoholics Anonymous'의 약어로, '알코올 중독자 익명집단'을 의미함] 참여를 권장한다.
- 약물사용이 의심되는 가족구성원의 추가적인 전문가 조력(가족상담 포함)을 구하도록 권장한다.

비효과적인 예방 또는 개입 전략

- 공포분위기를 조성하는 전략
- 처벌
- 정학(잠재적으로 학교 구내에서 지도감독을 받지 않게 될 수 있음)
- 일관성이 없는 탐지와 강화
- 정보만 있음(정동이 없는 인지)
- 정서만 있음(인지가 없는 정동)
- 지나치게 단순화시킨 접근법('안 돼라고만 말해[Just say no]')

◆ 읽을거리

Burrow-Sanchez, J. J., & Lopez, A. L. (2009). Identifying substance abuse issues in high schools: A national survey of high school counselors. *Journal of Counseling & Development, 87*(1), 72–79.

Fisher, G. L. (2008). *Substance abuse: Information for school counselors, social workers, therapists, and counselors* (4th ed.). Boston: Allyn & Bacon.

Gagliardi-Blea, C. J., Weber, D. J., Rofkahr, C., & Kurpius, S.E.R. (2008). "I can't live without it": Adolescent substance abuse. In D. Capuzzi & D. R. Gross (Eds.), *Youth at risk: A prevention resource for counselors, teachers, and parents* (5th ed., pp. 407–434). Alexandria, VA: American Counseling Association.

Lambie, G. W., & Rokutani, L. J. (2002). A systems approach to substance abuse identification and intervention for school counselors. *Professional School Counseling, 5*(5), 353–359.

Substance and Mental Health Service Administration. www.samhsa.gov.

Watkins, K., Ellickson, P., Vaiana, E., & Hiromoto, S. (2006). An update on adolescent drug use: What school counselors need to know. *Professional School Counseling, 10*(2), 131–138.

Winters, K. C., Leitten, W., Wagner, E., & Tevyaw, T. O. (2007). Use of brief interventions for drug abusing teenagers within a middle and high school setting. *Journal of School Health, 77*(4), 196–206.

7.16. HIV/AIDS

"학교상담자는 인간면역결핍바이러스^{Human Immunodeficiency Virus} 및 후천성 면역결핍장애^{Acquired Immune deficiency Disorder}(HIV/AIDS)와 관련된 교육적 노력을 지지한다."(American School Counselor Association, 2006, p. 1)

HIV/AIDS가 있는 학생들의 가능한 특징

- 정서적 취약성
- 미래에 대한 두려움
- 후회감 또는 당혹감
- 분노감
  - 자신에게 일어난 일에 대한 분노
  - HIV/AIDS가 있는 사람들에 대한 사회의 반응에 대한 분노
  - HIV/AIDS의 신체적 영향에 관한 분노

- 진단의 물리적 한계(통증, 강점 상실, 피로감)

지역사회 · 학교 전체 예방 · 개입 노력

- 학교행정가, 교사, 지역사회 구성원들과 학부모, 교사, 학생들에게 건강관련 쟁점에 관한 정보를 제공하는 방법에 관해 협력한다.
  - 정확하고 솔직한 정보를 제공한다.
  - 건강과 안전에 초점을 맞춘다.

- 프로그램의 모든 단계(계획과 학생들에 대한 정보제공 포함)에서 학부모의 도움을 요청한다.
- 학생들에게 HIV/AIDS의 원인, 감염, 치료, 예방에 관한 정보를 제공할 수 있는 방법에 대해 브레인스토밍한다.
  - 지역 의사 또는 다른 전문가를 초청하여 학부모, 교사, 학생들에게 건강과 위험성에 관한 정보를 제공한다.
  - 학생과 학부모들에 의한 요청이 있을 때, 후속적인 자원에의 접근을 제공한다.

- 교육지원청에게 HIV/AIDS가 있는 학생 지원에 관한 분명하게 서면으로 된 정책과 구체적인 절차를 개발하도록 요청한다.
- 학생, 학부모, 교사들에게 HIV/AIDS가 있는 학생과의 우연한 접촉에 관한 정보를 제공하기 위한 방법에 대해 브레인스토밍한다.
  - 안전한/안전하지 않은 건강 습관
  - 학생(들) 배척의 유해성

전문적 학교상담자와 HIV/AIDS

(American School Counselor Association, 2006)

- 보건교사와 협력하여 학생, 교직원, 학부모들을 위한 상담, 지원, 교육 프로그램을 제공한다.
- 도덕적 쟁점이 아니라 질병으로서의 HIV/AIDS에 초점을 맞춘다.
- 현행 권장사항과 자원에 관해 정보를 수시로 업데이트한다.
- HIV/AIDS에 관한 학교 방침을 지속적으로 숙지한다.
- HIV/AIDS 교육 프로그램의 실행을 촉진시킬 수 있다.
- HIV/AIDS와 관련된 교육적 노력을 촉진시킨다.

학교상담자 조치

- HIV/AIDS가 있는 사람들에 대한 자신의 감정을 탐색한다.
- 학생의 말에 공감적으로 경청한다.
- 학생의 경험을 그의 관점에서 고찰한다.
- 지지적이고 솔직하며 배려하는 태도를 유지한다.
- HIV/AIDS 진단의 부인에 대해 직면한다.
- 이 질병의 감염에 대한 정서를 다루도록 돕는다.
  - 가능한 오점과 거부
  - 상실과 애도
  - 분노와 좌절
  - 당혹감
  - 부당하다는 느낌 또는 삶이 '불공정'하다는 의식

- 정서를 다루기 위한 스트레스 감소 또는 이완기법을 교육한다.

- 학생에게 지원체제를 찾아보도록 격려한다.
- 학생과 학부모/보호자를 추가적인 전문가 상담에 의뢰한다.
- 학생, 친구, 가족 간 의사소통의 가교 역할을 한다.
- 형제자매에게 감정 처리를 위한 도움을 제공한다. (특히 같은 학교에 재학 중인 경우)
- 다른 사람들이 HIV/AIDS가 있는 학생을 지원할 수 있도록 돕는다.
  - 현실적인 건강에 관한 쟁점에 직면한다.
  - 질병에 대한 감정을 다룬다.
  - 안전한 접촉과 힘이 되어 줄 수 있는 방법을 이해한다.

● 참고문헌

American School Counselor Association [ASCA]. (2006). *The professional school counselor and HIV/AIDS.* Alexandria, VA: Author. Available at http://www.schoolcounselor.org/files/PS_HIV_AIDS.pdf.

◆ 읽을거리

AVERTing HIV and AIDS. www.avert.org/children.htm.

Centers for Disease Control National Prevention Information Network. www.cdcnpin.org.

Costin, A., Page, B., Pietrzak, D., Kerr, D., & Symons, C. (2002). HIV/AIDS knowledge and beliefs among pre-service and in-service school counselors. *Professional School Counseling, 6*(1), 79–85.

McFarland, W., & Oliver, J. (1999). Empowering professional school counselors in the war against AIDS. *Professional School Counseling, 2*(4), 267–274.

7.17. 아동기 · 청소년기 우울

우울의 징후가 될 수 있는 특징

- 최근의 주요 상실을 경험함
- 사랑받지 못하고 외롭다는 느낌
- 무기력감, 부적절감, 열등감
- 좌절감
- 내면화된 다른 사람들의 기대에 부응하지 못했다는 느낌
- 의존성에 대한 분노감
- 다른 사람들에 대한 분노의 내면화
- 무기력증
- 느린 신체적 반응
- 주의집중 시간 감소
- ADHD의 가능성
- 잦은 눈물
- 단정하지 못한 용모
- 학교 또는 활동에 대한 관심 결여
- 자살사고
- 사회적 철수, 고립
- 자기비난
- 타인에 대한 관심 결여 또는 무관심
- 과민성 기분
- 파괴적 행동
- 자기파괴적 행동
- 불안장애
- 알코올 또는 기타 약물남용
- 섭식장애
  - 과식
  - 식욕 상실

■ 과다수면 또는 불면증(잠 못 이룸)

우울 확인의 어려움
■ 학생이 우울을 감추는 것에 적응됨
■ 학부모의 부인
■ 학부모와 교사들의 증상에 대한 지식 부족
■ 다른 보다 공공연한 행동 또는 증상에 의한 위장

학교상담자 예방 · 개입 조치
■ 교직원들에게 가능한 특징과 흔한 원인에 대해 교육한다.
■ 학부모 워크숍을 제공한다.
■ 학생과 긍정적인 관계를 발달시킨다.
■ 학생의 호소내용, 관계, 기대를 탐색한다.
■ 의심되는 경우, 우울의 가능성을 제기한다.
■ 우울이 의심되는 이유가 있는 경우, 학부모에게 알린다.
    ○ 외부 치료자에게 의뢰한다.
    ○ 학부모가 자녀의 우울에 대한 감정을 다룰 수 있도록 돕는다.
    ○ 학부모에게 외부 치료자와의 소통을 위한 정보방출 양식에 대한 서명을 요청한다.
    ○ 학부모에게 학교에서 학생에 대한 지원을 계속할 것임을 재확인시켜 준다.

■ 학생의 자신과 타인들에 대한 분노에 대비한다.
■ 학생의 자신에 대한 부정적 사고 또는 인지에 대비한다.
■ 학생이 이러한 사고에 대한 예외를 확인하고 강점을 식별하도록 돕는다.
■ 학생의 희망과 긍정적 감정을 격려로 사용한다.
■ 학생이 좀 더 긍정적인 자기개념을 갖도록 돕는다.
■ 미래 문제를 다룰 수 있는 대처기술을 교육한다. (**6.29** 참조)
■ 관계 및 사회적 기술을 교육함으로써 교우관계와 지원체제를 향상시킨다. (**6.30**, **6.31** 참조)

◆ 읽을거리

Abela, J. R. Z., & Hankin, B. L. (2007). *Handbook of depression in children and adolescents.* New York: Guilford Press.

Abrams, K., Theberge, S. K., & Karan, O. C. (2005). Children and adolescents who are depressed: An ecological approach. *Professional School Counseling, 8*(3), 284–292.

Auger, R. W. (2005). School-based interventions for students with depressive disorders. *Professional School Counseling, 8*(4), 344–352.

Crethar, H. C., Snow, K., & Carlson, J. (2004). It's all in the family: Family counseling for depressed children. *The Family Journal, 12*(3), 222–229.

Evans, J. R., Van Velsor, P., & Schumacher, J. E. (2002). Addressing adolescent depression: A role for school counselors. *Professional School Counseling, 5*(3), 211–219.

Shaffer, D., & Waslick, B. D. (2002). *The many faces of depression in children and adolescents.* Washington, DC: American Psychiatric Association.

7.18. 애도와 상실 다루기

애도^{grief} 단계

- 부인^{denial} 또는 충격^{shock}
  - ○ 무감각/믿기지 않는 감정
  - ○ 고인이 되돌아올 것이라는 신념 또는 감정
  - ○ 불면증/잠 못 이룸
  - ○ 식욕상실
  - ○ 일관성이 없는 행동
  - ○ 신과의 흥정
  - ○ 지속적인 꿈 또는 악몽
  - ○ 집중력 저하
  - ○ 자원 확인이 불가능한 것에 대한 집착
  - ○ 혼돈

- 두려움^{fear}
  - ○ 악몽
  - ○ 잠 못 이룸
  - ○ 쉽게 놀람
  - ○ 불안과 좌불안석
  - ○ 거짓된 허세의 언어적 표현
  - ○ 공포증

- 분노^{anger}
  - ○ 과민성
  - ○ 싸움 유발
  - ○ 빈정대는 말투
  - ○ 반사회적 행동
  - ○ 공공기물 파손행위
  - ○ 규칙준수 거부

- 죄책감^{guilt}
    - ○ 흔히 분노에 의해 감춰짐
    - ○ 자기파괴적 행동
    - ○ 사과를 일삼는 태도
    - ○ 칭찬 또는 찬사에 대한 행동화

- 우울^{depression} 또는 슬픔^{sadness} (**7.17** 참조)
- 수용^{acceptance}
    - ○ 현실을 수용한다.
    - ○ 정상적인 자기돌봄을 재개한다.
    - ○ 정상적인 활동을 재개한다.
    - ○ 일시적으로 분노와 슬픔이 재발된다.

애도하는 학생들에 대한 학교상담자 개입

- 순향적^{proactive}으로 도움을 제공한다.
- 학생이 가족과 친구들로부터 지원을 받을 수 있도록 격려한다.
- 자기돌봄을 권한다.
    - ○ 운동한다.
    - ○ 휴식을 취한다.
    - ○ 건강한 식습관을 유지한다.

- 판단 없이 경청한다.
- 상실에 관해 이야기하도록 격려한다. (**7.18** 참조)
- 추억을 나누도록 한다.
- 정상적인 활동을 재개하도록 격려한다.

◆ 읽을거리

American Hospice Foundation. (2009). *Grief at school.* Available at www.americanhospice.

   org/index.php?option=com_content&task=blogcategory&id=14&Itemid=109.

Broadway, M. D. (2008). Dealing with death: Books to help young people cope with grief.

   Teacher Librarian, 35(5), 44−48.

Fitzgerald, H. (2000). *Grief at school: A manual for school personnel.* Washington, DC: American Hospice Foundation.

Humphrey, K. M. (2009). *Counseling strategies for loss and grief.* Alexandria, VA: American Counseling Association.

7.19. 사랑하는 이의 죽음

사랑하는 이의 죽음을 경험하는 학생들의 특징

- 혼돈 또는 충격
- 사랑하는 이를 빼앗긴 것에 대한 분노
- 혼자 남은 것에 대한 분노
- 자신의 죽음에 대한 두려움
- 누가 자신을 돌봐 줄 것인가에 대한 두려움
- 다른 배우자 또는 가족구성원이 죽을 것에 대한 두려움
- 죄책감
- 슬픔, 침묵, 활동 감소

학교상담자 조치

- 학생의 말에 경청한다.
  - 개별 학생에 대한 죽음의 의미를 평가한다.
  - 학생과 함께 느낀다.
  - 각 학생의 애도의 개인적 성격을 존중한다.

- 학생에게 학부모, 보호자, 또는 가족구성원들로부터 지지를 구하도록 격려한다.
- 학부모와 가족구성원들과 협의한다.
  - 학생과 만날 때 이들의 욕구를 존중해 준다.
  - 이 사건에 대한 아동의 이해, 감정, 반응을 어떻게 보고 있는지를 묻는다.
  - 바람직한 경우, 학부모와 보호자에게 자원을 제공한다.

- 학생이 주제에 관해 이야기하고 싶어 하지 않는 경우에는 질문을 피한다.
- 학생이 희망할 때, 양육과 돌봄을 위해 연락이 가능하도록 한다.
- 질문에 대해 솔직하고 명확하게 답한다.
- 다른 시기에 반복적으로 삶과 사랑하는 이의 죽음에 관한 정보를 재생하고 싶은 학생의 욕구를 이해한다.

- 학생이 죽음의 원인을 제공하지 않았음을 재확인시켜 준다.
- 죽음은 누군가가 곧 죽게 될 것임을 의미하지 않는다는 사실을 강조한다.
- 학생에게 사랑하는 이와의 긍정적인 추억을 공유 · 회상하도록 격려한다.
- 각각의 발달수준에서 죽음에 관한 적절한 서적 목록을 제공해 준다.
- 학생이 충격을 극복하고, 애도단계를 거치기 위한 시간을 갖기를 기대한다. (**7.18** 참조)
- 교직원들에게 애도하는 학생들과 도움이 되는 반응에 관해 교육한다.
- 필요한 경우, 추가로 전문가 도움을 구한다.

전문가 도움의 필요성을 암시하는 징후

- 죽은 사람을 만나 보고 싶다고 말함
- 죽은 사람에 대한 과도한 모방
- 애도 기간의 확대(이 기간이 끝날 것 같지 않음)
- 고인의 죽음에 대한 부인의 장기화
- 일상 활동에 대한 흥미 상실의 장기화
- 발달수준에 비해 훨씬 더 어린 행동의 장기화
- 정서의 극단적 표현(분노, 분노폭발)
- 친구들로부터의 철수
- 학업수행의 감소
- 등교거부

◆ 읽을거리

Eppler, C. (2008). Exploring theme of resiliency in children after the death of a parent. *Professional School Counseling, 11*(3), 189–196.

Kaplow, J., & Pincus, D. (2007). *Samantha Jane's missing smile: A story about coping with the loss of a parent.* Washington, DC: Magination Press.

Menten, T. (2002). *The gentle closings companion: Questions and answers for coping with the death of someone you love.* Philadelphia: Running Press.

Sabin, E. (2009). *Healthy coping strategies for grieving children and parents.* Washington, DC: American Hospice Foundation. Available at www.americanhospice.org/index. php?option=com_content&task=view&id=386&Itemid=8.

Schuurman, D. (2003). *Never the same: Coming to terms with the death of a parent.* New York: St. Martin's.

7.20. 급우의 죽음

학생이 사망하는 경우, 교사 조력에 있어서 학교상담자의 역할

- 사별을 당한 학부모와의 대화에서 할 일은 다음과 같다.
  - 지지적인 태도를 취하되, "어떤 느낌이 드는지 알고 있다."는 말은 하지 않는다.
  - 질문 또는 요청이 있을 때에 한해서 제안을 한다.
  - 학부모에게 다른 학생들과 함께 나누고 싶은 것이 무엇인지 묻는다.

- 교실에 가서 급우들에게 어떤 일이 있었는지에 대해 이야기할 수 있는 기회를 제공한다.
- 같은 반 학생들에게 어떻게 말할 것인지에 대해 교사들을 준비시킨다(또는 협력을 제공한다).
  - 학생의 이름 언급을 주저하지 않는다.
  - 학생의 죽음에 대해 긍정적인 점을 찾으려고 애쓰지 않고, 상실을 인정한다.
  - 모든 사람이 할 수 있는 일을 다 했음을 학생들에게 재확인시켜 준다.
  - 학생들에게 죽은 학생에 대한 애정이 담긴 말과 관계에 대한 이야기를 나누도록 한다.

- 학생의 죽음에 관한 정보를 학생들이 이해할 수 있는 발달수준에 맞춘다.
- 삶은 값지지만 불안정하다는 메시지를 전달한다.
- 만일 학생의 죽음이 자살에 의한 것이라면,
  - 죽음을 미화하지 않는다.
  - 학생들에게 이런 일이 발생하지 않도록 예방할 수 있게 교직원들이 할 수 있는 일이 있는지 물어본다.
  - 학생이 자살한 이유를 설명하려고 하지 않는다.

- 진실되고 솔직하고 수용적인 태도를 취한다.
- 교사와 학교행정가와 다음과 같은 일을 조정한다.
  - 위기계획을 실행한다. (**3.37** 참조)

  ○ 업무분장과 그 시기를 정한다.

■ 교직원들에게 학부모 · 보호자들이 바라는 방식에 대해 알려 준다.
■ 형제자매와 특별한 친구들에게 특별히 주의를 기울인다.
  ○ 애도에 대한 설명과 표현에 경청한다.
  ○ 감정을 개방적으로 표현하게 한다.
  ○ 감정 표현을 위해 상담 물품(꼭두각시, 모래상자놀이, 그림, 또는 쓰기 도구)을 활용
   하게 한다.
  ○ 특별히 학생의 죽음 이후의 몇 주 동안은 죽은 학생의 학부모를 지원해 준다.
  ○ 죽은 학생에게 제공되는 장례식, (초상집에서의) 철야, 또는 관련 행사에 참석한다.

◆ **읽을거리**

Gootman, M. E. (2005). *When a friend dies: A book about grieving and healing.*
  Minneapolis, MN: Free Spirit.

7.21. 비극적 사건 또는 국가적 재난

비극적 사건들^{tragedies} 또는 자연재해^{natural disasters}는 인간의 고통을 초래하거나 피해자들이 지원 없이는 완화시킬 수 없는 인간적 요구를 창출하는 상황들이다.

자연재해

- 허리케인
- 토네이도^{tornado}
- 폭풍
- 홍수
- 해일 또는 쓰나미
- 지진
- 화산 폭발
- 번개
- 가뭄
- 눈 폭풍
- 전염병
- 기근
- 화재

개인적 및 기타 비극적 사건들

- 테러
- 폭발사고
- 건물붕괴
- 많은 사상자를 낸 대형사고
- 살인
- 성폭행
- 자살
- 인간의 고통을 초래하는 기타 상황들

비극적 사건이 학생에게 미칠 수 있는 영향
- 반복적 악몽
- 플래시백 또는 환각
- 불안
- 비극적 사건에 대한 집착
- 우울 또는 극도의 정서
- '생존자 죄책감$^{survivor\ guilt}$'
- 집중곤란
- 쉽게 놀라거나 안절부절못함(Fitzgerald, 2003)

상담 목표
- 위기 해결
- 위험에 대한 지각 변화
- 위기 전 수준으로의 사회적 기능 회복

학교상담자 조치
- 이용 가능한 정보가 거의 없거나 전혀 없이 개입한다.
- 학생(들)에 대한 재난사건의 의미를 확인한다.
- 학생들에게 자신들을 표현할 수 있는 기회를 제공한다.
- 아동들의 말, 그림, 작문, 또는 놀이를 관찰한다.
- 학생들이 자신들의 외부 자원과 지원체제를 확인하도록 돕는다.
- 학생들에게 학교상담자의 우선순위는 이들을 보호하고 안전을 유지하는 것임을 재확인시켜 준다.
- 학교 시간 이후에 이용 가능한 자원의 이름과 전화번호를 제공한다.
- 사건에 대해 병리적 반응의 위험이 있는 학생들을 알아낸다.
- 피해를 입은 전체 학생들과 이들의 부모, 교사, 교직원들에게 진행되는 상황에 대해 보고한다.
- 건물에 있는 성인들에 대한 비극 또는 재난의 영향에 대비한다.
- 비극적인 상황으로 분투하고 있는 교직원의 감정과 욕구에 반응한다.

● 참고문헌

Fitzgerald, H. (2003). *After a tragedy: What kids can do.* Washington, DC: American Hospice Foundation. Available at www.americanhospice.org/index.php?option=com_content&task=view&id=59&Itemid=8.

◆ 읽을거리

Belfer, M. L. (2006). Caring for children and adolescents in the aftermath of natural disasters. *International Review of Psychiatry, 18*(6), 523-528.

Carman, R. (2004). *Helping kids heal: 75 activities to help children recover from trauma and loss.* Plainview, NY: Bureau for At-Risk Youth.

Jones, R. T., Burns, K. D., Immel, C. S., Moore, R. M., Schwart-Goel, K., & Culpepper, B. (2009). The impact of Hurricane Katrina on children and adolescents: Conceptual and methodological implications for assessment and intervention. In K. E. Cherry (Ed.), *Lifespan perspectives on natural disasters: Coping with Katrina, Rita, and other storms* (pp. 65-94). New York: Springer.

Walz, G. R., & Kirkman, C. J. (Eds.). (2002). *Helping people cope with tragedy and grief: Information, resources, and linkages.* Greensboro, NC: ERIC/CASS.

Webber, J., Bass, D. D., & Yep, R. (Eds.). (2005). *Terrorism, trauma, and tragedies: A counselor's guide to preparing and responding.* Alexandria, VA: American Counseling Association.

7.22. 학생 자살

자살에 관한 정보
- **예방**^{prevention}은 문제를 다루기 위한 대처전략의 사용 대신 자살^{suicide}을 택하는 학생의 확률을 감소시키기 위한 학교 전체의 책임이다.
- **개입**^{intervention}은 자살 위험군 학생들을 돕기 위한 효과적인 상담과 의뢰 체제다.
- **사후개입**^{postvention}이란 '모방하는 사람^{copycat}'의 자살 가능성을 감소시키고 학생, 학부모, 교직원들에게 자살후 지원을 제공하기 위한 실행계획을 말한다.

자살의 개인적 위험요인
- 고립감 및 학교에 소속되어 있지 않다는 느낌
- 학업부진으로 인해 미래가 제한되어 있다는 느낌
- 무망감 및/또는 무력감
- 살고 싶지만 문제에 대한 대안이 보이지 않음
- 강한 성취욕
- 낮은 자기개념
- 고립 경향성
- 높은 스트레스
- 빈약한 의사소통 기술
- 화학물질 의존
- 죄책감
- 학생의 관점에서 최근의 주요 재난 경험
- 강한 주의집중 욕구
- 성 정체성에 대한 혼돈
- 학습장애 또는 정서 장해

자살의 환경적 위험요인
- 또래 집단으로부터 소외 · 거부
- 강한 패거리 · 파벌이 있는 사회적 분위기
- 삶에 있어서 최근의 변이^{transitions}

- 최근에 자살한 사람을 알고 있음
- 최근에 죽음 또는 분리를 통한 부모 상실
- 최근의 친구 상실
- 낮은 수준의 가족 지지
- 학부모의 자살시도
- 가족 폭력 또는 학대
- 일부 청소년들에 대한 문화적 스트레스 요인
- 학교에서 학생들을 돕기 위한 특화된 프로그램 결여
- 이전의 자살 위협 또는 시도에 대한 과도한 주의집중
- 미디어에서 불멸화immortalized 또는 미화되는 자살

프로파일 인식
- 행동
  - 개인의 복지에 관한 염려 결여
  - 사회적 패턴의 변화
  - 학업성취 하락
  - 집중과 명확한 사고 곤란
  - 달라진 섭식 · 수면 패턴
  - 개인적 일들을 정리하거나 보상하려는 시도
  - 개인적 물품 처분
  - 알코올 또는 약물의 사용 또는 남용
  - 다른 사람들이 어떻게 느끼는지에 대한 특이한 관심
  - 죽음과 폭력적 주제에 대한 집착
  - 우울 기간 이후의 갑작스러운 호전
  - 갑작스러운 혼음 증가

- 언어적 단서(죽음 또는 임종을 암시하는 말; Capuzzi, 2009)

자살예방 프로그램
- 교직원과 학부모들을 위한 훈련
  - 위험성 인식

○ 성인들과의 소통의 중요성

○ 고위험 청소년 식별과 의뢰

○ 학생들의 긍정적 정서 발달 제공

○ 위험군 학생들과의 소통방법

○ 강의 또는 학생의 문제 축소는 도움이 되지 않음

○ 자살예방 프로그램 제공

○ 위기 계획, 위기 팀, 위기 개입 준비

○ 자살 학생을 위한 집중적 개입은 필수적임

○ 자살사고가 있는 학생에 대해 반응할 자원 또는 규정 제공

■ 모든 수준의 학생들을 위한 상담 예방 프로그램

■ 문제를 겪는 청소년들에 대한 지속적인 평가와 멘토링

■ 의뢰와 접촉의 후속조치

■ 프로그램의 성공 정도 평가(데이터 수집)

자살예방 프로그램의 구성방식

■ 서론: 수업의 목적

■ 수업의 주제에 대한 반응을 논의한다.

■ 이 주제에 관한 수업의 이유를 설명한다.

○ 학생들이 먼저 문제를 알고 인식해야 함

○ 친구들을 위해 도움을 구하는 학생이 좋은 친구임

○ 자살을 하려는 학생들은 자신들의 문제를 다루기 위한 다른 방법을 찾는 데 있어서 도움을 필요로 함

■ 자살예방에 관한 수업의 내용

○ 심각한 위험에 처한 학생들을 기술한다.

• 최근에 극복하기 어려운 것처럼 보이는 문제 경험

• 최근에 심각한 상실에 대해 우울해함

• '자신에게 해를 입혔다$^{done\ them\ wrong}$'는 느낌이 드는 사람에게 '되갚아$^{get\ even}$' 주고 싶은 욕구

• 삶의 특정 영역에 대해 우울함

- 자신들을 도울 사람을 구하거나 자신들을 위한 도움을 구하기 위해 필사적임
- 이전의 자살시도
- 죽음과 죽는 순간에 대한 집착

○ 우울과 자살의 경고징후에 대해 교육한다. (보통 일련의 행위들이 결합됨)
- 소중히 여겼던 소지품을 나누어 줌
- 친구들에게 앞으로 자신을 보지 못할 수도 있음을 알림
- 자신이 계획 없이 떠날 것임을 암시함
- 다른 사람들이 고통받는 것을 보고 싶어 함
- 다른 사람들에게 중요한 존재가 되고 싶고, 이들이 후회하도록 만들고 싶어 함
- 학업 성적과 성취가 급락함
- 죽음을 평화롭고 바람직한 것으로 이야기함
- 우울함이 배어 있는 글 또는 그림
- 섭식 또는 수면 문제
- 친구들 또는 활동으로부터 철수
- 취미, 학교, 일에 대한 흥미 상실
- 유서를 쓰거나 최종적인 준비를 함
- 개인의 용모에 대한 관심 상실
- 알코올 또는 기타 약물 사용 증가
- 처벌을 피하고 싶어 함
- 기분, 흥미, 참여, 생활양식의 급격한 변화
- 재난으로 보이는 주요한 실망스러운 일

○ 자살사고에 대한 제안된 반응
- 경청한다.
- 항상 자신의 생명을 마감하려는 학생의 위협을 심각하게 받아들인다.
- 학부모, 상담자, 교사, 또는 학교행정가에게 즉각 알린다.
- 신뢰를 구축하되, 거짓말을 하거나 거짓된 확신을 심어 주지 않는다.
- '죽을 권리'에 대한 철학적 논의는 피한다.
- 상황을 해결하려는 노력의 가치를 언급한다.
- 자살은 되돌릴 수 없고, 자신의 마음을 바꿀 수 있는 기회가 없다는 사실을 언

급한다.
- 다른 사람들이 그 학생에 대해 분노감을 가질 수 있음을 지적한다.
- 학생들에게 자살하려는 학생이 성인과 이야기할 수 있도록 동반해 주도록 말한다.

자살하려는 학생에 대한 개입

- 자살하려는 학생으로 파악된 학생과 즉각 만난다.
- 경청, 평가, 지시, 모니터, 안내한다.
- 항상 자살위협을 심각하게 받아들인다.
- 자살하려는 학생에게 이 사실을 다른 사람에게 말하지 않을 것이라고 확신시켜 주는 말을 하지 않는다.
- 학생의 치사율을 평가하기 위해 다음과 같은 질문을 한다(Capuzzi, 2009).
  - 자살을 생각하고 있나요?
  - 자살에 대해 생각하게 된 계기는 무엇인가요?
  - 자살에 대해 얼마나 오랫동안 생각해 왔나요?
  - 자살한 사람을 알고 있나요?
  - 죽음은 무엇과 같다고 생각하나요?
  - 우울한 느낌을 경험한 적이 있나요?
  - 자신과 미래에 대해 생각할 때, 무엇이 보이나요?
  - 계획이 있나요?

- 침착함을 유지한다.
- 학생의 대처능력을 평가한다.
  - 현재의 정서 상태
  - 정서력emotional history 또는 패턴

- 학생의 과거와 현재 상황에 대한 관점을 넓혀 준다.
  - 문제는 일시적일 수 있음을 언급한다.
  - 학생이 과거에 어떻게 성공적으로 문제를 극복했는지에 대해 논의한다.
  - 학생의 이야기에서 강점과 회복탄력성 패턴을 확인한다.

- 미래에 대한 전망에 있어서 긍정적인 태도를 취한다.
  - 신뢰를 구축하되, 거짓된 확신을 심어 주지 않는다.
  - 학생에게 살아 있을 가치를 느낄 수 있는 곧 있을 일을 확인시켜 주기 위해 노력한다.
  - 어떻게 하면 학생의 삶을 다르게 만들 것인가에 대해 학생과 고찰해 본다.

- 구체적으로 행동한다.
  - 학생이 문제를 다룰 구체적인 계획수립을 시작하도록 돕는다.
  - 밟아 나갈 소규모의 단계들을 확인한다.
  - 학생에게 계획을 세울 만한 구체적인 것을 제공한다.
  - 학생에게 돕고자 하는 의도를 전달한다.
  - 어떤 조치든지 필요하고 적절한 것이면 취해질 것임을 학생에게 확신시킨다.

- 학생의 자원을 평가한다.
  - 학생이 지원 자원을 확인하도록 돕는다.
  - 상담자가 도울 것이고 다른 사람들도 도울 수 있음을 학생에게 확신시킨다.

- 책임 있는 성인으로부터 도움을 얻기 전까지는 어떤 행동도 취하지 않을 것에 대한 약속을 받는다.
- 안전 확보를 위해 학부모/보호자에게 알릴 필요가 있음을 학생에게 말한다.
- 학생이 학교상담자에게 중요하고 그의 문제해결에 도움을 줄 수 있음을 학생에게 상기시켜 준다.
- 학부모/보호자에게 통보한다.
- 학부모/보호자에게 인계할 수 있기 전까지는 학생이 학교 구내를 떠나지 못하게 한다.
- 학부모/보호자에게 이용 가능한 자원에 관한 정보(입원 포함)를 제공한다.
- 학교에 있는 동안 학생에 대한 모니터를 계속한다.
- 후속조치
  - 의뢰 자원에 대해 후속조치를 취한다.
  - 학생에 대해 후속조치를 취한다.
  - 다른 학교 교직원들과 협력하여 학생을 지원한다.

사후조치: 자살 후

■ 위기계획 및 위기 팀을 활용한다. (**3.37** 참조)

■ 사건 소식과 유가족의 바람을 교직원과 학생들에게 알린다.

■ 학교행정가, 교사, 교직원들과 회의를 한다.

　○ 학생들과의 대화를 준비한다.

　○ 자살한 학생과 같은 반 학생들과의 대화 기회를 마련한다.

　○ 자살한 학생에 대한 학생들의 반응을 잘 다룰 수 있도록 교사를 돕는다.

■ 위기 팀과 상담자를 상시 이용할 수 있도록 대기시킨다. (외부 상담자 포함)

■ 자살한 학생과 친했던 친구들과 만난다.

　○ 사실을 공유하고, 가족의 소망을 존중하는 논의를 한다.

　○ 학생들이 자살을 미화하지 않는 적절한 추모식을 계획할 수 있도록 돕는다.

　　• 시, 예술, 또는 기타 애도의 표현방식

　　• 장학금

　　• 추모비 또는 기념수

　　• 졸업앨범 헌정

■ 학생들로 하여금 자신들의 감정을 토로할 수 있는 기회를 제공한다.

■ 집단으로 감정을 토로하게 하고 상황에 대해 평가한다.

■ 삶은 소중하고 불확실하다는 메시지를 전달한다.

■ 가장 분투하고 있는 것 같은 학생들을 확인한다.

　○ 소집단 또는 개별적으로 만난다.

　○ 학생이 추가적인 도움이 필요한 상황인지 살핀다.

　○ 압도되어 있거나 몹시 심란해하는 것처럼 보이는 학생의 학부모에게 이 사실을 통보한다.

■ 사건 당일, 상담자 및 교직원들과 그날 수행한 일에 대해 이야기를 나눈 후, 확인된 요구에 따라 다음날의 계획을 세운다.

　○ 학생들과의 논의에 관한 가이드라인을 강화한다.

　○ 이들이 위기 대처에 도움이 필요한 학생을 확인할 수 있도록 돕는다.

　○ 상담 의뢰를 위한 가이드라인을 검토한다.

○ 부정확한 정보 또는 소문은 불식시킨다.

○ 교사들에게 침착성과 안심시키는 상태 유지의 필요성을 강조한다.

● 참고문헌

Capuzzi, D. (2009). *Suicide prevention in the school* (2nd ed.). Alexandria, VA: American Counseling Association.

◆ 읽을거리

Capuzzi, D., & Gross, D. R. (2008). "I don't want to live": The adolescent at risk for suicidal behavior. In D. Capuzzi & D. R. Gross (Eds.), *Youth at risk: A prevention resource for counselors, teachers, and parents* (5th ed., pp. 249−280). Alexandria, VA: American Counseling Association.

Feigelman, W., & Gorman, B. S. (2008). Assessing the effect of peer suicide on youth suicide. *Suicide and Life-Threatening Behavior, 38*(2), 181−194.

Maples, M. F., Packman, J., Abney, P., Daugherty, R. F., Casey, J. A., & Pirtle, L. (2005). Suicide by teenagers in middle school: A postvention team approach. *Journal of Counseling and Development, 83*(4), 397−405.

National Youth Violence Prevention Resource Center. (2007). *Youth suicide fact sheet.* Available at www.safeyouth.org/scripts/facts/suicide.asp.

Opalewski, D. A. (2008). *Answering the cry for help: A suicide prevention manual for schools and communities.* Chattanooga, TN: National Center for Youth Issues.

Romer, D., & Jamieson, P. (2003). Suicide in youth. *American Behavioral Scientist, 46*(9), 1131−1284.

7.23. 성적 소수자 청소년

"학교상담자는 성적 지향성^{sexual orientation}/성별 정체성^{gender identity}과 관계없이 모든 개인에 대해 동등한 기회와 존중을 지지한다."(American School Counselor Association, 2007, p. 1)

성적 소수자^{sexual minority} 청소년들을 위한 가능한 쟁점
- 다른 학생들에 의한 괴롭힘, 희롱, 별명 부르기
- 커밍아웃^{coming out} 또는 다른 사람들에게 말하는 것에 대한 두려움
- 감정에 대한 혼란
- 자신에게 충실하기보다 동조에 대한 압박감

학교상담자 자각
(American School Counselor Association, 2007)
전문적 학교상담자는…
- 성적 지향성과 성별 정체성에 대한 자신의 신념을 인식한다.
- 개인들에 대한 고정관념을 갖는 것의 부정적인 효과에 대해 잘 알고 있다.
- 성적 지향성 또는 성별 정체성과 관계없이 모든 청소년을 인정해 주고자 한다.

성적 소수자 청소년 상담에 있어서 학교상담자의 역할
(American School Counselor Association, 2007)
- 전체 학생들이 자신들의 성적·성별 정체성에 대한 감정을 명료하게 정리하는 것을 돕는다.
- 전체 학생들에게 동등한 교육 기회의 제공을 지지한다.
- 성적 정체성 또는 성별을 기초로 배타적인 언어에 관한 쟁점을 다룬다.
- 학생과 교직원들 사이에 민감성, 그리고 다양성 수용을 촉진한다.
- 어떤 학생에 대해서든지 차별을 금하는 정책을 옹호한다.
- 폭력예방 활동의 확대를 통해 두려움, 괴롭힘, 적개심이 없는 안전한 학교환경을 조성한다.
- 다음과 같은 목적으로 상담 개입을 제공한다.

○ 자기수용을 증진시킨다.

○ 사회적 수용을 다룬다.

○ '커밍아웃'과 관련된 쟁점을 이해한다.

■ 적절한 지역사회 자원들을 확인한다.

● 참고문헌

American School Counselor Association [ASCA]. (2007). *Position statement: The professional school counselor and LGBTQ youth.* Alexandria, VA: Author. Available at http://asca2.timberlakepublishing.com//files/PS_LGBTQ.pdf.

◆ 읽을거리

DePaul, J., Walsh, E., & Dam, U. C. (2009). The role of school counselors in addressing sexual orientation in school. *Professional School Counseling, 12*(4), 300−308.

Gay, Lesbian, Straight Education Network. www.glsen.org.

Goodrich, K. M., & Luke, M. (2009). LGBTQ responsive school counseling. *Journal of LGBT Issue in Counseling, 3*(2), 113−127.

7.24. 자해 및 자상

자해^{self-injury}의 정의

- 그 결과로 죽을 의도는 없이 자신의 신체에 해를 입히는 자발적 행위(Simeon & Favazza, 2001)
- "정서적 고통을 해소하기 위해 고통과 피를 추구하는 사람들"(Froeschle & Moyer, 2004, p. 231)

자해/자상^{self-mutilation}의 형태

(Kress, Gibson, & Reynolds, 2004)

- 긋기
- 불로 지지기
- 꼬집기
- 긁기
- 물어뜯기(자기 또는 타인)
- 상처 회복 방해
- 타박상
- 골절

자해 학생들의 인구통계학적 특성

(Ross & Heath, 2002)

- 여학생들이 압도적으로 초점의 대상이지만, 남학생들 역시 자해를 한다.
- 이러한 행동은 보통 청소년기에 시작된다. 평균 연령은 고등학교 1학년이지만 더 어린 시기에 시작될 수도 있다.

학생들이 자해하는 이유

(Kress, Gibson, & Reynolds, 2004, p. 196)

- 자기 내면으로 향한 분노 또는 자기징벌
- 정동 조절 또는 어려움 대처에 도움이 되기 때문
- 압도하는 심적 고통보다는 차라리 구체적인 고통을 느끼는 것이 낫다는 생각

- 감각마비 상태를 축소하고 현실감을 제공하기 때문
- 의식으로부터 외상적 기억을 멀리하기 위함
- 분노감, 불안감, 절망감, 실망감 분출
- 감정 통제

자해하는 학생들의 프로파일

(Froeschle & Moyer, 2004, p. 233)

- 자신을 타인들로부터 거리를 둘 수 있다.
- 도움 수용을 어려워할 수 있다.
- 타인들은 이해하지 못한다거나 귀 기울이지 않는다는 점을 지적한다.
- 자신들의 행동에 대해 거의 논의하려 들지 않는다.
- 고통스러운 사건을 회상하고, 그 일에 대해 언어적으로 이야기하지 못하거나 이야기를 회피할 수 있다.
- 기억 또는 이전의 사건으로부터의 고통을 표현하고 나서 침착함을 나타낸다.
- 상처 또는 훼손된 신체부위를 감출 수 있는 의상을 착용한다.

학교상담자 조치: 예방

- 학생들과 자해에 관해 이야기를 나눈다. (학교 전체 프로그램, 교실 생활교육을 통해)
  - ○ 자해 학생들의 징후 또는 프로파일에 관해 논의한다.
  - ○ 사람들이 자해하는 이유에 대해 논의한다.

- 자해에 관해 이야기 나누는 것에 대해 지지적인 환경을 제공한다.
- 학생들이 자해하는 사람들을 도울 수 있는 방법을 제공한다.
  - ○ 학생이 도움을 구하도록 격려하는 방법
  - ○ 말할 수 있는 사람들

- 자해하는 학생의 징후 또는 가능한 증상과 그 학생에게 도움을 구하도록 의뢰하는 방법을 인식하도록 교직원들을 교육한다.
- 자해의 징후와 증상 인식 및 도움을 위한 자원 제공 방법에 대한 학부모 교육을 제공한다.

학교상담자 조치: 개입

(Kress, Gibson, & Reynolds, 2004)

■ 학생을 위한 안전한 환경을 조성한다.

■ 학생과 강력한 동맹을 구축한다.

■ 학생의 감정을 언어적으로 확인·표현할 수 있도록 돕는다.

■ 행동과 정서에 관한 안전한 결정을 내릴 수 있도록 학생과 계획을 수립한다.

■ 학생과 자해행동의 위험성을 탐색한다.

■ 자해의 대안에 대해 논의한다.

■ 해로운 행동을 신고함에 있어서 윤리적 책임을 진다.

   ○ 학부모들에게 학생의 자해행동에 대해 알린다.

   ○ 만남에 대해 학생과 이야기를 나누고, 학부모와 그 행동에 대해 논의한다.

■ 학생과 학부모/보호자를 학교 밖 전문가에게 의뢰한다.

■ 학생들이 감정에 압도되는 경우, 이들을 지원하기 위해 학교상담자가 학교에 있음을 학생들에게 상기시킨다.

■ 학생의 교사와 협력하여 그 학생의 행동을 모니터한다(적절하게 비밀을 유지한다).

■ 학생과 가족들에게 후속조치를 하는 한편, 학생을 모니터한다.

● 참고문헌

Bowman, S., & Randall, K. (2005). *See my pain! Creative strategies and activities for helping young people who self-injure*. Chapin, SC: Youthlight.

Froeschle, J., & Moyer, M. (2004). Just cut it out: Legal and ethical challenges in counseling students who self-mutilate. *Professional School Counseling, 7*(4), 231–235.

Kress, V. E. W., Gibson, D. M., & Reynolds, C. A. (2004). Adolescents who self-injure: Implications and strategies for school counselors. *Professional School Counseling, 7*(3), 195–201.

Moyer, M., & Nelson, K. W. (2007). Investigating and understanding self-mutilation: The student voice. *Professional School Counseling, 11*(1), 42–48.

Roberts-Dobie, S., & Donatelle, R. J. (2007). School counselors and student self-injury. *Journal of School Health, 77*(5), 257–264.

Ross, S., & Heath, N. (2002). A study of the frequency of self-mutilation in a community sample of adolescents. *Journal of Youth and Adolescents, 31*(1), 67–77.

Shapiro, L. (2008). *Stopping the pain: A workbook for teens who cut and self-injure.* Oakland, CA: Instant Help Books.

Simeon, D., & Favazza, A. R. (2001). Self-injurious behaviors: Phenomenology and assessment. In D. Simeon & E. Hollander (Eds.), *Self-injurious behaviors: Assessment and treatment* (pp. 1–28). Washington, DC: American Psychiatric Press.

7.25. 무단결석

무단결석^{truancy}이란 타당한 사유가 없이 고의적으로 학교를 빠지는 것을 말한다.

무단결석의 문제점
- 흔히 학업중단으로 이어진다.
- 흔히 다른 유형의 비행 활동과 연결된다.
- 비행의 예측변수다.
- 학교 활동으로부터의 이탈로 이어진다.

무단결석 학생들의 가능한 특징
- 학업적으로 좌절된 상태에 있다. (흔히 가난한 학생들)
- 결석에 대해 거의 또는 전혀 죄책감이 없다.
- 학습은 자신과 관련이 없는 것으로 지각한다.
- 학교보다는 학교 밖 사회적 활동을 더 매력적으로 지각한다.
- 흔히 가정에서 일관성이 없는 훈육을 경험한다.
- 학부모가 결석한 사실을 알고 변명해 주는 메일을 보내기도 한다.
- 가족에 대한 책임으로 인해 학교를 빠질 수 있다.

학교상담자 조치
- 학교 데이터를 검토해서 무단결석 패턴을 확인한다.
- 3회 이상 뚜렷한 이유 없이 결석한 적이 있는지 확인한다.
- 결석 사유가 타당한지 변명에 불과한 것인지 경청한다.
- 학생과 출석에 대해 개인적인 관심을 보인다.
- 출석률을 높이기 위한 노력에 학부모를 참여시킨다.
- 교사들과 협력하여 무단결석의 쟁점을 다룬다.
- 학생들과 계획을 세우거나 계약을 맺는다.
- 학생이 즐거운 학교활동에 참여할 수 있도록 돕는다.
- 가능하다면, 다른 학생들에게 도움을 청한다.
- 결석으로 인해 학생을 정학시키려는 학교행정가를 설득 · 만류한다.

- 인지행동 기법들을 사용한다.
  - ○ 희망하는 미래의 진로를 떠올려 보고 묘사해 보게 한다.
  - ○ 학생이 이러한 진로선택의 필수요건을 조사해 보도록 돕는다.
  - ○ 학교에 출석할 이유와 출석하지 않을 이유를 헤아려 본다.
  - ○ 무단결석으로 이어질 수 있는 문제에 대처하기 위한 행동을 시연해 본다.
  - ○ 학교출석을 강화시켜 줄 수 있는 것을 정한다.

- 튜터링 또는 멘토링 같이 학생을 위한 학업적 조력방법을 마련한다.

◆ 읽을거리

Wimmer, M. (2008). Why kids refuse to go to school … and what schools can do about it. *The Education Digest, 74*(3), 32-37.

7.26. 학교공포증과 등교거부

학교공포증^{school phobia}은 학교 출석에 대한 극도의 비합리적인 두려움이다. 등교거부 ^{school refusal} 역시 학교에서 겪은 두려움 또는 스트레스의 결과일 수 있다. 이들 중 하나 는 무단결석의 쟁점을 초래할 수 있다.

학교공포증이 있는 학생들의 특징
학교공포증은 보통 어린 학생들 또는 학교를 옮겨야 할 상황에 놓인 학생들에게 영향 을 준다. 이러한 학생들이 가장 흔히 나타내는 징후의 일부는 다음과 같다.

- 부모로부터 버려짐 또는 분리에 대해 두려워한다.
- 학교보다는 집에 있는 것을 선호한다.
- 학교 출석에 대한 학부모의 양가적인 태도 또는 격려 부재를 경험한다.
- 부모에 대해 지나치게 의존적이다.
- 강한 정서적 불안을 겪는다.
- 미지의 상황에 대해 두려워한다.
- 실패 또는 창피에 대해 두려워한다.
- 또래들에 의해 사회적 거부를 당하기도 한다.
- 정신적 외상이 될 정도로 매우 충격적이거나, 불쾌하거나, 당혹스러운 상황이 학 교출석과 연관되어 있을 수 있다.
- 학교에 출석할 정도로 문화적으로 준비되어 있지 않을 수 있다.
- 학교에서 낯선 사람들 또는 많은 수의 학생들에 의해 압도되어 있을 수 있다.

학교상담자 조치
- 학교당국과 교직원들과 협력하여 학교공포증이 있는 학생들을 돕기 위한 계획을 실행한다.
- 학부모의 협조를 얻어서 학생에게 학부모의 희망사항과 바람을 밝힌다.
- 학부모와 교사들과 협력하여 일상적인 일과를 개발한다.
- 학부모, 교사, 학교행정가, 학생과 협력하여 학교 출석에 대한 가시적인 보상이 명 시된 계약을 체결한다.

- 가능한 한 빨리 아동을 분리시키도록 학부모를 격려한다.
- 학생과 신뢰와 안심할 수 있는 관계를 구축한다.
- 학생의 감정에 적극적으로 경청한다.
- 어린 아동에 대해서는 놀이 활동, 꼭두각시, 또는 동화를 활용한다.
- 학생의 비합리적 신념을 찾아내어 합리적 사고로 대체시켜 준다.
- 학생의 패배적인 혼잣말을 찾아내어 성공적인 혼잣말로 대체시켜 준다.
- 학생을 학교에서의 새로운 상황에 대비시킨다.
- 학생이 불안을 유발하는 상황에 대처할 새로운 방법을 연습하도록 격려한다.
- 필요한 경우, 학생을 위한 학업적 조력방법을 마련한다.
- 만일 극도의 불안이 지속된다면, 학생을 외부 상담 자원에 의뢰한다.

학부모들을 위한 제안
- 학교 가는 것에 대한 자신의 불안을 학생에게 옮기거나 투사하지 않는다.
- 눈물로 작별하거나 헤어짐에 대한 지나친 강조를 피한다.
- 위협 또는 성공에 대한 지나친 강조를 피한다.
- 학업수행에 대해 완벽주의적인 것이 아닌 현실적인 목표를 세운다.
- 등교 준비와 등교하는 것을 일상화한다.
- 만일 학생이 등교에 대해 계속해서 극도의 불안 상태를 보인다면, 상담을 요청한다.

◆ 읽을거리

Dube, S. R., & Orpinas, P. (2009). Understanding excessive school absenteeism as school refusal behavior. *Children and Schools, 31*(2), 87–95.

Kearney, C. A. (2003). Bridging the gap among professionals who address youths with school absenteeism: Overview and suggestions for consensus. *Research and Practice, 34*(1), 1.

Chitiyo, M., & Wheeler, J. J. (2006). School phobia: Understanding a complex behavioural response. *Journal of Research in Special Educational Needs, 6*(2), 87–91.

7.27. 십대 임신

학교상담자 조치: 예방

- 성교육에 관한 교육지원청의 정책에 따른다.
- 보건교사와 협력하여 성교육을 어떻게 실시할 것인지를 결정한다.
- 성적으로 활발함을 암시하는 학생들에게 대해 개인상담을 제공한다.
  - ○ 성행위의 가능한 결과에 대해 논의한다.
  - ○ 학생들에게 부모와 자신들의 행동에 대해 논의해 보도록 격려한다.

학교상담자 조치: 개입

- 무비판적으로 경청한다.
- 학생의 임신 사실을 알게 된 경우에 취해야 할 조치에 관한 교육지원청 정책 또는 규정에 따른다.
- 학생 자신과 아기를 위한 미래의 중요성을 강조한다.
- 부모의 책임을 감당하도록 격려한다.
- 임신한 학생의 부모 또는 보호자에게 말할 때, 학생과 함께 있을 것임을 제안한다. (만일 학생이 부모에게 말하지 않았다면)
- 안전한 자녀 돌봄과 적절한 영양 공급의 필요성을 강조한다.
- 고등학교 졸업으로 이어지는 현실적인 계획을 단계별로 세운다.
- 십대 부모들을 위한 프로그램을 운영하고 있는 다른 학교 교직원들과 협력한다.
- 학생과 그 가족들에게 적절한 자원 또는 도움을 제공한다.
- 십대 아버지들을 위한 지원을 제공한다.
  - ○ 지식, 자원, 돌봄, 지원을 제공한다.
  - ○ 이들에게 자녀 돌봄에 참여하도록 격려한다.

- 십대 부모들에게 지원을 제공함으로써 이들의 교육을 완결 짓도록 돕는다.

◆ 읽을거리

Goodyear, R. K. (2002). A concept map of male partners in teenage pregnancy: Implications for school counselors. *Professional School Counseling, 5*(3), 186–193.

Hardy, B. A. (2002). Adolescent parenthood: A crisis for males and females. In J. Sandoval (Ed.), *Handbook of crisis counseling: Intervention and prevention* (2nd ed., pp. 323–337). Mahwah, NJ: Lawrence Erlbaum.

Holgate, H., Evans, R., & Yuen, F. (Eds.). (2006). *Teenage pregnancy and parenthood: Global perspectives, issues, and interventions.* London: Routledge.

McGaha-Garnett, V. (2008). Needs assessment for adolescent mothers: Building resiliency and student success toward high school completion. In G. R. Walz, J. C. Bleur, and R. Yep (Eds.), *Compelling counseling interventions: Celebrating VISTAS' fifth anniversary* (pp. 11–20). Alexandria, VA: American Counseling Association.

National Campaign to Prevent Teen and Unplanned Pregnancy. www.thenationalcampaign. org.

7.28. 무의탁 학생들

스튜어트 맥키니 법^{Stewart B. McKinney Act}(1994)은 학교상담자에게 무의탁^{homeless} 학생들을 지원하도록 규정한 법안이다.

무의탁의 이유
- 빈곤
- 갑작스러운 부모의 실직
- 학대 또는 위험한 상황으로부터의 탈출
- 동행자가 없는 이민자
- 재정적으로 생계유지 곤란(저당물 압류)

무의탁이 학생들에게 미치는 영향
- 낮은 자기개념 또는 자기가치감
- 다른 학생들이 알게 되는 경우의 당혹감
- 기본욕구 불충족(배고픔, 의상)
- 미래에 대한 불안과 불확실성
- 빈번히 이동해야 하는 경우에는 혼돈감
- 부적절한 방식으로 행동화할 수 있음(절도 또는 거짓말)

학교상담자 조치
- 누구라도 취약해질 수 있다는 점에서 무의탁 가정의 특징에 대해 고정관념을 갖지 않는다.
- 가족의 욕구 충족을 위한 사회적 서비스 탐색을 돕는다.
- 정중하게 대우해 준다.
- 지역사회 내의 사회복지단체들과 협력한다.
- 지역 무의탁자 쉼터에 연결해서 무의탁 가족을 위한 지원 제공을 위한 협력방안을 결정한다.
- 교사들에게 무의탁 학생들의 절박한 욕구에 대한 정보를 제공한다(Baggerly & Borkowski, 2004).

■ 다양한 기법을 활용하여 무의탁 학생들에게 개인상담을 제공한다.

  ○ 놀이치료(Baggerly, 2003)

  ○ 긍정적 사고와 긍정적 혼잣말에 초점을 맞춘 인지행동 전략

■ 학생과 가족들이 생활상황 개선을 위해 노력할 때, 이들을 지원한다.

● 참고문헌

Baggerly, J. (2003). Child-centered play therapy with children who are homeless: Perspective and procedures. *International Journal of Play Therapy, 12*(2), 87–106.

Baggerly, J., & Borkowski, T. (2004). Applying The ASCA national model to elementary school students who are homeless: A case study. *Professional School Counseling, 8*(2), 116–123.

Stewart B. McKinney Act. 42 USC § 11301 et seq. (1994).

◆ 읽을거리

Stormont, M. A., & McCathren, R. B. (2008). Nowhere to turn: The young face of homelessness. In D. Capuzzi & D. R. Gross (Eds.), *Youth at risk: A prevention resource for counselors, teachers, and parents* (5th ed., pp. 435–456). Alexandria, VA: American Counseling Association.

Strawser, S., Markos, P. A., Yamaguchi, B. J., & Higgins, K. (2000). A new challenge for school counselors: Children who are homeless. *Professional School Counseling, 3*(3), 162–171.

7.29. 고위험 학생 행동

고위험 행동^{high-risk behavior}은 잠재적으로 자신 또는 타인들에게 치명적이다. "학교상담자는 다른 학생 서비스 전문가들과 리더십 역할을 담당함으로써… 학생들을 위험에 처하게 하는 행동의 예방과 개입에 초점을 맞춘 종합적 학교상담 프로그램을 제공한다."(American School Counselor Association, 2004, p. 1)

위험감수 행동의 예
- 무모한 운전
- 알코올과 기타 약물 남용
- 무기 소지 또는 '놀이'
- 범죄행동
- 무책임한 성적 행동
- 가출
- 싸움

청소년을 위험에 처하게 할 수 있는 요인
- 가난
- 아동기 학대
- 폭력적 환경
- 불안정한 가정생활
- 긍정적 역할모델 결여
- 알코올 또는 기타 약물남용
- 학업실패
- 반사회적 집단에의 관여
- 또래 영향
- 미디어 영향
- 무기에의 접근성
- 천하무적의 감정
- 일부 학생들의 관점

○ 피할 수 없는 것으로서의 위험

○ 죽음에 대한 승리로서의 위험으로부터의 생존

○ 현실에 대한 반항으로 운명을 시험함

위험군 학생들을 위한 학교상담 개입

(American School Counselor Association, 2004)

■ 교실 생활교육 수업을 통한 고위험 행동의 위험성에 대한 학생의 지식과 인식 증진

■ 학업 · 진로 · 개인/사회성 발달 요구를 다루기 위한 개별학생계획

■ 개인상담과 소집단상담 같은 반응적 서비스

■ 교직원들과의 협력을 통해 위기에 처한 학생들 발굴

■ 도움이 필요한 학생들과 그 가족들에 대한 의뢰 서비스와 자원 제공

■ 학생들을 문제 발생의 고위험에 처하게 하는 행동들에 관해 교직원 대상으로 교직원 발달을 위한 자체연수 실시

■ 고위험 행동을 나타내는 학생들의 부모와 보호자들에게 자문과 지원을 제공함

고위험 행동을 나타내는 학생 조력을 위한 학교상담자 조치

■ 학생들의 위험감수 이유에 대해 존중하는 태도로 경청한다.

■ 학생의 관점으로부터 그 세계를 이해한다.

■ 학생들의 이유를 고려할 가치가 있지만, 도전할 가치가 있는 것으로 간주한다.

■ 자신의 의견을 다른 사람의 견해와 조정하는 법에 대해 직면한다.

■ 위험에 관한 자신의 생각을 제시하고, 이에 대해 사실적인 자료로 뒷받침한다.

■ 사실facts을 학생들의 삶과 관련짓는다.

■ 학생들의 장래에 대해 논의할 수 있는 기회를 마련한다.

○ 대학의 입학사정관과 학생들과 이야기를 나눈다.

○ 성공적인 취업자들과 이야기를 나눈다.

■ 학생들의 접근을 위한 자원을 제공한다. (학교 안팎)

■ 행동의 결과를 고려하도록 학생들을 돕는다.

○ 다른 사람들에게 미치는 영향

○ 가능성이 높은 결과

○ 희망하는 미래

　○ 위험을 감수하는 이유

　○ 자신과 타인에 대한 부정적 결과의 영향

■ 원하는 방향으로 삶을 이끌어 갈 수 있는 방법에 대한 성찰을 격려한다.

■ 무엇을 하고 있고, 그 이유는 무엇인지에 대해 고려해 보도록 돕는다.

■ 학생 자신의 삶을 통제할 수 있는 방법에 대해 성찰해 보도록 한다.

■ 합리적 의사결정을 격려한다.

■ 학생의 행동을 포용해 주고 강점의 재구조화를 통해 방향을 재조정해 준다.

■ 어떤 학생이라도 절대 포기하지 않는다.

● 참고문헌

American School Counselor Association [ASCA]. (2004). *Position statement: The professional school counselor and the prevention and intervention of behaviors that place students at-risk*. Alexandria, VA: Author. Available at http://asca2. timberlakepublishing.com//files/StudentMentalHealth.pdf.

◆ 읽을거리

Radev, A. (Ed.). (2007). *I've got this friend who … Advice for teens and their friends on alcohol, drugs, eating disorders, risky behavior, and more*. Minneapolis, MN: Hazelden.

Sommers-Flanagan, J., & Sommers-Flanagan, R. (2007). *Tough kids, cool counseling: User-friendly approaches with challenging youth* (2nd ed.). Alexandria, VA: American Counseling Association.

7.30. 부모의 별거와 이혼

이혼^{divorce}이 아동에게 미치는 효과

- 안정성 결여
- 학부모의 참여 결여
- 안전성 결여(재정적 · 정서적)

부모의 이혼을 겪는 아동의 빈번한 감정

- 해체되는 느낌을 갖는다.
- 때로 버려진 느낌을 갖는다.
- 현재와 미래의 삶에 대해 염려한다.
- 일련의 변화에 대해 불확실한 느낌을 갖는다.
- 계속되는 변화에 있어서 혼란을 느낀다.
- 부모 사이에 긴장감을 느낀다.
- 부모의 이혼에 대해 자책감을 갖는다.
- 부모 사이의 관계에 대해 책임감을 느낀다.
- 부모의 행복에 대해 책임감을 느낀다.
- 부모 둘 다를 잃을 것에 대해 두려움을 갖는다.
- 양육권 조정에 대해 혼란스러워한다.
- 부모의 재결합을 소망한다.

학교상담자 조치

- 학생과 신뢰관계를 구축한다.
- 학생의 감정을 적극적으로 경청한다.
- 부모의 별거 또는 이혼을 경험하게 있는 다른 학생들과의 상담집단에 참여할 것을 제안한다.
- 집단상담 참여를 위한 부모의 서면동의를 요청한다.

부모의 이혼을 겪는 학생들을 위한 집단상담

- 학생들의 유사한 관심을 표현할 수 있는 기회를 마련한다.

- 부모의 별거^{separation}, 이혼, 재혼 단계에 있는 학생들을 포함시킨다.
- 학생들이 서로에게서 배우고 상호 지지할 수 있도록 격려한다.
  ○ 부·모와 좋은 관계를 유지하는 법
  ○ 규칙이 다른 두 개의 가정에서 살아가는 법
  ○ 휴일을 준비하는 법
  ○ 새로운 가풍을 세우는 법

- 다음 단계를 준비하는 법: 이혼, 데이트, 또는 재혼

이혼 고려 또는 이혼한 학부모를 위한 가이드라인

- 가족의 변화기간 동안 가능한 한 일관성을 제공한다.
- 아동에게 언제나 변함없이 아동의 엄마·아빠일 것이고, 사랑할 것이며, 아이가 필요로 하면 언제든지 연락이 가능할 것임을 확신시켜 준다.
- 계속해서 아동의 역할모델이 되어 준다.
- 아동에게 부·모 사이를 선택하도록 강요하지 않는다.
- 전 배우자와 아동에 대한 사랑, 인정, 애정의 정도를 가지고 경쟁하지 않는다.
- 항상 아동 앞에서 전 배우자를 존중해 주는 모습을 보인다.
- 아동에게 항상 솔직하되, 아동 앞에서 전 배우자를 비판하지 않는다.
- 아동의 말에 경청함으로써 이들의 불안과 두려움을 이해한다.
- 아동에게 부·모 사이의 전령 역할을 하도록 요구하지 않는다.
- 아동이 남자친구, 여자친구, 또는 약혼자에게 손쉽게 적응할 것으로 기대하지 않는다.
- 심각한 결혼계획에 앞서 재혼을 위한 계획을 아동과 논의한다.
- 아동의 감정을 존중하고 깊이 배려한다.
- 가정을 위한 분명한 규칙을 정한다.
- 학생이 새로운 방문일정과 새로운 공간에 적응하도록 돕는다.
- 아동을 맡게 될 성인들 사이에 일관성 있는 훈육방법을 정한다.
- 감정과 욕구에 대해 논의하고 비밀유지와 관련된 자신의 감정을 존중하도록 아동을 격려한다.
- 아동에게 다른 아동을 편애하는 모습을 절대 보이지 않도록 노력한다.
- 휴일과 특별 행사를 위한 새로운 전통을 만든다.

◆ 읽을거리

Bender, J. M. (2004). *Getting yourself together when your family comes apart*. Chattanooga, TN: National Center for Youth Issues.

Delucia-Waack, J. L., & Gellman, R. (2007). The efficacy of using music in children of divorce groups: Impact on anxiety, depression, and irrational beliefs about divorce. *Group Dynamics: Theory, Research, and Practice, 11*(4), 272−282.

Portes, P. R., Sandhu, D. S., & Vadeboncoeur, J. A. (2001). Counseling issues and programs for children of divorce. In D. S. Sandhu (Ed)., *Elementary school counseling in the new millennium* (pp. 131−143). Alexandria, VA: American Counseling Association.

Schab, L. (2008). *The divorce workbook for children*. Oakland, CA: New Harbinger.

Schab, L. (2008). *The divorce workbook for teens*. Oakland, CA: New Harbinger.

Thomas, D. (2009). Narrative theory: A career counseling approach for adolescents of divorce. *Professional School Counseling, 12*(3), 223−229.

Ziffer, J. M., Crawford, E., Penney-Wietor, J. (2007). The boomerang bunch: A school-based multifamily group approach for students and their families recovering from parental separation and divorce. *Journal for Specialists in Group Work, 32*(2), 154−164.

7.31. 알코올 중독자 자녀

알코올 중독자의 자녀^{Children of Alcoholics}(COAs)는 학부모 또는 보호자의 음주 행위가 학교 밖에서 이루어지기 때문에 식별하기 어렵다. 학교상담자는 (a) 학생이 방어적이 되지 않고 (b) 학부모/보호자로부터 학생 상담을 위한 동의를 얻기 위해서 학부모의 알코올 중독이라는 주제에 대해 민감한 방식으로 접근해야 한다.

알코올 중독자 자녀의 가능한 특징
- 잦은 결석 또는 지각
- 학업수행에 있어서의 변화
- 소외되거나 두려움을 갖는다.
- 인정을 구하거나, 지나치게 책임을 지려 하거나, 극도로 자기비판적인 모습을 보일 수 있다.
- 감정을 숨길 수 있다.
- 버려질 것에 대해 두려워할 수 있다.
- 방치 또는 학대를 보일 수 있다.
- 부모에 대해 분노 또는 적개심을 가질 수 있다.
- 내적 통제소재가 결여될 수 있다.
- 반사회적 행동을 나타낼 수 있다.
- 알코올 또는 다른 약물에 대한 논의에 대해 극도의 반응을 보일 수 있다.
- 문제가 있음을 부인할 수 있다.
- 술 마시는 부모를 보호 또는 방어하기 위해 극단에 치우칠 수 있다.

알코올 중독자 자녀의 몇 가지 문제
- 금전 결여
- 부모의 관심 결여
- 안전 결여
- 일관성 있는 규칙 결여
- 일관성 있는 부모의 행동 · 훈육 결여
- 예측 가능한 환경 결여

- 일관성 있는 가족 의식 또는 행복한 휴일 결여
- 가족 다툼, 방치 또는 학대 가능성으로 인한 고통
- 가족 또는 가정에 대한 수치감 또는 당혹감

학교상담자 조치

- 물질남용과 COAs에 관한 지식수준을 높인다(Lambie & Sias, 2005).
- 학부모/보호자(알코올 중독자가 아닌 부모가 선호됨)로부터 학생 상담을 위한 서면동의를 받는다.
- 감정 표현을 위한 안전한 환경을 제공한다.
- 학생이 안전하지 않음을 느끼는 경우, 분출구가 있는지 또는 피신할 수 있는 장소가 있는지 확인한다.
- 학생이 부모의 행실을 좋아하지 않아도 이들을 사랑할 수 있다는 사실을 이해할 수 있도록 돕는다.
- 학생이 한 개인으로서 가치감을 느낄 수 있도록 돕는다.
- 알코올 중독과 물질남용에 대한 학생의 질문에 답해 준다.
- 권한부여enabling 없이 반응하는 새로운 방식을 연습하도록 학생을 격려한다.
- 자기주장 기술을 교육함으로써 욕구와 권리 표출과 약물 사용을 거부할 수 있게 한다. (**6.23** 참조)
- 스트레스 감소를 위해 긍정적인 혼잣말과 이완 방법을 가르친다.
- 자신감 증진을 위한 활동을 제공한다. (**6.26** 참조)
- 문제해결 · 의사결정 기술을 가르친다. (**3.3** 참조)
- 다음 사항을 위해 알코올 중독자가 아닌 학부모/보호자를 격려한다.
  ○ 자신을 위한 도움을 구한다.
  ○ 일관성 있는 자녀양육 기술을 습득 · 적용한다.
  ○ 상호의존과 권한부여를 이해한다.
  ○ 학생과 자신에게 안전을 제공한다.

● 참고문헌

Lambie, G. W., & Sias, S. M. (2005). Children of alcoholics: Implications for professional school counseling. *Professional School Counseling, 8*(3), 266−273.

◆ 읽을거리

Arman, H. F. (2000). A small group model for working with elementary school children of
 alcoholics. *Professional School Counseling, 3*(4), 290−294.

Center on Addiction and the Family. www.coaf.org/professionals/profmain.htm.

National Association for Children of Alcoholics. www.nacoa.net.

7.32. 군대에 배치된 학부모/보호자가 있는 학생들

오늘날 많은 학생이 전쟁이 진행되는 나라에서 살고 있다. 학부모/보호자가 군대 배치된 학생들은 걱정 또는 불안해질 수 있다.

학부모/보호자의 군대 배치가 청소년에게 미치는 영향
(Huebner, Mancini, Wilcox, Grass, & Grass, 2007)

- 불확실감과 상실감
  - 걱정과 자부심의 공존
  - 부모 또는 보호자가 매일같이 집에 없음으로 인한 무시받는 느낌
  - 미래에 대한 혼란과 모호성

- 경계의 모호성
  - 가족 역할과 책임에 있어서의 변화
  - 일상에서의 변화
  - 학부모 또는 배우자의 귀환 시, 재통합의 어려움

- 정신건강의 변화
  - 우울을 보일 수 있음
  - 정기적인 활동에 있어서의 흥미 상실
  - 수면과 섭식 패턴에 있어서의 변화
  - 보다 높은 수준의 불안

- 관계 갈등
  - 가족 내의 정서 강도 증가
  - 가정에 남아 있는 부모 또는 보호자와의 관계 변화
  - 평소에는 민감하게 받아들이지 않을 일에 대해 다른 사람들을 맹렬히 비난함
  - 군에 배치되었던 부모 또는 보호자의 귀환 시의 재결합과 재통합

학교상담자 조치

■ 학부모/보호자가 다른 곳에 배치될 것이라는 증거가 있는 경우, 학생과 가족들을 위한 지원을 제공한다.
■ 만일 학부모/보호자가 아직 배치되지 않았다면, 학생이 배치에 대한 감정을 잘 다룰 수 있도록 돕는다.
■ 학생의 분노감, 걱정, 스트레스, 또는 불안을 인정해 준다.
■ 이러한 감정을 다룰 수 있도록 학생을 도울 수 있는 기법을 활용한다.
    ○ 군에 배치되는 학부모/보호자에게 보낼 글, 그림, 또는 프로젝트를 창안할 기회를 제공한다.
    ○ 자신의 감정에 대해 글로 써 보도록 한다.
    ○ 학부모/보호자가 떠난 이후에 발생할 수 있는 갈등 또는 쟁점에 대해 역할연습을 해 본다.
    ○ 학부모/보호자의 귀환 시에 대비한 역할연습을 해 본다.
    ○ 군에 배치된 학부모/보호자를 둔 상황에 놓인 학생들과의 집단상담을 고려한다 (Aydlette, 2007).
    ○ 학생의 교사들과 협력하여 학급에 성취 또는 행동 변화를 위한 지지를 제공한다.
    ○ 필요하다면, 남아 있는 학부모/보호자와 협력하여 지원과 자원을 제공한다.
    ○ 필요하다면, 가족들이 배치된 학부모/보호자의 부재 상황에 적응할 수 있도록 돕기 위한 외부 상담에 대한 의뢰를 제공한다.

● 참고문헌

Aydlette, A. (2007). *Dealing with deployment: A small group curriculum for elementary and middle school students.* Alexandria, VA: American School Counselor Association.

Huebner, A. J., Mancini, J. A., Wilcox, R. M., Grass, S. R., & Grass, G. A. (2007). Parental deployment and youth in military families: Exploring uncertainty and ambiguous loss. *Family Relations, 56*(2), 112–122.

◆ 읽을거리

Lincoln, A., Swift, E., Shorteno-Fraser, M. (2008). Psychological adjustment and treatment of children and families with parents deployed in military combat. *Journal of Clinical Psychology, 64*(8), 984–989.

7.33. 전체 학생들의 정신건강 요구 충족

"학교상담자들은 학교에서 장기적인 치료를 제공하지 않는다. … 그러나 이들은 학생들의 정신건강 위기와 요구를 인식하고 이에 대해 반응하며, 학생이 이용 가능한 지역사회 자원과 연결될 때까지 교육, 예방, 그리고 위기와 단기 개입을 제공함으로써 학생 성공에의 장벽을 다룰 준비를 해야 한다."(American School Counselor Association, 2009, p. 1)

학교상담자의 역할
(American School Counselor Association, 2009)

- 반응적 서비스 제공
  - 내부 및 외부 의뢰 절차
  - 단기상담 또는 위기개입
  - 학습에의 장벽 제거

- 학교상담 교육과정 전달
  - 정신건강에 대한 인식 향상
  - 긍정적이고 건강한 행동 촉진
  - 정신건강 쟁점 관련 오점 제거

- 개인·집단 상담을 제공하고, 개인의 요구를 충족시킬 계획을 수립한다.
- 교직원, 학부모, 지역사회를 대상으로 학생들의 정신건강 요구에 관해 교육한다.
- 홍보 및 다른 사람들과 협력을 통해 학생들과 그 가족들이 정신건강 자원에의 접근을 공고히 한다.
- 전문가 발달에 참여하여 학생들의 정신건강 요구에 대한 작업에 있어서의 인식, 지식, 그리고 기술을 향상시킨다.

● 참고문헌

American School Counselor Association [ASCA]. (2009). *Position statement: The professional school counselor and student mental health.* Available at http://asca2.

timberlakepublishing.com//files/StudentMentalHealth.pdf.

◆ 읽을거리

Kaffenberger, C., & Seligman, L. (2007). Helping students with mental and emotional disorders. In B. T. Erford (Ed.), *Transforming the school counseling profession* (2nd ed., pp. 351−383). Upper Saddle River, NJ: Pearson.

📀 찾아보기

내용

도로시 스크리브너 블럼(Dorothy J. Scrivner Blum, EdD)은 퇴임한 학교상담자, 고등학교 생활지도 부장, 학교상담 관리자, 그리고 상담자 교육자다. 그녀는 여러 해 동안 면허를 취득한 상담전문가, 국가자격증을 소지한 상담자, 그리고 국가자격증을 소지한 학교상담자로, 버지니아 주의 코먼웰스Commonwealth에서 활동하였다.

블럼은 과거에 버지니아 주의 패어팩스 카운티 공립학교Fairfax County Public Schools(FCPS)의 초등학교 상담·생활지도 코디네이터로 근무하면서, 132개 초등학교의 176명의 초등학교 상담자에게 수퍼비전을 해 주었다. 여기서 근무하기 전에는 FCPS 관내 조지 마셜 고등학교의 생활지도 부장으로 10년간 근무하였다.

블럼은 2002년 미국상담학회 아서 히치코크 전문가서비스상, 1995년 버지니아 진로서비스상(버지니아 상담자협회), 1994년 버지니아 학교상담자협회로부터 올해의 중등학교 이후의 상담자상, 1988년 버지니아 상담자협회로부터 올해의 상담자상을 비롯해서 수많은 상을 수상하였다. 그녀는 버지니아 대학교, 버지니아 공과대학, 조지 메이슨 대학교의 대학원 과정에서 학교상담 분야의 과목들을 가르쳤고, 전문 학술지에 수많은 논문을 출판했으며, 『중등학교 집단상담Group Counseling for Secondary Schools』의 저자이기도 하다(Charles Thomas, 1990). 블럼은 미국상담학회와 미국학교상담자협회를 비롯한 미 전국 규모의 학술대회에서 워크숍을 개최해 왔고, 중앙아메리카, 멕시코, 콜롬비아, 카리브 제도에서 학교상담자를 위한 컨설턴트로 일해 왔다.

타마라 데이비스(Tamara E. Davis, EdD, EdS)는 버지니아 주, 알링턴 소재 매리마운트 대학교 학교상담 전공 소속 교수다. 데이비스는 노스캐롤라이나 대학교 채플힐 캠퍼스에서 초기 아동기 교육 전공으로 학사(B.A.)를, 학교상담 전공으로 교육학 석사학위를 받았다. 그녀는 1992년에 웨스턴 캐롤라이나 대학교에서 교육행정 및 장학 전공으로 교육전문가 학위를 수여받았으며, 1997년에는 버지니아 공과대학으로부터 상담자교육 및 학생인사 서비스 전공으로 교육학 박사학위를 받았다.

데이비스는 1987년 노스캐롤라이나 주 애슈빌에서 1, 2학년 교사로 경력을 쌓기 시작했다. 1990년 버지니아로 이주한 이후, 데이비스는 9년간 버지니아 주 머내서스에서 초등학교와 고등학교 상담자로 근무하였다. 1998년에서 1999년까지 그녀는 버지니아 주 알링턴 소재 매리마운트 대학교의 겸임교수였고, 1999년 매리마운트의 전임교수로서 근무를 시작하였다.

데이비스의 전문적 지위에는 버지니아 상담자교육·수퍼비전협회 회장과 버지니아 학교상담자협회의 직전 회장직이 포함되어 있다. 그녀는 또한 미국학교상담자협회의 상담자 교육 부회장으로 선출되었다(2010~2013). 그녀는 버지니아 상담자협회의 총무이사이며, *Virginia Counselor's Journal*의 공동 편집장을 맡고 있다. 이 학술지는 2008년과 2009년에 미국상담학회 산하의 저널 중 가장 규모가 큰 학술지로 명성을 얻었다. 데이비스는 지역에서 전국 규모에 이르기까지 회복탄력성 개발, 완벽주의 해소, 학생들과의 작업에 있어서 긍정적 사고의 힘, 학교상담자의 자기돌봄을 비롯해서 학교상담에 있어서 수많은 주제에 관해 기조 강연과 워크숍을 개최해 오고 있다. 그녀의 출판물로는 『학교상담 탐색: 전문적 실행과 조망Exploring School Counseling: Professional Practices and Perspectives』(Houghton Mifflin, 2005)과 학교에서의 자살아동 상담과 집단상담에 관한 서적의 장들이 있다. 데이비스는 미국학교상담자협회(ASCA) 모델 트레이너인 동시에 몇 개 주의 학술대회의 특별 발표자였다. 2007년, 그녀는 ASCA에 의해 올해의 상담자 교육자로 지명되었고, 『ASCA 국가모델 워크북ASCA National Model Workbook(제2판)』의 팀 집필자들 중 한 사람이다. 데이비스는 현재 북 버지니아에서 그녀의 남편인 켄Ken(교감)과 시베리아허스키 세 마리와 함께 살고 있다.

미국학교상담자협회 소개

미국학교상담자협회American School Counselor Association(ASCA)는 학생들로 하여금 학업, 진로, 개인/사회성 발달에 초점을 맞춤으로써 이들이 학교에서 성공을 성취할 수 있고 책임 있는 사회구성원으로서 성취감을 느끼는 삶을 영위할 준비를 할 수 있도록 돕기 위한 학교상담자들의 노력을 지원하고 있다. ASCA는 전 세계적으로 26,000명 이상의 전문적 학교상담자들에게 전문가 발달, 출판, 기타 자원뿐 아니라 연구와 지원을 제공하고 있다(보다 자세한 정보는 www.schoolcounselor.org를 참조할 것).

역자 소개

강진령 (Jin-ryung Kang, Ph.D. in Counseling Psychology)
미국 인디애나 대학교 상담심리학 석사(M.S.)·박사(Ph.D.)
미국 일리노이 주립대학교 임상인턴
미국 플로리다 대학교 초빙교수 역임
현재 경희대학교 교수

주요 저서
상담연습: 치료적 의사소통 기술(학지사, 2016)
학교상담과 생활지도: 이론과 실제(학지사, 2015)
반항적인 아동·청소년 상담(공저, 학지사, 2014)
상담과 심리치료(개정판, 양서원, 2013)
학교 집단상담(학지사, 2012)
집단과정과 기술(학지사, 2012)
집단상담과 치료(학지사, 2012)
집단상담의 실제(2판, 학지사, 2011)
상담자 윤리(공저, 학지사, 2009)
상담심리 용어사전(양서원, 2008) 외 다수

주요 역서
DSM-5 평가문항집(학지사, 2017)
DSM-5 Selections(전 6권, 학지사, 2017)
학교에서의 DSM-5 진단(시그마프레스, 2017)
DSM-5 임상사례집(학지사, 2016)
APA 논문작성법(원서 6판, 학지사, 2013)
상담·심리치료 실습과 수련감독 전략(학지사, 2010)
간편 정신장애진단통계편람/DSM-IV-TR: Mini-D(학지사, 2008) 외 다수

학교상담 핸드북
The School Counselor's Book of Lists (2nd ed.)

2017년 8월 25일 1판 1쇄 인쇄
2017년 8월 30일 1판 1쇄 발행

지은이 • Dorothy J. Blum · Tamara E. Davis
옮긴이 • 강진령
펴낸이 • 김진환
펴낸곳 • (주) **학지사**
　　　　　04031 서울특별시 마포구 양화로 15길 20 마인드월드빌딩
대표전화 • 02)330-5114　　팩스 • 02)324-2345
등록번호 • 제313-2006-000265호

홈페이지 • http://www.hakjisa.co.kr
페이스북 • https://www.facebook.com/hakjisa

ISBN 978-89-997-1352-1　93180

정가 23,000원

이 도서의 국립중앙도서관 출판시도서목록(CIP)은 서지정보유통지원
시스템 홈페이지(http://seoji.nl.go.kr)와 국가자료공동목록시스템
(http://www.nl.go.kr/kolisnet)에서 이용하실 수 있습니다.
(CIP 제어번호: CIP2017021044)

교육문화출판미디어그룹 **학지사**

심리검사연구소 **인싸이트** www.inpsyt.co.kr
원격교육연수원 **카운피아** www.counpia.com
학술논문서비스 **뉴논문** www.newnonmun.com